HISTOIRE DES TECHNIQUES
sous la direction d'Anne-Françoise Garçon,
André Grelon et Virginie Fonteneau
18

Série *Les textes fondateurs*
2

Les Sciences sociales face à Vichy

Ouvrage publié avec le soutien de l'université de Picardie – Jules-Verne

Les Sciences sociales face à Vichy

Le colloque « Travail et Techniques » de 1941

Édition critique par Isabelle Gouarné

PARIS
CLASSIQUES GARNIER
2019

Isabelle Gouarné est chargée de recherche au CNRS et associée au Centre universitaire de recherches administratives et politiques de Picardie. Ses recherches interrogent les filiations que les sciences sociales entretiennent avec le politique. Elle a notamment publié *L'Introduction du marxisme en France. Philosoviétisme et sciences humaines, 1920-1939*.

ISBN 978-2-406-09567-5 (livre broché)
ISBN 978-2-406-09568-2 (livre relié)
ISSN 2118-8181

SIGLES ET ABRÉVIATIONS

AN	Archives nationales
CFTC	Confédération française des travailleurs chrétiens
CGT	Confédération générale du travail
CNAM	Conservatoire national des arts et métiers
CVIA	Comité de vigilance des intellectuels antifascistes
ENS	École normale supérieure
EPHE	École pratique des hautes études
ESI	Éditions sociales internationales

PRÉSENTATION

Les sciences sociales face au régime de Vichy. Engagement antifasciste et inquiétudes rationalistes

Les sciences sociales universitaires, construites en France sur la base de l'idéal républicain[1], durent faire face, sous le régime de Vichy, à une offensive politique sans précédent. Certes, depuis les réformes de l'enseignement qui avaient promu ces nouveaux savoirs au début du XXe siècle, elles avaient déjà suscité de violentes attaques : portée par l'alliance d'hommes de lettres avec l'Église, la réaction anti-scientiste visait tout particulièrement le durkheimisme[2], qui exerçait une influence profonde sur l'ensemble des sciences humaines[3]. Ces mises en accusation purent toutefois, durant les années noires, s'exprimer sans retenue, et trouvèrent même alors un puissant relais politique auprès de l'État français[4].

Dès l'été 1940, en effet, le régime de Vichy condamnait l'intellectualisme comme une des causes de la défaite, et s'efforçait d'y remédier en faisant

---

1 G. Weisz, « L'idéologie républicaine et les sciences sociales. Les durkheimiens et la chaire d'histoire d'économie sociale à la Sorbonne », *Revue française de sociologie*, XX-1, 1979, p. 83-112.

2 R. Geiger, « La sociologie dans les écoles normales primaires : histoire d'une controverse », *Revue française de sociologie*, XX-1, 1979, p. 257-267 ; H. Serry, « Saint Thomas sociologue ? Les enjeux cléricaux d'une sociologie catholique dans les années 1880-1920 », in J. Heilbron *et alii* (dir.), *Pour une histoire des sciences sociales*, Paris, Fayard, 2004, p. 59-81 ; G. Sapiro, « Le savant et le littéraire. Les hommes de lettres contre la sociologie durkheimienne », in J. Heilbron *et alii*, *Ibid.*, p. 83-106.

3 L. Mucchielli, *La découverte du social. Naissance de la sociologie en France*, Paris, La Découverte, 1998. Pour l'entre-deux-guerres, voir J. Heilbron, *French Sociology*, Ithaca et Londres, Cornell University Press, 2015, chap. 4.

4 F. Muel-Dreyfus, « La rééducation de la sociologie sous le régime de Vichy », in J. Heilbron *et alii*, *Pour une histoire des sciences sociales*, *op. cit.*, p. 107-124. Sur les prétendues affinités idéologiques entre durkheimisme et autoritarisme (voire fascisme), voir la critique de M. H. Desan et J. Heilbron : « Young Durkheimians and the temptation of fascism : The case of Marcel Déat », *History of the Human Sciences*, 28(3), 2015, p. 22-50.

pénétrer l'esprit de la Révolution nationale au sein des Universités[5]. Dans les sciences sociales, en particulier, les lois d'exclusion administrative qui frappèrent, en 1940-1941, les francs-maçons, les communistes, les personnalités de gauche, les étrangers et surtout les juifs touchèrent nombre d'intellectuels, aussi bien parmi les plus renommés que parmi les jeunes générations[6]. Cette éviction fut, du reste, redoublée par les mesures de censure que prirent l'occupant et Vichy contre les auteurs juifs, antiallemands, antinazis ou « anglophiles », parmi lesquels bon nombre de représentants de l'école durkheimienne (Émile Durkheim, Marcel Mauss, Henri Lévy-Bruhl *et alii*) et de « l'histoire nouvelle » (Henri Berr, Marc Bloch), sans parler des auteurs marxistes (les œuvres de Marx, Lénine et Trotski bien sûr, mais aussi celles de Georges Friedmann, Henri Lefebvre ou encore Valentin Feldman)[7].

Ces interdictions professionnelles, ainsi que les difficultés matérielles et la dispersion géographique rendirent très vite difficile toute vie scientifique collective. Les principaux lieux de recherche qui avaient fédéré les sciences sociales dans l'entre-deux-guerres, comme le Centre international de synthèse[8] et le Centre de documentation

---

5 Pour une vue d'ensemble sur la situation du champ scientifique sous le gouvernement de Vichy et l'Occupation, voir N. Chevassus-au-Louis, *Savants sous l'Occupation. Enquête sur la vie scientifique française entre 1940-1944*, Paris, Seuil, 2004 ; L. Mazliak et G. Shafer, « The Arrest and Release of Émile Borel and His Colleagues in 1941 in Occupied France », *Science in Context*, 24/4, décembre 2011, p. 587-623.

6 Citons, entre autres, Marcel Mauss (qui, à l'automne 1940, en réaction aux mesures antisémites prises par Vichy, avait donné sa démission du Collège de France et de la présidence de la Ve Section de l'EPHE), Raymond Aron, Georges Friedmann, Georges Gurvitch, Claude Lévi-Strauss, Henri Lévy-Bruhl, Anatole Lewitsky, Paul Rivet, Boris Vildé, en sociologie et ethnologie ; en histoire, Marc Bloch (qui, toutefois, bénéficia des dérogations accordées aux juifs pour « services exceptionnels » rendus à l'État français et fut réintégré dans l'enseignement supérieur en juillet 1941, faisant ainsi partie des rares universitaires juifs maintenus en fonction par Vichy), Paul Léon, Paul Mantoux ; les linguistes Émile Benveniste, Jules Bloch et Marcel Cohen ; en psychologie, J.-M. Lahy, Ignace Meyerson ou encore Henri Wallon. Voir, à ce sujet, C. Singer, *Vichy, l'Université et les juifs. Les silences et la mémoire*, Paris, Les Belles Lettres, 1992 ; F. Rouquet, *« Mon cher Collègue et Ami ». L'épuration des universitaires (1940-1953)*, Rennes, PUR, 2010, p. 39 et suiv.

7 P. Fouché, *L'Édition française sous l'Occupation, 1940-1944*, Paris, Bibliothèque de littérature française contemporaine de l'Université Paris 7, 1987 ; V. Tesnière, *Le Quadrige. Un siècle d'édition universitaire, 1860-1968*, Paris, PUF, 2001, chap. 11. Sur l'épuration des bibliothèques, voir M. Poulain, *Livres pillés, lectures surveillées. Les bibliothèques françaises sous l'Occupation*, Paris, Gallimard, 2008.

8 J. Pluet-Despatin, « Henri Berr et la *Revue de synthèse* », *La Revue des revues*, 24, 1997 (« Des revues sous l'Occupation »), p. 73-86.

sociale[9], ralentirent ou cessèrent leurs activités. Nombre de revues furent interdites, se sabordèrent ou simplement disparurent, ne parvenant pas à se maintenir dans ce contexte tendu[10]. Naissaient, en revanche, de nouvelles institutions de recherche, visant, à l'instar de la Fondation française pour l'étude des problèmes humains (surnommée la « Fondation Carrel »), créée en novembre 1941, à promouvoir une science sociale ancrée du côté de la biologie et au service de l'ordre moral[11].

L'armature institutionnelle et les réseaux qui structuraient les sciences de l'homme républicaines furent ainsi complètement désorganisés. Rares furent dès lors les moments collectifs. Une exception notable fut la Journée de Psychologie et d'Histoire du Travail et des Techniques qu'Ignace Meyerson organisa, le 23 juin 1941, à Toulouse, cette ville-refuge où se retrouvèrent, dès 1940, de nombreux intellectuels rejoignant, après leur démobilisation ou l'exode, la zone sud[12]. Participèrent à ce colloque, aux côtés d'universitaires toulousains, certains des intellectuels qui, en s'appuyant sur l'héritage durkheimien, avaient fortement contribué aux développements des sciences sociales de l'entre-deux-guerres. Marcel Mauss, le neveu et l'héritier intellectuel d'Émile Durkheim, y fut associé : résidant en zone occupée, il ne put cependant participer que de façon indirecte à cette Journée, en envoyant le texte de sa communication[13].

9 J.-C. Marcel, *Le durkheimisme dans l'entre-deux-guerres*, Paris, PUF, 2001, p. 223 et suiv.

10 V. Duclert, « Revues scientifiques : une histoire de la science et des savants sous l'Occupation », *La Revue des revues*, 24, 1997, p. 161-195. Dans le même numéro, voir aussi M. Trebitsch, « Nécrologie. Les revues qui s'arrêtent en 1939-1940 », p. 19-33.

11 Créée en novembre 1941, la Fondation Carrel ne sera mise en place qu'à l'été 1942. Sur l'histoire de cette institution, voir A. Drouard, *Une inconnue des sciences sociales. La Fondation Alexis Carrel (1941-1945)*, Paris, Éditions MSH, 1992 ; F. Muel-Dreyfus, *Vichy et l'éternel féminin*, Paris, Seuil, 1996, chap. 3 & 8 ; P.-A. Rosental, *L'intelligence démographique. Sciences et politiques des populations en France (1930-1960)*, Paris, O. Jacob, 2003, p. 69-72 ; *Id.*, *Destins de l'eugénisme*, Paris, Seuil, 2016, p. 413-432 notamment. Furent également créés, en novembre 1942, l'Institut d'anthropo-sociologie, avec comme directeur le fils (Claude) du célèbre théoricien du racisme Georges Vacher de Lapouge et comme sous-directeurs le Dr. René Martial et le juriste Joseph Saint-Germès, puis, en janvier 1943, l'Institut d'étude des questions juives et ethno-raciales, dirigé par Georges Montandon. Sur ces instituts, voir L. Joly, *Vichy dans la « Solution finale ». Histoire du Commissariat général aux questions juives, 1941-1944*, Paris, Grasset, 2006, p. 683-687.

12 Sur la situation de Toulouse pendant la Seconde Guerre mondiale, voir J. Estèbe, *Toulouse 1940-1944*, Paris, Perrin, 1996 ; J. Cubero, *La Résistance à Toulouse et dans la région 4*, Bordeaux, Éditions Sud Ouest, 2005.

13 Voir en annexes (I) les notices biographiques de l'ensemble des intervenants de cette Journée d'étude. Sont aussi précisées les sources et références bibliographiques utilisées.

Un autre invité de marque fut l'historien Marc Bloch, qui put venir de Clermont-Ferrand et faire ce qu'il appela un « voyage d'amitié intellectuelle ». Avec Lucien Febvre, également sollicité pour ce colloque toulousain[14], il avait formé le pôle le plus innovant des sciences sociales des années 1930 : la revue les *Annales d'histoire économique et sociale* qu'ils avaient lancée, en 1929, avait été conçue sur le modèle intellectuel de *L'Année sociologique*[15], et avait pour ambition de renouveler l'ensemble des sciences sociales, en reprenant à son compte bien des exigences durkheimiennes, même si elle le fit « à partir d'une logique de détournement[16] » ; elle était ainsi parvenue à attirer historiens, géographes, sociologues et ethnologues, parmi lesquels Georges Friedmann qui participa, lui aussi, au colloque organisé par Ignace Meyerson en 1941.

Les actes de cette Journée d'étude, dont l'édition fut envisagée dès 1941, furent finalement publiés en 1948, dans le *Journal de psychologie normale et pathologique* qu'animait Ignace Meyerson depuis les années 1920. Ils ne furent par la suite jamais réédités, même si certaines contributions connurent des reprises éditoriales : notamment celles de Lucien Febvre, de Marc Bloch et de Daniel Faucher, ainsi que celle de Marcel Mauss, le dernier texte édité – et sans doute écrit – avant sa mort[17].

---

14 Comme Marcel Mauss, Lucien Febvre ne put rejoindre Toulouse, mais il envoya le texte de son intervention.

15 Fondée en 1898 par Émile Durkheim, *L'Année sociologique* permit de donner une forme collective à son entreprise intellectuelle. Publiée jusqu'à la Guerre de 1914-1918, elle fut conçue avant tout comme un lieu de recensement et de discussion de la production sociologique mondiale.

16 J.-L. Fabiani, « Quel modèle de scientificité pour l'histoire ? Fragilités institutionnelles et incertitudes conceptuelles de l'école sociologique durkheimienne entre les deux guerres », in P. Schöttler et H.-J. Rheinberger (dir.), *Marc Bloch et les crises du savoir*, Berlin, Max Planck Institut, 2011, p. 51-63. Voir également J. Revel, « Histoire et sciences sociales : les paradigmes des *Annales* », *Annales ESC*, 1979, p. 1360-1376. Sur la « dette » de la première génération des *Annales* vis-à-vis de l'école durkheimienne et de l'*Année sociologique*, « une de nos meilleures maîtresses à penser », selon la formule de Lucien Febvre, voir L. Febvre, « Débats autour de la sociologie », *Annales HSC*, 9e année, 4, 1954, p. 524-526. Sur l'histoire des *Annales*, voir A. Burguière, *L'École des Annales. Une histoire intellectuelle*, Paris, O. Jacob, 2006 ; P. Burke, *The French Historical Revolution. The* Annales *School, 1929-1989*, Cambridge/Stanford, Polity Press / Stanford University Press, 1990 ; S. Clark (dir.), *The Annales School : Critical Assessments*, 4 vol., Londres / New York, Routledge, 1999.

17 F. Vatin, « Mauss et la technologie », *Revue du MAUSS*, 23, 2004/1, p. 418-433. Sur cette période de la vie de Marcel Mauss, voir également M. Fournier, *Marcel Mauss*, Paris, Fayard, 1994, p. 721 et suiv.

En donnant à lire de nouveau les actes de cette Journée d'étude dans leur ensemble, ce sont davantage les enjeux collectifs de ce moment scientifique qu'on voudrait pointer et sur lesquels revenait, à sa façon, le philosophe et résistant Georges Canguilhem dans le compte rendu qu'il fit lors de leur première édition en 1948[18]. Il soulignait combien « les auditeurs d'alors », dont il était, « furent frappés par la valeur scientifique des communications, dont la haute tenue tranchait sur les plates élucubrations des penseurs vichystes », et aussi, insistait-il, par « l'unité de méthode, sinon de la doctrine, qui se dégageait de ces travaux », avant de revenir, en conclusion, sur ce qui fut une préoccupation fondamentale de ces années de guerre, à savoir le problème de « la représentation concrète de l'avenir[19] ». Cette rencontre scientifique peut ainsi, à bien des égards, être considérée comme un acte de résistance des sciences sociales républicaines, confrontées alors à une mise en cause violente de leur autonomie : elle témoigne des efforts déployés alors pour proposer, à partir d'une réflexion collective sur le travail et les techniques, une autre vision du progrès et du futur et par là une alternative au discours vichyste.

FACE À VICHY ET AU FASCISME : « CONTINUER L'EFFORT »

« L'essentiel, ce qui doit primer, [...] c'est le "devoir" de persévérer. Seulement, il faut trouver des formes, et cela n'est pas facile[20] » :

18 G. Canguilhem, « Le Travail et les Techniques », *L'Année sociologique*, t. 2, 1940-1948, p. 773-775. Repris dans G. Canguilhem, *Résistance, philosophie biologique et histoire des sciences, 1940-1965. Œuvres complètes tome IV*, Paris, Vrin, 2015, p. 343-347.

19 Sur le rapport au temps au moment de la défaite et dans la Résistance, voir P. Laborie, « La défaite : usages du sens et masques du déni », in P. Cabanel et P. Laborie (dir.), *Penser la défaite*, Toulouse, Éditions Privat, 2002, p. 9-17 ; *Id.*, Le *chagrin et le venin. La France sous l'Occupation, mémoire et idées reçues*, Paris, Bayard, 2011, p. 212-213.

20 Lettre d'H. Hauser à L. Febvre, 2 juin 1941. Citée dans la postface de D. et É. Crouzet à L. Febvre et F. Crouzet, *Nous sommes des sang-mêlés. Manuel d'histoire de la civilisation française*, Paris, A. Michel, 2012, p. 295-312, p. 305. Spécialiste d'histoire et de géographie économique, Henri Hauser (1866-1946) fut persécuté pendant le régime de Vichy : sa bibliothèque fut déménagée par les Allemands et sa maison de campagne pillée. Voir sa notice in C. Charle (dir.), *Les professeurs de la faculté des lettres de Paris, dictionnaire biographique, volume 2 (1909-1939)*, Paris, Éditions du CNRS-INRP, 1986, p. 105-106.

l'exhortation d'Henri Hauser traduit les incertitudes de cette période où, après le choc de la défaite, les « stratégies d'adaptation imposées par la contrainte » et de résistance s'élaborent[21] et se discutent au sein des milieux intellectuels antifascistes, partagés entre leur souci de la science et leurs convictions politiques. La Journée d'étude de juin 1941 tentait de concilier cette double préoccupation. Elle fut organisée par la Société d'études psychologiques, nouvellement créée à Toulouse pour répondre à ce « devoir de persévérer ».

IGNACE MEYERSON, UN « ENTREPRENEUR SCIENTIFIQUE » EN DISSIDENCE

L'initiative de cette Société savante toulousaine revenait à Ignace Meyerson[22] (1888-1983), aujourd'hui connu pour le programme marxiste de « psychologie historique » qu'il développa après la Seconde Guerre mondiale, avec son élève et ami Jean-Pierre Vernant, alors que tous deux étaient membres du Parti communiste français. Son parcours intellectuel fut de fait ponctué par des engagements politiques intenses. D'origine juive et polonaise, Ignace Meyerson s'était exilé en Allemagne, puis en France en 1906, après avoir participé à Varsovie au mouvement insurrectionnel russo-polonais de 1905 comme socialiste-révolutionnaire. Accueilli à Paris par son oncle, le philosophe des sciences Émile Meyerson, il put poursuivre des études de sciences (licence en 1913), de lettres (licence en 1918) et de médecine. Il se lia alors avec le physiologiste Louis Lapicque, qui l'introduisit dans le milieu universitaire républicain et dreyfusard que formaient en Bretagne, à l'Arcouest, les Perrin, Langevin, Curie, Borel et Seignobos. Ignace Meyerson fut même associé en 1925-1926, comme secrétaire de rédaction, à la *Revue du mois scientifique* dirigée par Émile Borel[23].

Engagé volontaire en août 1914 dans la Légion étrangère, il fut affecté comme médecin auxiliaire ; puis, réformé en juillet 1915 pour raisons de

21 P. Laborie, *Les Français des années troubles*, Paris, Desclée de Brouwer, 2001 ; *Id.*, *Le chagrin et le venin*, *op. cit.*, p. 229 et suiv.

22 Sur les références bibliographiques et les archives utilisées, voir sa notice biographique en annexes (I).

23 Sur l'histoire de cette revue, voir M. Pinault, *Émile Borel. Une carrière intellectuelle sous la IIIe République*, Paris, L'Harmattan, 2017, p. 319-321. Voir également C. Prochasson et A. Rasmussen, *Au nom de la patrie. Les intellectuels et la première guerre mondiale (1910-1919)*, Paris, La Découverte, 1996, p. 97-100.

santé, il fut admis comme interne des hôpitaux à la Salpêtrière, dans le service de neuropsychiatrie de Jean Nageotte et celui de psychiatrie de Philippe Chaslin. Si, à cause de son statut d'étranger, il ne put achever son doctorat de médecine, ni se présenter à l'agrégation de philosophie, il parvint néanmoins à se faire reconnaître dans l'univers de la psychologie scientifique française : recruté, en 1921, comme préparateur au Laboratoire de psychologie expérimentale que dirigeait Henri Piéron[24] à l'EPHE (IIIe section), il en devint le directeur-adjoint en 1923, une fois obtenue la nationalité française.

Durant l'entre-deux-guerres, Ignace Meyerson joua, en outre, un rôle important d'animation scientifique, dans un esprit résolument interdisciplinaire. Depuis son arrivée en France, il avait su nouer des amitiés intellectuelles aussi bien avec des psychologues, comme Jean Piaget ou Paul Guillaume, qu'avec des philosophes comme Jean Nicod ou Henri Delacroix (qu'il remplaça à la Sorbonne), des durkheimiens (Charles Lalo, Marcel Mauss) ou encore des historiens comme Charles Seignobos. Cette ouverture intellectuelle prit une forme institutionnelle, lorsqu'en 1920, à la demande de Pierre Janet, il relança l'organe de la Société française de psychologie, le *Journal de psychologie normale et pathologique*, et qu'il en fit un espace de dialogue entre les différentes sciences humaines, la philosophie et les sciences de la nature[25].

En octobre 1940, Ignace Meyerson fut détaché de l'EPHE à l'Université de Toulouse, où il s'était installé après la défaite, puis, en décembre, fut révoqué de son poste en application des lois raciales de Vichy. « Ici à Toulouse, écrivit-il, mon horizon est barré… Pour moi, tant qu'a duré l'enseignement, j'ai pu m'imaginer qu'après tout ma place était aussi bien ici que là-bas. Depuis le 18 décembre, cette illusion a disparu. L'erreur a été absolue. Mais cela dit, quoi faire[26] ? ». Très vite, il se trouva de fait pris dans l'action à Toulouse, où il resta finalement,

---

24 Collaborateur d'Édouard Toulouse au laboratoire de Villejuif dès les années 1900, Henri Piéron (1881-1964) joua un rôle majeur, en France, dans l'institutionnalisation et la professionnalisation de la psychologie scientifique, qu'il s'attacha à ancrer du côté des sciences biologiques. Voir J. Carroy, A. Ohayon et R. Plas, *Histoire de la psychologie en France, XIXe et XXe siècles*, Paris, La Découverte, 2006, p. 141-148.

25 Ignace Meyerson en fut, jusqu'à sa mort, le principal animateur, d'abord en tant que secrétaire de rédaction (1920-1938), puis comme codirecteur avec Charles Blondel et Paul Guillaume, puis comme directeur unique à partir de 1962.

26 Lettre du 1er mars 1941 (destinataire inconnu), citée par J.-P. Vernant in *La Traversée des frontières*, Paris, Seuil, 2004, p. 161.

après avoir un temps envisagé, semble-t-il, d'émigrer aux États-Unis[27]. Sa réaction face à l'effondrement de la France républicaine fut alors double, politique et scientifique. Dans la lignée de son militantisme socialiste et antifasciste des années 1930[28], il s'engagea, fin 1941, dans la Résistance, aux côtés de Jean-Pierre Vernant, qui avait été son élève à la Sorbonne avant la guerre : militant communiste depuis les années 1930, Jean-Pierre Vernant avait été, après sa démobilisation, nommé professeur de philosophie au lycée de Toulouse et, dès 1940, avait mené des actions d'opposition à Vichy et à l'occupant. Sous le pseudonyme de Julien Montfort et en liaison permanente avec Jean-Pierre Vernant, Ignace Meyerson participa à l'organisation de l'Armée secrète, des Corps francs de la Libération puis des Forces françaises de l'Intérieur de Haute Garonne. Après l'invasion par les Allemands de la zone sud, il entra dans la clandestinité et devint responsable de la propagande et de l'information de l'Armée secrète pour la région R4 ; il fut notamment le rédacteur du bulletin régional mensuel de l'Armée secrète. À la Libération, il prit part aux combats (comme chef d'état-major départemental, puis chef d'état-major régional (R4), et chef adjoint d'état-major de la 17e région militaire), et put enfin renouer les liens avec sa famille polonaise, profondément touchée par la guerre : sa mère et sa sœur moururent dans le ghetto de Varsovie en 1941.

Son opposition à Vichy et à l'occupant se situa aussi sur la scène intellectuelle toulousaine. En mai 1941, notamment, Ignace Meyerson fonda la Société d'études psychologiques sur le modèle des sociétés savantes qui, à l'instar de la Société de philosophie ou de la Société d'études classiques, fonctionnaient à la Faculté des lettres de Toulouse comme des séminaires de recherche[29]. Cette Société devint un « îlot de libre vie intellectuelle[30] ».

27 Cette possibilité est évoquée dans sa correspondance avec Madeleine Francès (521AP/51. Fonds I. Meyerson/AN).

28 Après l'arrivée d'Hitler au pouvoir, Ignace Meyerson avait renoué avec une vie militante intense. Aux côtés de la germaniste Geneviève Blanquis, il apporta son aide aux universitaires allemands désireux de s'exiler. Membre du CVIA, il condamna aussi la politique de non-intervention du gouvernement de Léon Blum et signa la « Déclaration des intellectuels républicains au sujet des événements d'Espagne », publiée dans *Commune* en décembre 1936.

29 Statuts déposés le 12 mai 1941 à la Préfecture et publiés dans le *Journal officiel* du 29 mai 1941. *Cf.* annexes (II).

30 J.-P. Vernant, « Lire Meyerson », in *Entre mythe et politique*, Paris, Seuil, p. 139-162, p. 145.

« UN CENTRE DE LIBRE VIE INTELLECTUELLE EN ZONE NON OCCUPÉE » (JEAN-PIERRE VERNANT)

Dès son arrivée à Toulouse, Ignace Meyerson avait multiplié les contacts dans les cercles antifascistes, que ce soit à l'Université, à l'Institut catholique ou dans le cadre plus informel de la librairie de Silvio Trentin[31], tout en s'attachant à poursuivre son activité intellectuelle. Comme d'autres universitaires juifs évincés de leur poste à Toulouse (Vladimir Jankélévitch, notamment), il s'efforça d'organiser de façon clandestine ses enseignements[32] et de reconstituer des formes collectives de travail, en rassemblant, comme il le faisait depuis les années 1920 au *Journal de psychologie*, des intellectuels d'horizons disciplinaires différents autour d'un programme de recherche commun : « rendre plus facile [la] collaboration nécessaire » de la psychologie avec les autres sciences et la philosophie et « systématiser [les] efforts convergents, dans notre région », tel était l'objectif affiché lors de la création de la Société toulousaine d'études psychologiques en mai 1941[33].

Cette persévérance intellectuelle fut une préoccupation majeure pour nombre d'intellectuels qui, face aux nouvelles contraintes imposées par Vichy et l'occupant, furent obligés d'inventer des « stratégies de contournement » et « d'adaptation » pour « tenir sans se renier[34] ». Ces pratiques de maintien ou de survie intellectuelle n'étaient toutefois pas sans susciter, au sein même des milieux antifascistes, débats et controverses, l'enjeu étant de définir les limites des compromis à passer, alors que se mettait en place cette « culture du double », avec « l'ambivalence, le "penser double" et le "vivre double" », qui fut, dans ces années de guerre, « l'univers mental des Français[35] ». En témoigne le conflit qui opposa les deux directeurs des *Annales* au sujet de la

31 P. Arrighi, *Silvio Trentin. Un Européen en résistance (1919-1943)*, Portet-sur-Garonne, Nouvelles Éditions Loubatières, 2007, chap. VII.

32 Voir J. Estèbe, *Les Juifs à Toulouse et en Midi toulousain au temps de Vichy*, Toulouse, PUM, 1996, p. 52-53. Voir aussi le témoignage de Jean-Paul Valabrega, qui rapporte qu'« une sorte d'université libre » avait pu s'organiser « dans l'arrière-salle d'un café » de la ville : J.-P. Valabrega, « Hommage au philosophe et moraliste », *L'Arc*, 75 (« Vladimir Jankélévitch »), 1979, p. 62-64.

33 Lettre d'invitation à la réunion constitutive de la Société d'études psychologiques, 15 mai 1941 (Fonds G. Friedmann/AN). *Cf.* annexes (II).

34 Voir les analyses de P. Laborie sur les attitudes et les comportements des Français sous Vichy, dans *Le chagrin et le venin*, *op. cit.*, p. 229-275.

35 *Ibid.*, p. 245-248.

publication de la revue[36]. Certes, en 1941, Lucien Febvre avait refusé catégoriquement la proposition d'Anatole de Monzie de poursuivre sur financement allemand *L'Encyclopédie française*[37] qu'il dirigeait depuis 1932, la concevant comme le manifeste d'une nouvelle organisation des savoirs, en rupture avec la logique disciplinaire et ouverte sur le monde social : initiée par de Monzie, alors qu'il était Ministre de l'Éducation nationale, cette grande entreprise intellectuelle, dont une dizaine de tomes était déjà parue avant la guerre, ne reprit qu'après la Seconde Guerre mondiale. En revanche, Lucien Febvre souhaitait fermement continuer les *Annales*. Il était favorable à leur parution, même s'il fallait pour cela soumettre la revue aux contraintes fixées par les autorités vichystes et allemandes, et donc, pour Marc Bloch, accepter le retrait de son nom sur la couverture et renoncer à ses droits de propriété. Marc Bloch, au contraire, discriminé par les lois antisémites, refusa initialement toute publication de la revue en zone occupée et sous censure allemande.

> Mon plus grand souci me vient des Annales, écrivit Lucien Febvre à Georges Friedmann le 20 avril 1941. Je pensais les continuer, demander l'autorisation de le faire, l'obtenir aisément, et ne pas interrompre une œuvre dont on veut bien me dire, d'un peu partout, qu'elle a son intérêt. Mais je ne pouvais évidemment la continuer avec Marc Bloch paraissant en nom sur la couverture. De toute nécessité, il fallait faire disparaître ce nom, et publier la revue sous ma seule responsabilité, avec une couverture toute blanche et vide des indications coutumières. Marc Bloch s'y oppose. Je comprends sa souffrance, et certes, j'aurais fait l'impossible pour la lui éviter s'il y avait eu la moindre chance d'y parvenir. Mais où je ne comprends plus, c'est quand il me dit : « Pas les Annales sans moi ! Mais faites des Cahiers d'histoire sociale sans moi ! » Comme si je pouvais obtenir l'autorisation de créer une nouvelle revue sans que cette revue soit une revue de collaboration, à rédaction mixte – et

---

36 Sur cet épisode de l'histoire des *Annales*, voir B. Müller, Introduction, in M. Bloch et L. Febvre, *Correspondance. Édition établie, présentée et annotée par B. Müller, III. Les Annales en crises, 1938-1943*, Paris, Fayard, 2004 ; P. Schöttler, « Marc Bloch et Lucien Febvre face à l'Allemagne nazie », *Genèses*, 21, 1995, p. 75-95 ; *Id.*, « La continuation des *Annales* sous l'Occupation : "une solution élégante" », in A. Betz et S. Martens (dir.), *Les Intellectuels et l'Occupation (1940-1944) : collaborer, partir, résister*, Paris, Autrement, 2004, p. 243-261. Voir également l'avant-propos de Y. Potin à l'édition du cours prononcé en 1943-1944 par Lucien Febvre au Collège de France (*Michelet, créateur de l'histoire de France*, Paris, Vuibert, 2014, p. 7-24) et la postface de D. et É. Crouzet à L. Febvre et F. Crouzet, *Nous sommes des sang-mêlés*, *op. cit.*

37 M. Wessel, « Entre liberté et servage. Lucien Febvre, *L'Encyclopédie française* et l'Occupation allemande », *Cahiers Jaurès*, 163-164 (« Lucien Febvre et l'Encyclopédie française »), janvier-juin 2002, p. 149-159.

> comme si le fait d'éliminer Bloch de la direction dans le 2^d cas était moins grave que le fait d'éliminer Bloch dans le 1er cas… Ce qui me peine et me bouleverse dans ce conflit, c'est qu'il est, en son arrière-fond, le conflit des deux zones et qu'il permet de mesurer à quel point déjà les sentiments et les points de vue diffèrent d'une zone à l'autre. C'est cela qui est grave. La mort des Annales par la volonté d'un de ses créateurs ne l'est pas moins. Je ne peux que prendre acte de la décision de Bl. [Bloch]. Mais je le fais, comme je le lui écris, contraint et forcé par lui, et avec le sentiment amer que je déserte, que je trahis, que je collabore à la ruine de mon pays. L'abstention n'est pas une politique, quand il y a des besoins vrais à satisfaire – et tous les amours propres doivent céder devant la nécessité. Il est bien joli de dire : « Non : comme vous devriez demander l'autorisation, vous ne serez pas libre ; et les Annales doivent être libres »… Comme la liberté ne paraît pas toute prête à revenir – et qu'il y a quelques illusions, quand on est historien, à penser qu'un beau jour, un coup de baguette magique réveillant tous ceux que la mauvaise fée a touchés, la vie reprendra son cours exactement comme avant – et que donc, les Annales reparaîtront telles quelles – je souffre profondément de ne pouvoir accepter ce que je considérais comme un devoir – ce que je persiste à considérer comme un devoir[38].

Après de vifs échanges, il fut finalement décidé que la revue reparaîtrait sous la seule direction de Lucien Febvre, Marc Bloch y restant étroitement associé et y contribuant sous le pseudonyme de Fougères. « Je suis heureux, maintenant, que nous en ayons continué. Puissiez-vous continuer à continuer ! », écrivit-il à Lucien Febvre le 20 octobre 1942[39].

Ignace Meyerson aurait souhaité qu'une solution comparable à celle des *Annales* soit trouvée au *Journal de psychologie* qu'il dirigeait depuis les années 1920 et, depuis 1938, en collaboration avec Paul Guillaume. À ce dernier, il reprocha vivement l'interruption de la revue après 1941 :

> Il fallait continuer l'effort. Les articles obtenus en 39-40 déjà l'avaient été dans des conditions difficiles. La difficulté à cet égard a pu augmenter, changer de forme, mais elle a toujours existé. Une situation nouvelle demandait un effort d'imagination nouveau. Il fallait surtout, dans le travail effectif, s'abstraire des exclusions et de la division en régions, maintenir le plus de cohésion et de concours possible. (C'est ce qu'ont su faire d'autres revues)[40].

C'est de fait cette démarche qu'Ignace Meyerson tenta de mettre en œuvre en constituant, en mai 1941, à la Faculté des lettres de Toulouse,

---

38 Lettre de L. Febvre à G. Friedmann, 20 avril 1941 (Fonds G. Friedmann/AN).
39 M. Bloch et L. Febvre, *Correspondance, III*, *op. cit.*, p. 225.
40 Note sur le *Journal de psychologie* [s. d.] (521AP/52. Fonds I. Meyerson/AN).

la Société d'études psychologiques. Des intellectuels démis de leur poste en raison des lois raciales de Vichy et/ou engagés dans des actions de résistance dès 1940 purent trouver dans cette société savante un refuge et même y jouer, de façon affichée, un rôle actif. Ignace Meyerson, en premier lieu, fut officiellement élu administrateur de la Société. Il fut dans cette tâche assisté de Jean-Pierre Vernant, qui devint le secrétaire de la Société. Parmi les membres actifs, on compte également le philosophe Vladimir Jankélévitch[41] (membre du Conseil d'administration), révoqué de son poste à la Faculté de Lille, l'écrivain et critique littéraire Benjamin Crémieux, qui, chargé de mission au Quai d'Orsay depuis les années 1920, avait été mis à la retraite d'office à l'âge de 53 ans[42], ainsi que le sociologue Georges Friedmann, sans emploi depuis sa démobilisation : tous trois, réfugiés à Toulouse, étaient engagés dans les réseaux de la Résistance naissante des années 1940-1941[43].

Ce souci de continuité qui animait Ignace Meyerson reçut aussi un écho positif dans les cercles intellectuels locaux. Alors que la municipalité de Toulouse était depuis 1906 dominée par les socialistes, un milieu universitaire ancré à gauche s'était formé dans cette ville et s'était déjà fortement mobilisé dans la lutte antifasciste des années 1930, avec notamment le soutien qu'il avait su apporter aux Républicains espagnols[44]. Lors de la création de la Société de psychologie, Ignace Meyerson put compter sur la bienveillance du doyen de la Faculté des lettres Paul Dottin[45], et sur

41 Voir sa notice (par F. Schwab) dans C. Pennetier et P. Boulland (dir.), *Le Maitron. Dictionnaire biographique Mouvement ouvrier / Mouvement social*, en ligne. Voir aussi V. Jankélévitch, *L'esprit de résistance. Textes inédits, 1943-1983. Textes réunis et présentés par F. Schwab avec les contributions de J.-M. Brohm et J.-F. Rey*, Paris, A. Michel, 2015.

42 N. Racine, « Benjamin Crémieux et le Pen Club », in A. Compagnon (dir.), *La République des Lettres dans la tourmente (1919-1939)*, Paris, CNRS/A. Baudry et Cie, 2011, p. 133-149.

43 Voir le témoignage de Georges Friedmann, publié dans P. Grémion et F. Piotet (dir.), *Georges Friedmann, un sociologue dans le siècle, 1902-1977*, Paris, CNRS Éditions, 2004, p. 81-89. Dans le même ouvrage, voir aussi J.-P. Almaric, « "Terribles et grandioses" : les années toulousaines de Georges Friedmann (1940-1945) », p. 29-49.

44 Parmi eux, Pierre Bertaux, Georges Canguilhem, Paul Dottin, Daniel Faucher, Vladimir Jankélévitch, Raymond Naves, Silvio Trentin. Nombre d'entre eux s'illustreront ensuite dans la Résistance. Sur le milieu universitaire toulousain, voir M. Grossetti (dir.), *Université et territoire. Un système local d'enseignement supérieur*, Toulouse, PUM, 1994 ; A. Chandivert, « Sciences sociales, Résistance et "mystique provinciale" à Toulouse sous le gouvernement de Vichy. Complexité et ambivalence des engagements (1930-1950) », *Revue d'histoire des sciences humaines*, 28, 2016, p. 191-223.

45 Doyen de la Faculté des lettres depuis 1934, Paul Dottin (1895-1967) participa activement à la Résistance, et s'efforça autant que possible de limiter l'application de la législation

l'appui de plusieurs universitaires : notamment, l'anthropologue Henri-Victor Vallois, élu président ; le géographe Daniel Faucher et l'helléniste André Aymard, qui furent tous deux vice-présidents ; l'helléniste Victor Magnien, nommé trésorier de la Société ; le professeur de littérature française Raymond Naves[46], le juriste Jacques Maury et Joseph-Sebastien Pons[47], professeur de langue et littérature espagnoles, qui furent tous trois membres du Conseil d'administration.

La Société d'études psychologiques avait également des relais au sein des milieux chrétiens, notamment à l'Institut catholique. Si la majorité de ses professeurs adhérait aux idées de la Révolution nationale, l'Institut fut aussi un « haut lieu de la résistance intellectuelle », grâce, en particulier, à l'action du recteur Bruno de Solages, qui y accueillait nombre d'intellectuels réfugiés à Toulouse et suspects aux yeux de Vichy[48] : avant d'être arrêté et déporté en 1944, il participa régulièrement aux activités de la Société et fut membre de son Conseil d'administration[49]. Aux réunions de la Société d'études psychologiques assistèrent, en outre : l'archevêque de Toulouse Monseigneur Saliège, qui, le 23 août 1942, fit lire dans les églises de son diocèse, à la messe du dimanche, une lettre pastorale dénonçant l'antisémitisme, « première dénonciation publique de la persécution des juifs par une grande voix de la hiérarchie catholique[50] » ; l'abbé Jean Plaquevent, qui fut au centre du petit groupe d'intellectuels chrétiens fondateur, en 1935, de la maison d'édition du

---

raciale de Vichy. Il fut membre du Conseil d'administration de la Société d'études psychologiques. Voir J. Estèbe, *Toulouse 1940-1944*, *op. cit.*, p. 244.

46 Maître de conférences à la Faculté des lettres, Raymond Naves (1902-1944) était un militant socialiste et syndicaliste depuis les années 1920. Il rejoignit la Résistance, participant dès 1941 au Centre d'action socialiste. Il fut arrêté en février 1944, puis déporté au camp d'Auschwitz, où il mourut quelques mois plus tard. Voir sa notice (par P. Petremann et J. Sagnes) dans C. Pennetier et P. Boulland (dir.), *Le Maitron en ligne*, *op. cit.*

47 Sur son rôle dans la promotion des cultures catalanes, voir C. Camps, *Deux écrivains catalans. Jean Almade (1878-1949), Joseph-Sebastien Pons (1886-1962)*, Castelnau-le-Lez, Les Amis de J.S. Pons – Occitania, 1986, 2 t.

48 P. Cabanel, « Pétainisme et résistance intellectuelle : l'Institut catholique de Toulouse dans les années 1940 », in A. Gueslin (dir.), *Les Facs sous Vichy. Étudiants, Universitaires et Universités de France pendant la Seconde Guerre Mondiale*, Clermont-Ferrand, Institut d'études du Massif Central / Université Blaise Pascal, 1994, p. 263-284.

49 Sur son action dans la Résistance, voir M.-T. Duffau, *Bruno de Solages. Biographie d'un intellectuel catholique engagé (1895-1983)*, Saint Céneré, P. Téqui Éditeur, 2014.

50 P. Laborie, « Sur le retentissement de la lettre pastorale de Monseigneur Saliège », *Bulletin de littérature ecclésiastique*, 108/1, janvier-mars 2007, p. 37-50. Dans le même numéro, voir P. Cabanel, « Saliège, 23 août 1942 : l'évêque comme prophète », p. 51-70.

Seuil[51] ; le chanoine Georges-Aimé Martimort, professeur d'histoire de la liturgie à l'Institut catholique ; ou encore Françoise Arduin. La présence des personnalités catholiques à la Société d'études psychologiques fut ainsi « anormalement forte et même simplement anormale », comme le notera Émile Poulat, soulignant l'importance des « amitiés catholiques, intellectuelles, qui accompagneront Meyerson toute sa vie et auxquelles il demandera beaucoup[52] ».

L'INTERDISCIPLINARITÉ COMME ENJEU POLITIQUE

La création de la Société toulousaine d'études psychologiques, on le voit, fut motivée par le souci de défendre l'autonomie intellectuelle et de maintenir les formes de sociabilité qui, dans l'entre-deux-guerres, avaient réuni les milieux savants républicains dans un souci d'unité entre les sciences, que ce soit, par exemple, aux *Annales* avec le projet de *L'Encyclopédie française*[53], au Centre international de synthèse lancé par Henri Berr[54] ou encore au *Journal de psychologie normale et pathologique*.

Après l'essoufflement de l'école sociologique durkheimienne, les réseaux intellectuels s'étaient, en effet, restructurés à partir de l'histoire, cette « discipline canonique », au prestige traditionnel, occupant une position centrale dans l'espace des sciences humaines[55]. Ils restaient cependant marqués par l'ambition durkheimienne d'une science sociale unitaire, attentive aux « représentations collectives » et aux « états de conscience ». Si la définition des rapports entre sociologie, histoire et psychologie fut un enjeu cardinal des débats de l'entre-deux-guerres, un espace commun s'était toutefois formé, regroupant, malgré les clivages disciplinaires de l'époque, des historiens (Henri Berr, Marc Bloch, Lucien Febvre *et alii*), des psychologues (notamment Charles Blondel, Ignace Meyerson, Henri Wallon), des philosophes (comme André Lalande) et des sociologues ou ethnologues durkheimiens (Maurice Halbwachs, Lucien

51 H. Serry, *Aux origines des Éditions du Seuil*, Paris, Seuil, 2015.

52 É. Poulat, « Le Centre de psychologie comparative et ses colloques », dans F. Parot (dir.), *Pour une psychologie historique. Écrits en hommage à Ignace Meyerson*, Paris, PUF, 1996, p. 95-118, p. 98-99 ; *Id.*, *L'Ère postchrétienne*, Paris, Flammarion, 1994, chap. IV.

53 Voir le numéro des *Cahiers Jaurès* consacré à « Lucien Febvre et *L'Encyclopédie française* », 163-164, 2002/1.

54 A. Biard, D. Bourel et É. Brian (dir.), *Henri Berr et la culture du XXe siècle*, Paris, A. Michel / CIS, 1997.

55 P. Bourdieu, *Homo academicus*, Paris, Éditions de Minuit, 1984, chap. 3 notamment.

Lévy-Bruhl, Marcel Mauss, en premier lieu), autour d'une réflexion sur la « psychologie collective[56] ».

Depuis les années 1920, Ignace Meyerson, en tant que secrétaire général de la Société française de psychologie et directeur de sa revue, le *Journal de psychologie normale et pathologique*, avait été au centre de ces échanges, notamment après l'élection, en 1924, de Marcel Mauss à la présidence de cette Société[57]. En 1940-1941, à Toulouse, il tenta donc de reproduire cette configuration intellectuelle. C'est ce projet qu'il exposa, le 15 mai 1941 à la Faculté des lettres de Toulouse, lors de la réunion fondatrice de la Société d'études psychologiques, « séance d'étude de méthode générale ». Il présenta, en introduction, la démarche qu'il souhaitait développer dans ce cadre, celle d'une psychologie scientifique, objective, étudiant « l'esprit » à partir de ses manifestations concrètes (œuvres, institutions), aussi bien les « fonctions synthétiques et complexes » que les « fondements de la vie mentale » et les « principes directeurs de la pensée comme l'identité et la causalité ». La visée était d'associer la psychologie aux autres sciences sociales en vue d'améliorer la compréhension de « l'homme total » :

> Ces recherches, ajoutait-il, impliquent la convergence de techniques diverses : le psychologue doit faire appel au concours des anthropologistes, des ethnologues, des géographes ; des linguistes et des philologues ; des historiens, des historiens des lettres, des arts, des religions ; des juristes, – autant qu'à celui, plus anciennement acquis, des philosophes, des biologistes, des physiciens[58].

Après cette présentation, une série d'exposés prononcés par des universitaires toulousains précisait les rapports que pouvaient entretenir, avec la psychologie, l'anthropologie (Henri-Victor Vallois), la préhistoire (Henri Bégouën), la géographie (Daniel Faucher), la philologie et la linguistique (Victor Magnien), l'histoire (André Aymard), les études littéraires (Raymond Naves), le droit et l'économie (Jacques Maury)

56 L. Mucchielli, « Sociologie et psychologie en France, l'appel à un territoire commun : vers une psychologie collective (1890-1940) », *Revue de synthèse*, 3-4, juillet-décembre 1994, p. 445-476. Voir également J.-C. Marcel, « Mauss et Halbwachs : vers la fondation d'une psychologie collective (1920-1945) ? », *Sociologie et sociétés*, 2, vol. XXXVI, 2004, p. 73-90, ainsi que l'édition, par les soins de T. Hirsch, des leçons de Maurice Halbwachs données en 1937-1938 et 1941-1942, sous le titre *La psychologie collective* (Paris, Flammarion, 2015).

57 Sur le débat de 1924 entre Marcel Mauss et Ignace Meyerson, voir J. Carroy, A. Ohayon et R. Plas, *Histoire de la psychologie en France*, *op. cit.*, p. 158-160.

58 I. Meyerson, « Avant-propos ». *Cf.* p. 98.

et les études religieuses (Mgr de Solages)[59]. Sans doute, les conditions politiques créées par la défaite et l'Occupation, en encourageant à des formes de solidarité, facilitèrent ce regroupement interdisciplinaire. Les désaccords intellectuels et les conflits de territoires entre disciplines qui avaient pu s'exprimer dans l'entre-deux-guerres et qui s'affirmeront de nouveau après la Seconde Guerre mondiale étaient alors suspendus.

L'interdisciplinarité défendue par Ignace Meyerson était aussi une façon de réaffirmer l'articulation de la psychologie avec les sciences sociales. Proche de Marcel Mauss depuis le début des années 1920, Ignace Meyerson avait assisté à l'EPHE à ses conférences, y représentant, selon les notes de Mauss, « en large accord avec [lui] une discipline voisine[60] ». Considérant la sociologie comme « une psychologie spéciale », consacrée à l'« étude des représentations collectives[61] », Ignace Meyerson entendait donc poursuivre, dans la lignée des travaux de Marcel Mauss et Henri Hubert, « une histoire sociale des catégories de l'esprit humain[62] ». Faisant implicitement référence au mémoire de Mauss sur la notion de « personne », il précisait lors de cette séance inaugurale de la Société toulousaine :

> On peut, sur un exemple tel que la notion de personne, constater à la fois la nécessité et la fécondité de la méthode historique, et aussi l'intrication des diverses lignes de recherches. Les faits linguistiques, esthétiques, juridiques, religieux, par exemple, ont tour à tour contribué à la formation de cette notion de personne. Ils doivent être analysés par le psychologue, qui a donc besoin des spécialistes de ces diverses disciplines. Une démonstration analogue peut être faite pour les notions de volonté, de cause, d'identité, etc.[63]

C'est donc une psychologie en prise avec les sciences sociales durkheimiennes qui était ici revendiquée et qu'Ignace Meyerson développa après

59 Ignace Meyerson avait envisagé de publier les actes de cette rencontre, mais le projet ne put aboutir. On trouvera toutefois un résumé des interventions dans le compte rendu de la séance rédigé pour le *Bulletin de l'Université et de l'Académie de Toulouse* d'octobre-novembre 1941. *Cf.* Annexes (II).

60 M. Mauss, « Note sur les travaux d'élèves » [s. d.] (57CDF 48-3. Fonds M. Mauss / Collège de France).

61 Leçon d'I. Meyerson du 19 décembre 1939. Citée par N. Pizarroso López, *La psychologie historique d'Ignace Meyerson*, Résumé de thèse (en français), Université Paris Descartes / Université Complutense de Madrid, 2008, p. 52.

62 M. Mauss, « Une catégorie de l'esprit humain : la notion de personne. Celle de "moi" » (1938), in *Sociologie et anthropologie*, Paris, PUF, 1990 [1950], p. 331-362, p. 333.

63 « Société d'études psychologiques de Toulouse », *Bulletin de l'Université et de l'Académie de Toulouse*, octobre-novembre 1941, p. 19. Voir annexes (II).

la guerre avec son programme de « psychologie historique ». Dans une lettre que Marcel Mauss lui adressa en 1946, ce dernier résumait ainsi leur objectif commun : travailler « à cheval sur tous les bouts de la psychologie et de la sociologie en même temps » ; et il ajoutait : « Tout cela n'est pas terrible et il suffit que nous arrivions à quelque chose de cohérent pour que cela devienne un travail solide et honnête[64] ».

Cette posture était cependant loin d'être partagée par l'ensemble des psychologues français. Dans l'entre-deux-guerres, la place de cette discipline dans l'édifice des sciences avait fait l'objet de vives discussions au sein de la psychologie scientifique, qui s'était pourtant formée à partir d'un groupe homogène de savants républicains et dreyfusards, partageant une même aspiration positiviste, celle d'améliorer l'espèce humaine et l'organisation sociale par des méthodes scientifiques de sélection et d'orientation. Alors que, comme l'a souligné Paul-André Rosental, ce « paradigme sélectionniste » pouvait incorporer des raisonnements eugénistes, la frontière entre biologie, psychologie et sciences sociales restait mal définie et controversée. Dans les années 1930, avec la lutte contre la science nazie, « une volonté affichée de réformer l'eugénisme et de le rendre compatible avec l'idéal démocratique » avait émergé, mais sans pour autant que soit véritablement interrogé « le modèle biologisant et utilitariste » sur lequel s'était construite la psychologie scientifique[65]. Néanmoins, à travers les travaux d'Ignace Meyerson, Charles Blondel, J.-M. Lahy ou encore Henri Wallon, l'ouverture de la psychologie vers les sciences sociales s'était affirmée.

Dès 1940-1941, ce courant sociologisant et historicisant de la psychologie scientifique fut de fait marginalisé. Fait symptomatique, J.-M. Lahy, Ignace Meyerson et Henri Wallon, tous trois actifs militants antifascistes, sympathisants ou membres du Parti communiste français, furent victimes de la répression vichyste : Meyerson fut démis de son poste, on le sait, suite à la promulgation des lois antisémites ; Henri Wallon et J.-M. Lahy pour des raisons politiques[66].

64 Lettre de M. Mauss à I. Meyerson, 1946. Citée par J.-P. Vernant, « Mauss, Meyerson, Granet et Gernet », *Sociologie et Sociétés*, vol. XXXVI, 2, 2004, p. 27-31.

65 P.-A. Rosental, *Destins de l'eugénisme*, *op. cit.*, p. 389-411 notamment.

66 Compagnons de route, J.-M. Lahy (1872-1943) et Henri Wallon (1879-1962) s'étaient activement engagés dans les organisations liées au Parti communiste ou soutenues par l'Union soviétique dans les années 1930. Tous deux développèrent alors une réflexion originale sur la psychologie et le marxisme. H. Wallon, qui avait témoigné en faveur des députés communistes lors de leur procès en mars 1940, fut suspendu de son poste

En revanche, la psychophysiologie s'épanouira sous Vichy[67]. Elle trouva sa place, à partir de 1942, à la Fondation française pour l'étude des problèmes humains d'Alexis Carrel, dont la visée était de regrouper l'ensemble des sciences sous la houlette de la médecine pour servir l'hygiénisme social promu par la Révolution nationale[68]. Ce programme scientifique, dont les bases avaient été énoncées, en 1935, par Alexis Carrel dans son célèbre ouvrage *L'Homme, cet inconnu*, obtint, durant le régime de Vichy, une légitimité intellectuelle et une reconnaissance politique. Dès 1941, d'ailleurs, Ignace Meyerson s'était opposé au repli de la psychologie vers la médecine, contestant fermement la décision prise par Paul Guillaume, codirecteur avec lui du *Journal de psychologie normale et pathologique*, de nommer comme secrétaire de rédaction le psychiatre Jean Delay. Dans des notes prises au sujet du conflit qui, en 1941-1942, l'opposa à Paul Guillaume, il écrivait :

> La psycho-pathologie n'a jamais été exclue du J. [*Journal*] : M. [Meyerson], par ses études et ses fonctions antérieures, était ouvert à ces problèmes, suivait ces travaux et gardait de bonnes relations personnelles avec les chercheurs de ce domaine. Mais autre chose est de prendre de bons articles de psycho-pathologie, autre chose de s'associer un directeur ou un secrétaire psychiatre. Pour le choix d'un co-directeur psycho-pathol., on avait autrefois longuement discuté ; G. [Guillaume] avait accepté Blondel, imposé par Dumas et Janet ; il avait également accepté, en principe, une co-direction éventuelle de Wallon ; il a été contre Ombredane et Lagache, de façon plus générale contre tout autre associé à la direction ; il a réagi avec vivacité contre la tentative de P. Marcel d'introduire de tels associés[69].

---

de professeur au Collège de France de 1941 à 1944. Il refusa par la suite la proposition de Jérôme Carcopino de prendre un poste élevé en zone non occupée, et s'engagea dans la Résistance universitaire communiste aux côtés de Jacques Decour, Georges Politzer et Jacques Solomon. De même, J.-M. Lahy, qui avait, outre son engagement philosoviétique, joué un rôle de premier plan au Grand Orient de France, fut révoqué de son poste à l'EPHE en 1941. Voir la notice d'H. Wallon (par N. Racine) et celle de J.-M. Lahy (par M. Trebitsch et J. Girault) dans C. Pennetier et P. Boulland (dir.), *Le Maitron en ligne*, *op. cit.* ; ainsi que M. Turbiaux, « J.M. Lahy (1872-1943) : essai de bio-bibliographie », *Bulletin de psychologie*, t. 36, 362, 1982-1983, p. 969-985 ; *Id.*, « J.-M. Lahy (1872-1943) et l'orientation professionnelle », *Bulletin de psychologie*, t. 59 (2), 482, mars-avril 2006, p. 217-235.

67 A. Ohayon, *Psychologie et psychanalyse en France. L'impossible rencontre (1919-1969)*, Paris, La Découverte, 2006 [1999], p. 229-271. Voir également O. Henry, *Les Guérisseurs de l'économie. Ingénieurs-conseils en quête de pouvoir*, Paris, CNRS Éditions, 2012, p. 346 et suiv.

68 F. Muel-Dreyfus, *Vichy et l'éternel féminin*, *op. cit.*, p. 299 et suiv. ; P.-A. Rosental, *Destins de l'eugénisme*, *op. cit.*, p. 413-432.

69 Note sur le *Journal de psychologie* (521AP/52. Fonds I. Meyerson/AN).

C'est donc aussi par rapport à cette vision des sciences dominée par la biologie et la médecine qu'entendait se distinguer la Société toulousaine d'études psychologiques créée par Ignace Meyerson, en affichant une autre conception de l'interdisciplinarité.

MOBILISATION PROFESSIONNELLE ET RÉSISTANCE

Par son public autant que par son programme, cette Société savante fut ainsi conçue comme une réponse au projet intellectuel et politique porté par le gouvernement de Vichy. Pourtant, les intellectuels qu'elle réunit adoptèrent pendant la guerre des comportements diversifiés, variables selon les situations personnelles et les moments. Prédominaient, on l'a vu, des intellectuels qui prirent part, parfois très tôt, à des actions de résistance. Encore faut-il préciser ici que cet engagement pouvait se combiner avec des investissements dans le champ académique et même parfois dans les institutions officielles vichystes. Cas significatif de « l'ambivalence des engagements » dans les sciences sociales républicaines sous Vichy, Daniel Faucher, tout en participant activement à la Résistance, occupa, à Toulouse, des fonctions importantes dans les organisations régionalistes visant, sous l'impulsion du préfet Cheneaux de Leyritz, à promouvoir « une mystique provinciale ». Depuis les années 1930, il avait contribué à l'entreprise de rénovation scientifique du folklore qu'avaient appuyée les réseaux durkheimiens et les *Annales*, à travers des institutions comme la Société de folklore français, la Commission des recherches collectives de *L'Encyclopédie française* (dirigée par Lucien Febvre) et le Musée des Arts et traditions populaires (Georges-Henri Rivière, André Varagnac). Comme l'a montré Arnault Chandivert, en étudiant l'itinéraire de ce géographe, militant socialiste depuis les années 1900, « l'unité d'un engagement scientifique républicain, antifasciste et régionaliste conduit [pendant la guerre] à une inscription puissante sur deux scènes fortement différenciées, celles de la Résistance et du régionalisme maréchaliste[70] ».

70 A. Chandivert, « Sciences sociales, Résistance et "mystique provinciale" à Toulouse... », art. cité. Sur la rénovation scientifique du folklore, voir B. Müller et F. Weber, « Réseaux de correspondants et missions folkloriques. Le travail d'enquête, en France, vers 1930 », *Gradhiva*, 33, 2003, p. 43-55 ; F. Weber, « Politiques du folklore en France (1930-1960) », in P. Poirrier et L. Vadelorge (dir.), *Pour une histoire des politiques du patrimoine*, Paris, Comité d'histoire du Ministère de la culture / Fondation MSH,

Surtout, la Société d'études psychologiques comptait également des intellectuels dont les attitudes d'opposition ou de contestation ont pu être ponctuelles ou minimes, et même d'autres dont les stratégies d'adaptation ont pu être assimilées à des formes d'attentisme voire d'adhésion au projet vichyste. Ces positionnements peuvent ainsi encore aujourd'hui faire débat dans l'histoire intellectuelle française, en ce qu'ils révèlent, en deçà des parcours individuels, des adhérences entre les préoccupations culturelles et politiques vichystes et celles des sciences sociales républicaines – des « zones grises[71] », que ce soit autour d'un souci eugéniste partagé et diffus, d'une référence commune à un « paradigme raciologique[72] » ou encore d'une même fascination pour le monde paysan et artisanal, perçu comme en voie de disparition[73]. Le premier président de la Société toulousaine d'études psychologiques[74], Henri-Victor Vallois (1889-1981), fut, par exemple, une des notabilités influentes de l'anthropologie physique en France. Professeur à la Faculté de médecine de l'Université de Toulouse, chargé également de conférences d'anthropologie préhistorique, il était devenu, en 1932, président de la

---

2003, p. 268-300 ; J. Christophe *et alii* (dir.), *Du folklore à l'ethnologie*, Paris, Éditions MSH, 2009 ; G. Laferté, « L'appropriation différenciée des études folkloriques par les sociétés savantes : la science républicaine rétive au folklore », *Revue d'histoire des sciences humaines*, 20, 2009, p. 129-162.

71 Selon l'expression de Primo Levi reprise par P. Laborie dans « Qu'est-ce que la Résistance ? », in F. Marcot (dir.), *Dictionnaire de la Résistance*, Paris, R. Laffont, 2006, p. 29-38.

72 P.-A. Rosental, *Destins de l'eugénisme*, *op. cit.*, IVe partie. Voir également M. Jaisson et É. Brian, « Les races dans l'espèce humaine », in M. Halbwachs et A. Sauvy (dir.), *Le Point de vue du nombre*, tome VII de *L'Encyclopédie française* (L. Febvre, dir.), Paris, INED, 2005 [1936] ; R. Meyran, « *Races et racisme.* Les ambiguïtés de l'antiracisme chez les anthropologues de l'entre-deux-guerres », *Gradhiva*, 27, 2000, p. 63-76.

73 Voir notamment les discussions qui ont fait suite à la parution de l'ouvrage de C. Faure (*Le projet culturel de Vichy. Folklore et révolution nationale, 1940-1944*, Paris/Lyon, Éditions du CNRS / Presses universitaires de Lyon, 1989) sur la situation de l'ethnologie de la France sous Vichy : D. Fabre, « L'ethnologie française à la croisée des engagements (1940-1945) », in J.-Y. Boursier (dir.), *Résistants et Résistance*, Paris, L'Harmattan, 1997, p. 319-400 ; R. Meyran, « Écrits, pratiques et faits. L'ethnologie sous le régime de Vichy », *L'Homme*, 39/150, 1999, p. 203-212 ; F. Weber, « Le folklore, l'histoire et l'État en France (1937-1945) », *Revue de synthèse*, 3-4, juillet-décembre 2000, p. 453-467 ; A. Chandivert, « Sciences sociales, Résistance et "mystique provinciale" à Toulouse… », art. cité.

74 À la Société toulousaine d'études psychologiques, H.-V. Vallois participa aux premières réunions et à la Journée d'étude du 23 juin 1941 ; mais à l'automne 1941, à la suite de sa nomination à Paris, il fut remplacé à la présidence de la Société par le géographe D. Faucher.

Société d'anthropologie de Paris et défendait une conception racialiste. Même s'il rejetait l'idée de « race juive », qu'il contestait le principe d'une hiérarchisation des races, et, on le verra à la lecture des actes du colloque de 1941, restait réservé sur le lien entre mentalités et races[75], ses écrits ont pu susciter l'intérêt des experts de Vichy, en particulier son ouvrage *Anthropologie de la population française* paru en 1943. En novembre 1941, en remplacement de Paul Rivet, démis de ses fonctions pour raisons politiques, il fut élu à la direction du Musée de l'homme, contre la candidature de Georges Montandon mais « après un vote divisé », comme l'a montré Alice L. Conklin[76]. « Son travail scientifique, notait Marcel Mauss, ne mérite peut-être pas les mêmes éloges [que son travail matériel à l'Institut de paléontologie humaine]. Il a peu publié de travaux originaux. Ses deux thèses ont été ordinaires et même, l'une porte un titre qu'il serait injuste de considérer autrement que comme une faute de goût : "l'omoplate nègre à Toulouse"[77] ». Néanmoins, si la carrière que poursuivit Henri-Victor Vallois sous Vichy fut contestée, son action contribua, selon Christine Laurière, au maintien de l'intégrité du Musée de l'homme[78].

Sans gommer la spécificité de la Résistance, entendue comme « combat volontaire et clandestin contre l'occupant ou ses collaborateurs afin de libérer le pays », il faut donc s'interroger ici, à la suite de François Marcot, sur les interactions et les interférences qu'elle entretient avec « la multiplicité d'actions entreprises en dehors des organisations [résistantes], avant elles ou en marges d'elles », sans lesquelles un mouvement d'opposition n'aurait pu se développer[79]. En ce sens, la mobilisation

---

75 Sur les variations au sein de ce « paradigme raciologique » de l'anthropologie française, voir D. Fabre, « L'ethnologie française à la croisée des engagements (1940-1945) », art. cité.

76 A. L. Conklin, *Exposer l'humanité : race, ethnologie et empire en France (1850-1950)*, Paris, Muséum national d'Histoire naturelle, 2015 [trad. de *In the Museum of Man. Race, Anthropology, and Empire in France, 1850-1950*, Ithaca, Cornell University Press, 2013], p. 445-447.

77 M. Mauss, « Note [sur Vallois] » [non envoyée], 2 décembre 1941 (57CDF 111-54. Fonds M. Mauss / Collège de France).

78 C. Laurière, « 1938-1949 : un musée sous tensions », in C. Blanckaert (dir.), *Le Musée de l'homme. Histoire d'un musée-laboratoire*, Paris, Éditions du Muséum / Artlys, 2015, p. 46-77.

79 F. Marcot, « Pour une sociologie de la Résistance : intentionnalité et fonctionnalité », *Mouvement social*, 180, juillet-septembre 1997, p. 21-41. Voir également les réflexions de P. Laborie dans *Le chagrin et le venin*, *op. cit.*, p. 229 et suiv.

professionnelle qui permit le succès de la Société d'études psychologiques, si elle ne témoigne pas d'un milieu intellectuel en résistance, peut toutefois être interprétée comme l'expression sociale d'un refus ou d'un non-consentement.

Cette Société savante compta, en effet, parmi ces manifestations collectives qui contribuèrent à former, dans les milieux intellectuels toulousains, un tissu social favorable à l'émergence d'actions de protestation et d'une Résistance organisée dans laquelle s'illustreront plusieurs de ses membres. D'ailleurs, elle ne resta active que jusqu'en 1942. Après la Journée d'étude qu'elle avait organisée pour ses débuts sur le travail et les techniques en juin 1941, la Société s'était réunie régulièrement, chaque mois, pour une séance de discussion autour d'une communication. Les sujets abordés furent divers. Ils variaient selon les ancrages thématiques et disciplinaires des intervenants, mais renvoyaient tous à la question de la vie mentale : « La Catharsis chez Aristote et dans la tragédie grecque » (par l'helléniste Victor Magnien, professeur à la Faculté des lettres de Toulouse) ; « La crainte et la terreur tragiques » (par Louis Herland, professeur au lycée de Toulouse) ; « Somnambulisme et hypnose » (par Marcel Riser, professeur à la Faculté de médecine) ; « L'intention criminelle et la tentative » (par Joseph Magnol, doyen de la Faculté de droit de Toulouse) ; « Esquisse d'une phénoménologie de l'Espérance » (par le philosophe Gabriel Marcel) ; « Le rôle de la psychologie dans l'élaboration de la théorie économique » (par Bertrand Nogaro, professeur à la Faculté de droit de Paris) ; « La pudeur » (par Vladimir Jankélévitch)[80].

Moins d'une dizaine de séances furent néanmoins organisées. L'activité de la Société devint de plus en plus difficile à maintenir après l'invasion de la zone sud en novembre 1942 et l'entrée de certains de ses membres actifs dans la clandestinité. Les réunions cessèrent à ce moment-là. Elles ne reprirent qu'en 1946, avec l'organisation d'une nouvelle journée d'étude. Elle fut introduite par Daniel Faucher qui commença par « rendre hommage aux membres de la Société morts dans la Résistance ou en déportation », citant : Marc Bloch ; Raymond Naves ; le philosophe des mathématiques Albert Lautman[81] ; le critique

---

80 Voir la présentation des activités de la Société en annexes (II).

81 Prisonnier de guerre en 1940, Albert Lautman (1908-1944) réussit à s'évader d'Allemagne en octobre 1941, et s'installa alors à Toulouse, où il rejoignit l'Armée secrète. Arrêté

et romancier Benjamin Crémieux ; le psychologue Hans Pollnow[82] ; le juriste René Milhaud[83] ; l'aliéniste Maurice Dide[84]. Suivait un ensemble de communications faites par des prisonniers de guerre et des déportés politiques sur le thème « la psychologie des "ruptures de vie" : captivité et déportation[85] ».

La Société d'études psychologiques inaugura de cette façon la reprise de ses activités, qui se poursuivirent après la guerre jusqu'au départ d'Ignace Meyerson de Toulouse en 1952, puis trouvèrent un prolongement avec la création, à Paris en 1953, du Centre de psychologie comparative, auquel participèrent régulièrement, entre autres, Marinette Dambuyant, Pierre Francastel, Louis Gernet, Jacques Maître, Pierre Naville, Émile Poulat, Albert Soboul, Jean-Pierre Vernant, René Zazzo et aussi Claire Bresson (avec laquelle Ignace Meyerson vivait maritalement depuis la Libération)[86]. Ce Centre fut le lieu à partir duquel se déploya, dans un esprit d'ouverture vers le monde des arts, des lettres et des sciences, le

---

en mai 1944 par la Gestapo, il fut fusillé en août. Avec Jean Cavaillès, il apporta une contribution majeure au développement de la philosophie des mathématiques en France.

82 D'origine allemande, Hans Pollnow (1902-1943) s'était exilé en 1933 en France, où il avait pu poursuivre sa carrière de pédopsychiatre. Refusant en 1940 de partir aux États-Unis, il s'engagea dans la Résistance et fut arrêté en février 1943 à Pau. Il fut fusillé au camp de Mauthausen en octobre 1943. Voir sa biographie en ligne sur le site de l'hôpital universitaire de la Charité à Berlin : https://gedenkort.charite.de/en/people/hans_pollnow/

83 Avocat à la Cour d'appel de Toulouse, spécialiste du droit du travail, des loyers et des pensions, René Milhaud était aussi engagé en politique comme radical-socialiste. D'origine juive, il ne put poursuivre, après novembre 1942, son activité professionnelle en raison de l'application des lois raciales. Résistant, il fut arrêté en mai 1944 et mourut au camp d'Auschwitz en octobre.

84 Maurice Dide (1873-1944) fut directeur de l'asile de Braqueville de 1909 jusqu'à sa retraite en 1937. De sensibilité radicale-socialiste, il était très impliqué dans la vie intellectuelle et politique toulousaine. Après avoir été engagé volontaire en 1939-1940 (à plus de 65 ans), il s'opposa au régime de Vichy et rejoignit le mouvement Combat. Arrêté en juillet 1943, déporté à Buchenwald, il décéda en mars 1944.

85 Voir en annexes (II) le compte rendu de cette Journée publié dans le *Bulletin de l'Université et de l'Académie de Toulouse* de mai-juillet 1946. Certaines communications furent par la suite reprises sous forme d'articles. Voir notamment M. Dambuyant, « Remarques sur le moi dans la déportation », *Journal de psychologie normale et pathologique*, 1946, 2, p. 181-203. Élève d'Ignace Meyerson et de Marcel Mauss avant la guerre, agrégée de philosophie (1934), Marinette Dambuyant s'engagea dans la Résistance. Arrêtée par la Gestapo, elle fut déportée, en août 1944, à Ravensbrück. Elle proposa, après la guerre, une contribution à la psychologie de la personne à partir d'une réflexion sur son expérience des camps.

86 I. Meyerson en était le directeur, J.-P. Vernant le directeur-adjoint. Sur les activités du Centre, voir É. Poulat, « Le Centre de psychologie comparative et ses colloques », art. cité.

programme de « psychologie historique », dont Ignace Meyerson avait exposé les principes dès 1941 et dont il donna dans sa thèse, soutenue en 1948, la formulation la plus aboutie. Son ambition était d'étudier les « fonctions psychologiques » (la personne, le travail, l'action, la mémoire, l'espace, le temps, etc.) à travers les œuvres des hommes (langues, institutions sociales, religions, techniques, sciences, arts, par exemple) : « les actes de l'homme aboutissent à des institutions et à des œuvres. [...] Le psychologue sait que c'est par un effort de l'esprit que l'homme a édifié ces œuvres [...]. Il sait donc que l'esprit de l'homme est dans les œuvres[87] ».

LA SCIENCE RÉPUBLICAINE MOBILISÉE (JUIN 1941)

Organisée en quelques semaines en mai-juin 1941, la Journée de Psychologie et d'Histoire du Travail et des Techniques avait, en premier lieu, une fonction d'annonce. Il s'agissait de donner une visibilité à cette Société toulousaine d'études psychologiques qui venait d'être créée afin de maintenir les conditions de travail et de dialogue des sciences sociales républicaines, afin aussi de réaffirmer leur droit d'intervention politique face aux autres types d'intellectuels (du champ universitaire, et aussi plus largement des champs intellectuel et politique – écrivains, pamphlétaires et autres « spécialistes ») et aux discours qu'ils tenaient sur la société, ses maux et ses remèdes.

PORTRAIT DE GROUPE

Ignace Meyerson, sa correspondance l'atteste, s'investit personnellement dans l'organisation de cette Journée, mettant alors à profit les liens intellectuels qu'il avait noués depuis son arrivée en France et aussi localement depuis son installation à Toulouse. Dans ce travail de mobilisation intellectuelle, Georges Friedmann joua lui aussi un rôle important, notamment auprès de Marc Bloch et Lucien Febvre : il était, depuis les années 1930, au centre des sociabilités de la gauche

87 I. Meyerson, *Les fonctions psychologiques et les œuvres*, Paris, PUF, 1948, p. 9.

intellectuelle, en raison de son investissement dans les sciences sociales (aux *Annales* et au Centre de Documentation sociale de l'ENS dirigé par Célestin Bouglé) et de son engagement dans l'entreprise culturelle communiste.

Ignace Meyerson parvint ainsi à rassembler à Toulouse, le 23 juin 1941, des personnalités influentes de la science républicaine de l'entre-deux-guerres. Les différentes disciplines des sciences humaines furent représentées lors de cette Journée d'étude : outre la psychologie, l'histoire avec Lucien Febvre, Marc Bloch, André Aymard, l'histoire de la philosophie avec le médiéviste Paul Vignaux, l'histoire religieuse avec le père Étienne Delaruelle, la sociologie et l'ethnologie avec Marcel Mauss et Georges Friedmann, la géographie avec Daniel Faucher. Ce dialogue entre les disciplines était du reste ouvert aux sciences dites dures et à la philosophie. Participèrent aux travaux de cette Journée le mathématicien Jacques Hadamard, le physicien de l'Université de Toulouse Charles Camichel, et André Lalande, qui, dans l'entre-deux-guerres, avait promu une philosophie rationaliste ouverte à la sociologie durkheimienne, en particulier dans le grand dictionnaire qu'il dirigea, *Vocabulaire technique et critique de la philosophie*[88]. Ce dernier, installé à Albi, ne put pour des raisons de santé rejoindre Toulouse, mais, comme Lucien Febvre et Marcel Mauss, il envoya le texte de sa contribution.

88 André Lalande avait été l'élève de Durkheim au lycée de Sens.

Nom, prénom Date naissance-mort	Milieu social d'origine	Lieu de formation	Discipline	Dernier poste occupé (années 1930)
Aymard André 1900-1964	Famille d'instituteurs	Sorbonne	Histoire	Professeur, Université Toulouse
Bloch, Marc 1886-1944	Famille alsacienne, d'origine juive. Père, universitaire	ENS (lettres, 1904)	Histoire	Professeur, Sorbonne
Camichel, Charles 1871-1966	Père, pasteur de l'Église réformée	ENS (sciences, 1889)	Physique	Professeur, Université Toulouse
Delaruelle, Étienne 1904-1971	Père, universitaire	Université de Toulouse	Histoire	Professeur au grand séminaire, Toulouse
Faucher, Daniel 1882-1970	Milieu populaire d'artisans	Université de Grenoble	Géographie	Professeur, Université Toulouse
Febvre, Lucien 1878-1956	Père, professeur agrégé	ENS (lettres, 1897)	Histoire	Professeur, Collège de France
Friedmann, Georges 1902-1977	Père, banquier. Famille d'origine juive	ENS (lettres, 1923)	Sociologie	Professeur, École Boulle
Hadamard, Jacques 1865-1963	Père, professeur de lycée. Famille d'origine juive	ENS (sciences, 1884)	Mathématiques	Professeur, Collège de France
Lalande, André 1867-1963	Père, professeur devenu Inspecteur d'académie	ENS (lettres, 1885)	Philosophie	Professeur, Sorbonne
Mauss, Marcel 1872-1950	Père, négociant. Neveu d'Émile Durkheim. Famille d'origine juive	Université de Bordeaux	Ethnologie	Professeur, Collège de France
Meyerson, Ignace 1888-1983	Né en Pologne, dans une famille d'origine juive. Père, médecin	Sorbonne	Psychologie	Directeur d'étude, EPHE
Vignaux, Paul 1904-1987	Père, fonctionnaire des contributions directes	ENS (lettres, 1923)	Philosophie, histoire des religions	Directeur d'étude, EPHE

TABLEAU 1 – Liste des intervenants à la Journée de Psychologie et d'Histoire du Travail et des Techniques (23 juin 1941).

Les douze intervenants de cette Journée d'étude se recrutaient parmi les fractions les plus politisées des sciences républicaines[89]. Les plus âgés se rattachaient à la génération dreyfusarde, née dans les années 1860-1870 (Charles Camichel, Lucien Febvre, Jacques Hadamard, André Lalande, Marcel Mauss). En rupture avec le légitimisme universitaire des débuts de la IIIe République, la plupart d'entre eux avaient adopté une orientation politique à gauche (socialisante), surtout après l'affaire Dreyfus, qui avait entraîné une certaine distanciation vis-à-vis de la République officielle[90]. Malgré l'étiolement de leur militantisme de jeunesse à la suite de leurs investissements dans des carrières universitaires, ils contribuèrent à l'ancrage, dans le champ intellectuel, d'une culture socialiste. Cette matrice d'engagement trouva ainsi des prolongements dans les générations suivantes : celle de Marc Bloch, Daniel Faucher et Ignace Meyerson (nés dans les années 1880), qui, selon des modalités différentes, furent socialistes dans leur jeunesse, celle aussi des années 1900, représentée à la Journée toulousaine du 23 juin 1941 par Georges Friedmann et Paul Vignaux notamment. Soucieux également de refonder les rapports des intellectuels à la République et au mouvement ouvrier, tous deux avaient milité, durant l'entre-deux-guerres, dans des organisations politiques et culturelles de gauche. Georges Friedmann, bien qu'il n'ait pas adhéré au Parti communiste français, fut un des intellectuels les plus engagés en faveur du mouvement communiste lors des années de Front populaire. Reconnu comme un sociologue marxiste, il avait participé activement aux revues liées au Parti communiste français (*Commune*, *Europe*), à ses associations culturelles (comme le Cercle de la Russie neuve ou l'Université ouvrière) et même à sa principale maison d'édition, les Éditions sociales internationales, où il avait dirigé la collection « Socialisme et culture », avant d'être écarté de toute responsabilité après la publication de son livre *De la Sainte Russie à l'URSS* chez Gallimard en 1938. Paul Vignaux, après avoir fait partie, dans les années 1920, de l'équipe dirigeante de l'Association catholique de la jeunesse française, milita à l'aile gauche du mouvement syndicaliste chrétien

89 Voir leurs notices individuelles en annexes (I). Cette étude biographique s'inspire des analyses développées par C. Charle dans *Naissance des « intellectuels » 1880-1900* (Paris, Éditions de Minuit, 1990) et *La République des universitaires, 1870-1940* (Paris, Seuil, 1994).

90 Outre les travaux de C. Charle, voir V. Duclert, « L'engagement scientifique et intellectuel démocratique. Le sens de l'affaire Dreyfus », *Politix*, vol. 12, 48, 1999, p. 71-94.

(CFTC) et contribua à son rapprochement avec la CGT. Favorable au dialogue entre chrétiens et marxistes, il prit part aux débats des années 1930 sur le machinisme et la civilisation industrielle. Il appelait alors de ses vœux une révision globale des valeurs du mouvement ouvrier, sans laquelle, selon lui, aucune véritable Révolution n'était possible.

Malgré les itinéraires militants différents qu'ils avaient suivis et les divergences politiques qui avaient pu les opposer, en dépit aussi des décalages générationnels, ces intellectuels se trouvèrent bien souvent associés dans les luttes antifascistes des années 1930, en particulier au Comité de vigilance des intellectuels antifascistes (CVIA). Ils partageaient de fait un même attachement aux valeurs républicaines, qui s'enracinait dans leurs histoires familiales individuelles. La mobilité sociale ascendante que certains avaient connue les inclinait à adhérer à l'idéal méritocratique républicain : bien que les réformes républicaines visant à ouvrir le recrutement social de l'Université aient été un « demi-échec[91] », André Aymard, Daniel Faucher ou Paul Vignaux, par exemple, tous trois issus de milieux populaires, en avaient bénéficié. D'autres étaient issus de familles intellectuelles, dont l'éthique du désintéressement et de l'excellence universitaire se combinait à la fidélité à une tradition politique républicaine (par exemple, Marc Bloch, Lucien Febvre, Jacques Hadamard, André Lalande). Cet attachement républicain pouvait aussi tenir à leur appartenance aux minorités religieuses, protestante (Charles Camichel, ainsi que Daniel Faucher et André Lalande, dont les épouses étaient de religion protestante) et surtout juive (Marc Bloch, Georges Friedmann, Jacques Hadamard, Marcel Mauss, Ignace Meyerson), l'engagement républicain ayant été « le prolongement de leur combat séculaire pour l'égalité de traitement religieux[92] ».

De telles affinités politiques se reflétaient dans le champ universitaire-scientifique, où ces intellectuels républicains se situaient généralement aux pôles les plus innovants. Nombre d'entre eux avaient été formés à l'ENS, qui constituait le lieu de socialisation privilégié des professeurs de gauche. Ils enseignaient majoritairement dans les institutions universitaires créées ou rénovées au début de la IIIe République pour pallier les défauts du système napoléonien des facultés, donc dans les institutions les plus proches de l'idéal inspiré de la science allemande

91 C. Charle, *Naissance des « intellectuels »*, *op. cit.*, p. 71.
92 *Ibid.*, p. 197.

(comme l'EPHE, la « nouvelle Sorbonne », l'Université de Strasbourg)[93], ou bien au Collège de France, dont la vocation initiale d'être « un lieu de culture créatrice, "la science en train de se faire" » se perpétuait[94]. Ils avaient de fait participé aux innovations intellectuelles des dernières décennies, aussi bien dans les sciences dites dures (Jacques Hadamard en mathématiques, par exemple) que dans les sciences sociales. Se retrouvèrent, en effet, lors de cette Journée d'étude, des intellectuels qui avaient contribué aux avancées de l'école durkheimienne et de la philosophie républicaine, depuis les premières générations (Marcel Mauss ou encore André Lalande) jusqu'à l'entre-deux-guerres. La plupart d'entre eux avaient été sensibles aux renouvellements proposés par la revue des *Annales* de Marc Bloch et Lucien Febvre, dont l'ambition était de « [rendre] quelques services à ces études "humaines" pour lesquelles l'*Année sociologique* a déjà tant fait[95] ». Certains, comme Georges Friedmann, y furent même directement associés dès les années 1930.

OBSTACLES POLITIQUES

Bien qu'elle ait pu s'appuyer sur les réseaux de sociabilité de l'entre-deux-guerres, la dynamique de regroupement qui fit de la Journée organisée par Ignace Meyerson un succès n'avait, cependant, rien d'évident. Les obstacles politiques étaient nombreux au moment où circulaient les nouvelles des premières arrestations d'intellectuels. Dès fin octobre 1940, Paul Langevin fut incarcéré à la prison de la Santé, puis démis de ses fonctions au Collège de France[96], ce qui provoqua une première vague de protestations dans les milieux universitaires et étudiants. Début 1941, les arrestations se multiplièrent : en février, le

93 G. Weisz, *The Emergence of Modern Universities in France, 1863-1914*, Princeton, Princeton University Press, 1983. Sur l'Université de Strasbourg (où enseignent après-guerre Marc Bloch et Lucien Febvre, aux côtés de Charles Blondel, Maurice Halbwachs et d'autres), voir B. Müller, « L'université de Strasbourg dans l'immédiat après-guerre (1919-1925). Lieu ou moment de reconfiguration des sciences sociales ? », *Revue d'histoire des sciences humaines*, 33, 2018, p. 211-240.

94 C. Charle, « Le Collège de France », in P. Nora (dir.), *Les lieux de mémoire, II. La Nation*, Paris, Gallimard, 1986, t. 3, p. 389-424. Voir également W. Feuerhahn (dir.), *La politique des chaires au Collège de France*, Paris, Les Belles Lettres, 2017.

95 Lettre de M. Bloch à M. Mauss, 18 juin 1928 (57CDF 55-7. Fonds M. Mauss / Collège de France).

96 Il sera ensuite placé en résidence surveillée à Troyes pendant toute la durée de la guerre. Voir B. Bensaude-Vincent, *Langevin. Science et vigilance*, Paris, Belin, 1987, chap. XIV.

linguiste Charles Bruneau (1883-1969), détenu vingt-six jours ; puis le latiniste Jules Marouzeau (1878-1964) ; en avril, une dizaine de membres de l'Institut et de professeurs au Collège de France, parmi lesquels le linguiste Joseph Vendryès (1875-1950), doyen de la Faculté des lettres de Paris[97] ; en juin, Charles Parain, accusé de propagande communiste. À l'hiver et au printemps 1941, fut également démantelée une partie du réseau dit du « Musée de l'Homme[98] », auquel était lié Georges Friedmann avec Jean Cassou, le beau-frère de Vladimir Jankélévitch : Friedmann s'était efforcé de constituer à Toulouse, en février 1941, en liaison avec le groupe du Musée de l'Homme, « un premier comité provisoire », mobilisant pour cela Georges Canguilhem et Paul Vignaux[99].

Bien des absences à la Journée d'étude du 23 juin 1941 tiennent donc à ce climat d'incertitude politique, et d'abord celles de Lucien Febvre et Marcel Mauss qui, résidant à Paris, ne purent rejoindre Toulouse en juin 1941 et firent passer en zone sud les textes de leurs communications, qui ne parvinrent qu'après la Journée. Les persécutions politiques des années 1940-1941 pourraient également expliquer d'autres absences, comme celles, par exemple, de J.-M. Lahy et d'Henri Wallon, tous deux pourtant spécialistes reconnus de psychologie du travail et révoqués de leurs postes en 1941. Menacé doublement par son appartenance à la Franc-maçonnerie (dissoute à l'été 1940) et par son engagement aux côtés du Parti communiste (dissous en septembre 1939), J.-M. Lahy avait décidé de ne pas retourner à Paris et s'était retiré dans le Midi[100]. Henri Wallon, connu lui aussi pour son militantisme en faveur du mouvement communiste, avait été inquiété. Dans une lettre à Georges Friedmann de décembre 1941, il écrivait ainsi : « J'ai pu maintenir ici [le travail] du laboratoire, malgré certaines difficultés, en particulier un certain

97 Voir le témoignage de Georges Mathieu, *La Sorbonne en guerre, 1940-1944*, Paris, L'Harmattan, 2012 [1946], p. 95-107 notamment.

98 Avec les arrestations de Léon Maurice Nordmann en janvier, puis Anatole Lewitsky et Yvonne Oddon en février, Boris Vildé en mars et, en avril, Agnès Humbert et Pierre Walter. Voir J. Blanc, *Au commencement de la Résistance. Du côté du musée de l'Homme, 1940-1941*, Paris, Seuil, 2010, p. 379 et suiv.

99 Ces derniers avaient finalement décidé de ne pas s'associer, refusant de se plier à la demande de Boris Vildé de prêter un serment au général de Gaulle. Voir J.-P. Almaric, « "Terribles et grandioses"… », art. cité ; J. Lecuir, « Paul Vignaux à Toulouse : résistance spirituelle et politique en zone non occupée (juin 1940-juin 1941) », in O. Boulnois (dir.), *Paul Vignaux, citoyen et philosophe*, Turnhout, Brepols, 2013, p. 51-120.

100 M. Turbiaux, « Le mystère de la mort de J.-M. Lahy », *Bulletin de psychologie*, t. 60 (3), 489, mai-juin 2017, p. 267-273.

nomadisme commandé par les événements. Des visiteurs indiscrets m'y ont contraint. Nous sommes au calme[101] ».

C'est également en raison de ce contexte politique tendu que la publication des actes de la Journée d'étude ne put aboutir qu'après la guerre. Elle avait pourtant été engagée dès 1941 par Ignace Meyerson. Une subvention du Centre de la recherche scientifique avait même été obtenue en décembre[102]. Une sténographie des actes du colloque fut également établie dès les années de guerre et envoyée aux auteurs afin d'être relue et complétée, Ignace Meyerson demandant souvent précisions et compléments. Il aurait souhaité, par exemple, que Lucien Febvre reprenne sous la forme d'« un vrai mémoire » son introduction au symposium de la matinée consacré à « l'histoire de l'idée de travail », ce que ce dernier refusa, s'en justifiant ainsi auprès de Georges Friedmann :

> Expliquez [à Meyerson] que c'est impossible. Si j'avais voulu faire un mémoire, je l'aurais bâti sur un autre plan. Grossir, farcir du dedans les quelques pages que j'ai écrites, ce serait leur enlever leur petit intérêt sans le remplacer par un autre. Ce serait gâter ce qui est, et sans profit. Car il me faudrait alors 200 pages pour dire quelque chose de didactique. Ce n'est pas paresse de mon fait. C'est sentiment de ce qui s'impose. Je n'ai jamais voulu bâtir un mémoire en 8 jours. Et je ne saurais en bâtir un, même si j'avais le temps, en 15. C'est une ouverture, une introduction. Il n'y a qu'à la donner comme telle[103].

S'ajoutaient à cela des raisons politiques, que Georges Friedmann précisait dans sa lettre à Ignace Meyerson :

> À la suite de notre dernier entretien, j'attendais une occasion de faire passer une lettre à L. Febvre, lorsque j'ai appris que sa revue (les *Annales d'histoire sociale*) venait, en même temps que d'autres revues scientifiques, d'être suspendue. Par ailleurs et surtout, le climat autour de certains universitaires – principalement ceux qui, comme L. Febvre, ont déjà été recherchés – est de nouveau lourd[104].

---

101 Lettre d'H. Wallon à G. Friedmann, envoyée le 25 décembre 1941 (Fonds G. Friedmann/AN).

102 Lettre de D. Faucher à I. Meyerson, 31 décembre 1941 : « Mon cher Collègue et Ami, Une bonne nouvelle ! Le Centre de la recherche scientifique nous accorde 4000 francs pour notre publication. Avec les 1500 francs de Deltheil et ce que nous pouvons prendre sur les fonds de la Société, peut-être n'est-ce pas loin de suffire » (521AP/51. Fonds I. Meyerson/AN).

103 Réponse de L. Febvre du 5 mai 1942 transmise à I. Meyerson par G. Friedmann dans sa lettre du 25 mai 1942 (521AP/52. Fonds I. Meyerson/AN).

104 Lettre de G. Friedmann à I. Meyerson, 25 mai 1942 (521AP/52. Fonds I. Meyerson/AN).

De même, Marcel Mauss écrivit le 27 juillet 1941, en réponse aux relances d'Ignace Meyerson qui lui suggérait de reprendre son papier pour qu'il soit « le grand article du volume » et que sa « leçon sur le problème puisse avoir son plein effet[105] » :

> Je n'ai pas la moindre envie de doubler le nombre de mes lignes pour un public que, en ces temps, j'estime peu [...] Et je ne parle qu'au point de vue scientifique. Si je parlais d'un autre, de l'espèce de torpeur morale, ce serait pire[106].

Les difficultés d'écriture liées aux circonstances terribles de la guerre et de l'Occupation rendirent non seulement difficile la préparation des communications au colloque[107], mais freinèrent aussi la publication des actes, et c'est seulement après la Libération que ce projet éditorial aboutit. Il fut mené à bien avec l'aide de Jean-Pierre Vernant, devenu le proche collaborateur d'Ignace Meyerson et le secrétaire de rédaction du *Journal de psychologie normale et pathologique*. Certains textes furent de nouveau retravaillés, mais en s'efforçant de rester au plus près du texte original de 1941. Les discussions de cette Journée furent alors reconstituées partiellement à partir des notes prises, notamment par Daniel Faucher[108]. Il fut également envisagé d'ajouter au dossier une série d'articles – de Jean-Pierre Vernant sur ses premières recherches concernant le travail dans la Grèce ancienne, de Roger Bonnardel[109] sur la psychologie du travail, un autre sur « l'idée de travail dans les temps modernes ». Les délais nécessaires à leur rédaction auraient encore retardé la publication des actes, et il fut donc décidé de sortir le numéro du *Journal de psychologie* sans ces articles complémentaires : ils furent, pour certains, publiés dans un autre numéro du *Journal de*

105 Lettre de I. Meyerson à M. Mauss, 12 juillet 1941 (57CDF 83-11. Fonds M. Mauss / Collège de France).

106 Lettre citée par F. Vatin, « Mauss et la technologie », art. cité.

107 Voir les remarques formulées par Marc Bloch et André Lalande en introduction de leurs exposés.

108 Lettre de D. Faucher à I. Meyerson, 16 août 1947 (521AP/51. Fonds I. Meyerson/AN).

109 Raymond Bonnardel (1901-1998), élève de J.-M. Lahy, reprit, à la suite de ce dernier, la direction du Laboratoire de psychologie appliquée de l'EPHE (1940-1966). Il fut également en charge du laboratoire de psychotechnique des usines Peugeot à partir de 1939. Voir Y. Cohen, « L'invention des techniciens sociaux. Du commandement social après juin 1936 chez Peugeot », *Actes de la recherche en sciences sociales*, 114, septembre 1996, p. 30-43.

psychologie, celui de janvier-mars 1955, intitulé « Le travail, les métiers, l'emploi[110] ».

TENSIONS LATENTES

La Journée du 23 juin 1941 donna l'image d'une science républicaine mobilisée et unie face aux difficultés politiques du moment. Bien des tensions furent alors mises en suspens et évitées : des tensions intellectuelles, d'abord, qu'elles portent sur la définition des frontières disciplinaires ou qu'elles tiennent à des concurrences entre programmes de recherche, au profit, on l'a vu, de la réaffirmation de l'ambition commune des sciences républicaines ; et surtout des tensions politiques, en vue d'un effort commun de réflexion face à la « rupture d'intelligibilité[111] » qu'avaient provoquée les événements de 1939-1940. En particulier, les divergences au sujet du communisme soviétique furent « mises entre parenthèses », comme cela l'avait déjà été lors de la mobilisation intellectuelle antifasciste des années 1930[112]. Elles avaient pourtant été réactivées au moment de la signature du Pacte germano-soviétique (23 août 1939). Les discussions avaient été vives parmi les intellectuels communistes et communisants, dessinant dès lors une nouvelle ligne de fracture entre ceux qui se désolidarisaient du Parti communiste et protestaient publiquement contre le Pacte (Paul Langevin, Paul Nizan, Georges Friedmann, Jean Cassou, Agnès Humbert *et alii*) et les autres (Georges Politzer, Jean-Richard Bloch, René Maublanc, Charles Parain, Henri Wallon, René Zazzo *et alii*)[113]. Sans doute, l'ensemble des intellectuels présents à Toulouse à la Journée d'étude du 23 juin 1941 se retrouvait sur une même position de condamnation de la politique soviétique, y compris ceux qui avaient été proches ou membres du Parti communiste comme Georges

110 Il rassemble des contributions de I. Meyerson, J.-P. Vernant, A. Soboul, J. Dautry, G. Friedmann, A. Touraine, P. Naville, J.-D. Reynaud, M. Reuchlin, S. Pacaud, M. Lefetz, J. Morin et J. Vincent.

111 A. Bensa et E. Fassin, « Les sciences sociales face à l'événement », *Terrain*, 38, 2002, p. 5-20. Voir également B. Gobille, « L'événement Mai 68. Pour une sociohistoire du temps court », *Annales HSS*, mars-avril 2008, 2, p. 321-349.

112 N. Racine, « Une cause. L'antifascisme des intellectuels dans les années trente », *Politix*, vol. 5, 17, 1992, p. 79-85.

113 Sur cette redéfinition du réseau des intellectuels communisants, voir N. Racine, « "L'Heure du choix" », dans P. Grémion et F. Piotet (dir.), *Georges Friedmann, un sociologue dans le siècle*, *op. cit.*, p. 51-72.

Friedmann et Jean-Pierre Vernant. Toutefois, avec le revirement de la politique soviétique internationale, ce sont les structures symboliques de la mobilisation antifasciste qui se trouvaient profondément déstabilisées : les projections qu'avait suscitées l'Union soviétique comme alternative au capitalisme et comme rempart face aux fascismes étaient brutalement remises en cause. En témoigne la correspondance qu'échangea Georges Friedmann avec ses amis, tels Jacques Soustelle et Jean Cassou, auxquels il était étroitement lié en raison de leurs engagements communs auprès du Parti communiste[114] :

> En ce qui me concerne, depuis des années déjà je n'avais plus d'espoir dans ce régime même, mais je comptais encore sur lui et sur ses forces pour venir à notre aide dans la guerre qui approchait. Je me disais que l'oppression trop visible et tout ce qu'on sentait grouiller là-bas de laid et de répugnant seraient peut-être justifiés devant l'histoire [...]. Au contraire, maintenant, « le mal est fait », comme on dit, mal peut-être irrémédiable, car combien faudra-t-il de temps pour que les mots-emblèmes qui ont donné de l'espoir à tant d'hommes de notre âge, les pavillons du socialisme, même ceux de la justice, de la paix, bref tout ce dont a abusé cyniquement le néo-impérialisme de Staline, soient de nouveau purifiés ? (Lettre de Jacques Soustelle à Georges Friedmann, 24 décembre 1939).

> Pour nous, il y a là à la fois une leçon terrible et un angoissant problème. Nous nous sommes habitués, par un juste et constant accord de notre pensée et de nos actes, à voir, dans tous les moments d'un événement, un enchaînement de choses pensables, justifiables en elles-mêmes et non dans leur seule fin et qui constituaient comme une architecture d'actes. Tout se tenait là-dedans, nos amis étaient nos amis et nos ennemis nos ennemis. Et ce que nous désirions était en même temps ce que nous pouvions prévoir. À présent tout est par terre, et des événements surgissent qui, peut-être, auront un effet satisfaisant, mais dont [nous] n'avons pas voulu l'enchaînement et le mécanisme (Lettre de Jean Cassou à Georges Friedmann, 7 octobre 1939).

Ce désarroi était partagé bien au-delà des cercles d'intellectuels communistes. Lucien Febvre, par exemple, écrivit à Georges Friedmann en octobre 1939 : « Et voilà Pierre le Grand, la Grande Catherine et tous les autres ressuscités – en même temps qu'Alexandre (pas le grand, le boiteux) reconnu par Stal. [Staline] Quel cauchemar[115]... ». Maurice

---

114 Cette correspondance est conservée dans le fonds G. Friedmann aux AN. Voir également G. Friedmann, *Journal de guerre, 1939-1940*, Paris, Gallimard, 1987, ainsi qu'A. Humbert, *Notre guerre. Souvenirs de Résistance* (introduction de J. Blanc), Paris, Tallandier, 2004.

115 Lettre de L. Febvre à G. Friedmann, 4 octobre 1939 (Fonds G. Friedmann/AN).

Halbwachs, également, lui répondit le 24 septembre 1939 : « Pour moi, je cherche à comprendre : et c'est ce qu'il y a peut-être de plus tragique dans cette tourmente : c'est l'obscurité quant au présent et quant à l'avenir[116] ».

La crise des années 1939-1940 fut donc avant tout pour ces intellectuels antifascistes une expérience vécue de « l'incertitude du sens[117] » – incertitudes sur le futur et l'horizon des possibles dans lequel il pouvait s'inventer, incertitudes aussi sur le présent, les stratégies à suivre et la signification à donner à la lutte contre l'occupant et Vichy. Rester ou partir ? Adopter une attitude de retrait du champ académique ou continuer à travailler, et dans ce cas à quel prix ? Le conflit, déjà évoqué, entre Marc Bloch et Lucien Febvre au sujet de la publication des *Annales* est significatif des divergences qui avaient vu le jour sur la façon de se saisir ou non des marges de jeu pour maintenir, malgré la censure et les exclusions, des entreprises intellectuelles collectives, pour conserver des espaces d'expression publique, certes sous contrôle, mais pouvant servir des stratégies de double langage et de contrebande. Ce conflit était en arrière-plan des discussions lors du colloque de juin 1941. Certes, des intellectuels tels que Georges Friedmann approuvèrent l'« élégante solution » trouvée pour la reparution des *Annales* :

> Je les ai lus, écrira-t-il en avril 1942, avec une sorte de self-conscience aiguë, et qui fait bien partie du décor intellectuel et moral où vous vous mouvez maintenant : conscience aiguë de l'inestimable prix d'un effort tel que celui-là, de toutes les valeurs accumulées qu'il condense déjà en lui, et qu'il importe de préserver, de continuer. Je vous dis tout cela très simplement, très élémentairement, tel que je l'éprouve. [...] Sur le numéro de 1941 des *Annales*, on peut déjà reconnaître que vous avez résolu, au mieux des conditions actuelles, un délicat, un difficile problème. Pour ma part, j'ai désapprouvé certaines publications de revues, que les directeurs ont vraiment payées un peu cher... Par contre, celle des *Annales* ne fait que servir les meilleures causes. Leur courageuse continuité est un réconfort[118].

Le débat restait toutefois encore vif en juin 1941, comme l'écrivit Marc Bloch à Lucien Febvre :

> J'ai constaté par quelques indications, données en passant, que dans les milieux comme celui de Toulouse, les réactions vis-à-vis du problème qui nous a divisés

116 Lettre de M. Halbwachs à G. Friedmann, 24 septembre 1939 (Fonds G. Friedmann/AN).
117 A. Bensa et E. Fassin, « Les sciences sociales face à l'événement », art. cité.
118 Lettre de G. Friedmann à L. Febvre, 5 avril 1942 (Fonds L. Febvre/AN).

> auraient été, presque universellement, les miennes. Je ne vous dis pas cela pour démontrer que j'avais raison. Que signifierait, en l'espèce, raison ou tort ? Au contraire, c'est vous qui, comme observateur, voyiez juste en apercevant, dans notre dissentiment, celui des deux zones. Et maintenant que la résolution est prise, je n'ai plus qu'un souhait : votre succès, le succès des *Annales*[119].

On pourrait ainsi multiplier les exemples de ces débats feutrés des années 1940-1941. Les positions étaient loin d'être unifiées, même au sein des milieux intellectuels anti-vichystes. Le départ pour les États-Unis, aux lendemains de sa participation à la Journée d'étude du 23 juin 1941, de l'historien Paul Vignaux, poursuivi pour ses engagements dans l'aide aux réfugiés allemands et catholiques mais non menacé personnellement par les lois antisémites de Vichy, suscita, par exemple, des réserves, au moins de la part de Georges Friedmann et Vladimir Jankélévitch, alors que tous les trois avaient un temps envisagé une action de résistance commune[120]. De même, Jean-Pierre Vernant, bien qu'il ait pris part à des actions de résistance dès 1940, avait été nommé professeur de philosophie au lycée de Toulouse sur le poste laissé vacant par la « mise en congé » de Georges Canguilhem[121], qui estimait ne pas avoir passé l'agrégation pour enseigner « Travail, Famille, Patrie[122] ». Il se remémorera ainsi sa première rencontre avec Georges Canguilhem :

> J'ai donc été chez Canguilhem en lui disant : « Écoutez, voilà, j'apprends que je suis nommé au poste que vous avez demandé à quitter, est-ce que vous ne pourriez pas me passer des bouquins ? ». Et Canguilhem, qu'on n'avait même pas prévenu, a dû se dire : « Qu'est-ce que c'est cet Ostrogoth, ce jeune gaillard, qui vient, qui prend mon poste, et qui en plus a le culot de venir me demander si j'ai des livres à lui passer ? ». Il n'avait pas du tout l'air content[123].

---

119 M. Bloch et L. Febvre, *Correspondance III*, *op. cit.*, p. 151.

120 J. Lecuir, « Paul Vignaux à Toulouse… », art. cité. Sur l'histoire de l'exil de Paul Vignaux aux États-Unis, voir L. Jeanpierre, « Paul Vignaux, inspirateur de la "Deuxième gauche" : récits d'un exil français aux États-Unis pendant la Seconde Guerre mondiale », *Matériaux pour l'histoire de notre temps*, 60, 2000, p. 48-56.

121 Georges Canguilhem devint, toutefois, en avril 1941 chargé de cours à la Faculté des lettres de l'Université de Strasbourg, repliée à Clermont-Ferrand, en remplacement de Jean Cavaillès, qui avait été nommé à la Sorbonne.

122 F. Bing et J.-F. Braunstein, « Entretien de Georges Canguilhem », in F. Bing, J-F. Braunstein et E. Roudinesco (dir.), *Actualité de Georges Canguilhem. Le normal et le pathologique*, Le Plessis-Robinson, Institut Synthélabo / Les Empêcheurs de penser en rond, 1998.

123 J.-P. Vernant, *De la Résistance à la Grèce ancienne. Édition établie et présentée par François Hartog*, Paris, Éditions EHESS, 2014, p. 36-37.

LE TRAVAIL ET LES TECHNIQUES À L'AGENDA DES SCIENCES SOCIALES

L'unité affichée lors de cette Journée d'étude dissimulait donc bien des tensions. Ce regroupement répondait néanmoins à un besoin d'union intellectuelle et politique. À l'instar du champ littéraire sous l'Occupation étudié par Gisèle Sapiro, les mises en accusation qui visèrent les milieux scientifiques contribuèrent à « souder ceux qui [tentaient] de résister à l'importation de logiques hétéronomes dans une lutte pour la reconquête de l'autonomie[124] ». Ce colloque toulousain fut en ce sens un « réconfort[125] » pour les intellectuels qui y participèrent. Réconfort de pouvoir « maintenir intacts les lieux intellectuels et humains[126] » comme l'écrivit Marc Bloch dans une lettre à Ignace Meyerson. Réconfort aussi d'avoir l'occasion, face au bouleversement des « régimes ordinaires d'intelligibilité du monde social[127] », d'une réflexion collective sur le sens à donner à la guerre et à l'effondrement de la France. Le thème choisi pour la Journée d'étude du 23 juin 1941, « le travail et les techniques », n'avait donc rien d'anodin. Il définissait le prisme à travers lequel la crise sociale et politique devait être analysée. Depuis la fin du XIXe siècle, en effet, en réponse aux discours dénonçant les méfaits de la Raison, de la Science et de la Machine, les sciences sociales avaient inscrit à leur agenda la question du travail et des techniques.

LA SCIENCE ET LE PROGRÈS EN PROCÈS

« Le travail et les techniques », cette thématique de recherche avait été largement étudiée dans les sciences sociales françaises dès la fin du XIXe siècle, en particulier dans les cercles intellectuels républicains dreyfusards, inquiets face à la montée des discours antimodernes et

124 G. Sapiro, *La guerre des écrivains, 1940-1953*, Paris, Fayard, 1999, p. 103.

125 Selon l'expression utilisée par Georges Friedmann lors de la reparution des *Annales* dans sa lettre du 5 avril 1942 à Lucien Febvre (citée plus haut).

126 Lettre de M. Bloch à I. Meyerson, 22 mai 1941 (521AP/47. Fonds I. Meyerson/AN).

127 B. Gobille, « L'événement Mai 68. Pour une sociohistoire du temps court », art. cité, p. 325.

soucieux de renouveler l'alliance nouée dans les années 1870 avec les élites politiques sur la base de la philosophie positiviste[128].

À partir des années 1890, avec l'affaire Dreyfus, le credo républicain qu'avaient partagé les élites universitaires s'essouffla : « au légitimisme dominant des universitaires à l'égard du régime qui prévaut [au début de la IIIe République] succède une revendication croissante d'autonomie, voire, dans les jeunes générations, une position critique d'avant-garde[129] ». Une fraction des nouvelles élites universitaires, cherchant à remédier aux défauts de la République, opta alors pour le socialisme, et entendait concilier ses engagements avec ses investissements intellectuels rationalistes dans les « sciences du contemporain », conçues comme « fondements de l'action politique[130] ». C'est dans ce milieu universitaire engagé en faveur du mouvement ouvrier que le thème « le travail et les techniques » suscita un nouvel intérêt, aussi bien parmi les historiens (Paul Mantoux, Georges Renard, par exemple) et les sociologues (Alfred Espinas, François Simiand, Henri Hubert et Marcel Mauss) que parmi les psychologues (Henri Laugier, J.-M. Lahy, Henri Piéron parmi d'autres).

Sous l'impulsion de ministres et de députés de gauche, désireux de s'appuyer sur la science pour résoudre la « question sociale » (Alexandre Millerand, en premier lieu), des chaires dédiées spécifiquement à l'étude du travail furent créées[131]. Au Conservatoire national des arts et métiers (CNAM) d'abord, des enseignements sur la physio-psychologie du travail et sur l'organisation scientifique du travail furent assurés dès les années 1900[132]. Au Collège de France, également, une chaire d'histoire du travail

---

128 Sur l'évolution des rapports entre élites universitaires et élites républicaines, voir C. Charle, *Naissance des « intellectuels »*, *op. cit.* Sur l'articulation entre la philosophie d'Auguste Comte et le projet républicain, voir J.-L. Fabiani, *Qu'est-ce qu'un philosophe français ?*, Paris, Éditions EHESS, 2010, chap. 4.

129 C. Charle, *Naissance des « intellectuels »*, *op. cit.*, p. 82.

130 *Ibid.*, p. 91.

131 C. Fontanon, « L'introduction des sciences sociales au CNAM : un champ d'essai pour le millerandisme (1885-1920) », *Cahiers de l'IHTP*, mars 1994, 26, p. 103-125 ; T. Le Bianic, « Le Conservatoire des arts et métiers et la "machine humaine". Naissance et développement des sciences de l'homme au travail au CNAM (1910-1990) », *Revue d'histoire des sciences humaines*, 11, 2004, p. 185-214 ; R. Ouvrier-Bonnaz, « L'histoire des chaires du CNAM concernant l'Homme au travail (1900-1945) entre production des savoirs et engagement politique », *Cahiers d'histoire. Revue d'histoire critique*, 111, 2010, p. 99-122.

132 Confiée à Georges Renard, la chaire d'histoire du travail avait d'abord été attribuée au CNAM en 1900, mais fut transférée en 1907 au Collège de France. Par la suite, une autre chaire fut créée au CNAM sur cette thématique (« Histoire du travail ») : elle fut

fut fondée en 1907 par le conseil municipal de la ville de Paris, alors dominé par les socialistes, « en vue, selon Marcel Mauss, d'une espèce d'histoire du socialisme, puis d'une espèce d'histoire des techniques menant toujours aux dernières actualités » : « dans l'esprit du Conseil [municipal], la chaire a toujours été une chaire destinée à indiquer le monde du travail, non seulement en effet sur ses positions actuelles, mais encore sur sa position en tous temps, et avant tout, à replacer le travail dans son milieu et tout particulièrement le travail moderne dans son milieu historique et économique[133] ». Confiée initialement à l'historien socialiste Georges Renard, cette chaire d'histoire du travail fut ensuite occupée, dans les années 1930, par le durkheimien François Simiand, auquel succéda Émile Coornaert.

La psychologie scientifique, bien que son expertise ait été de plus en plus concurrencée par le taylorisme[134], avait aussi fortement bénéficié de ce soutien politique. Une école française de psychotechnique (ou psychologie appliquée) s'était ainsi formée autour d'Édouard Toulouse[135], ce savant républicain franc-maçon de tendance radicale-socialiste, avec Henri Laugier, J.-M. Lahy, Henri Piéron ou encore Henri Wallon. Elle resta très impliquée dans les débats des années 1920-1930 sur la « rationalisation » et le « machinisme[136] ».

L'ambition d'élaborer une réponse rationnelle aux questions politiques et sociales avait donc trouvé, dans ces années 1900-1910, une conjoncture favorable, permettant son affirmation et son actualisation dans des projets de recherche et de réforme portées par ces nouvelles « sciences du travail ». Cette vocation politique des sciences de l'homme

---

occupée, en 1932, par Charles Spinasse, puis, après la Seconde Guerre mondiale, par Georges Friedmann. Voir C. Fontanon et A. Grelon (dir.), *Les professeurs du CNAM. Dictionnaire biographique, 1794-1955*, Paris, INRP/CNAM, 1994, 2 vol.

133 Lettre de M. Mauss à M. Bloch, 22 janvier 1936 (57CDF 102-33. Fonds M. Mauss / Collège de France). Marc Bloch avait envisagé, après la mort de F. Simiand, de présenter sa candidature à la chaire d'histoire du travail, avant d'y renoncer.

134 M. de Montmollin et O. Pastré (dir.), *Le taylorisme*, Paris, La Découverte, 1984. Voir également P. Fridenson, « Un tournant taylorien de la société française (1904-1918) », *Annales ESC*, 5, 1987, p. 1031-1060.

135 M. Huteau, *Psychologie, psychiatrie et société sous la troisième République. La biocratie d'Édouard Toulouse (1865-1947)*, Paris, L'Harmattan, 2002.

136 Voir notamment Y. Clot (dir.), *Les histoires de la psychologie du travail. Approche pluridisciplinaire*, Toulouse, Octarès, 1999 ; F. Vatin, « Les "sciences du travail" : une tentative de résolution positiviste de la question sociale (1890-1914) », *Bulletin de psychologie*, t. 61 (4), 496, juillet-août 2008, p. 331-340.

fut, cependant, de plus en plus contestée au tournant du XXe siècle, alors que l'optimisme technique du XIXe siècle suscitait de multiples critiques, notamment parmi les hommes de lettres : « le thème de la faillite de la science, autrefois si peu pensable, [était] devenu un lieu commun[137] ». Cette mise en question du progrès s'inscrivait dans les luttes qui opposaient, depuis la fin du XVIIIe siècle, le champ universitaire-scientifique et le champ littéraire. L'alliance de la Science et de la République constituait désormais une menace pour les prétentions à l'universel des hommes de lettres, de plus en plus concurrencés par des universitaires et des scientifiques valorisant la compétence et « l'utilité sociale » de leur savoir[138]. La mobilisation des écrivains s'appuya, en réaction, sur la diffusion des courants pessimistes et antimodernes, opposant la « décadence », la « dégénérescence », à l'idée de modernité politique, technique et scientifique[139].

Cette contestation de l'autorité de la science fut ravivée après la Première Guerre mondiale, alors que l'engagement actif des savants pour l'effort de guerre[140] avait mis à mal, une fois encore, l'articulation entre progrès social et progrès scientifique et avait renforcé les doutes sur la valeur sociale de la science et de la technique. En témoigne le succès que connurent alors nombre d'essais mettant en avant la décadence de la Civilisation ou dénonçant les effets néfastes de la technique et de la machine, à l'instar d'Oswald Spengler dans *Le Déclin de l'Occident* (1918)[141], de Georges Duhamel dans *Scènes de la vie future* (1930) ou encore d'Henri Bergson dans *Les deux sources de la morale et de la religion* (1932). En témoigne aussi la floraison, durant l'entre-deux-guerres, de ce que Marc Bloch nomma « la littérature de renoncement » dans l'ouvrage qu'il rédigea en 1940 sous le titre *L'Étrange défaite* :

---

137 A. Rasmussen, « Critique du progrès, "crise de la science" : débats et représentations du tournant du siècle », *Mil neuf cent. Revue d'histoire intellectuelle*, 14, 1996, p. 89-114, p. 92 ; H. W. Paul, « The Debate over the Bankruptcy of Science in 1895 », *French Historical Studies*, vol. 5, 3, 1968, p. 299-327.

138 G. Sapiro, « Le savant et le littéraire… », art. cité.

139 Sur la réaction antimoderne, voir notamment F. Jarrige, *Techno-critiques. Du refus des machines à la contestation des technosciences*, Paris, La Découverte, 2014, chap. 8 ; C. Charle, *Discordance des temps. Une brève histoire de la modernité*, Paris, A. Colin, 2011, p. 307 et suiv. ; M. Raimond, *Éloge et critique de la modernité*, Paris, PUF, 2000 ; Z. Sternhell, *Ni droite ni gauche. L'idéologie fasciste en France*, Paris, Fayard, 2000 [3e éd.].

140 C. Prochasson et A. Rasmussen, *Au nom de la patrie*, *op. cit.*, p. 185-220.

141 G. Merlio, *Oswald Spengler. Témoin de son temps*, Stuttgart, Akademischer Verlag Hans-Dieter Heinz, 1982.

> J'entends, chaque jour, prêcher par la radio, le « retour à la terre ». [...] Ces bucoliques avis, pourtant, ne sont pas exclusivement choses d'aujourd'hui. Toute une littérature de renoncement, bien avant la guerre, nous les avait rendus déjà familiers. Elle stigmatisait l'« américanisme ». Elle dénonçait les dangers de la machine et du progrès. Elle vantait, par contraste, la paisible douceur de nos campagnes, la gentillesse de notre civilisation de petites villes, l'amabilité en même temps que la force secrète d'une société qu'elle invitait à demeurer de plus en plus résolument fidèle aux genres de vie du passé[142].

Ainsi, dans les années 1920-1930, la défense, chère à Charles Maurras, de « la Civilisation », de l'Occident, face au matérialisme, au rationalisme, au bolchevisme ou encore au machinisme industriel, formait une vision du monde social susceptible de rassembler, autour de l'Action française, de larges fractions du monde littéraire[143]. L'écho politique que cette rhétorique antimoderne rencontra dans les années 1930, avec la montée des fascismes et la crise économique de 1929, amena donc les milieux universitaires-scientifiques, du moins ses fractions les plus politisées, à réagir. L'idée de science, telle qu'elle avait été pensée en France comme fondement de l'idéologie républicaine[144], devait être reformulée dans sa double composante : dans sa composante cartésienne, puisque les découvertes récentes en physique et mathématiques remettaient en cause l'édifice des sciences modernes, ouvrant ainsi une période d'incertitudes épistémologiques ; dans sa composante positiviste-scientiste, puisque dorénavant étaient contestées de toutes parts la fonction sociale de la science et son inscription dans la dynamique du Progrès[145].

LES *ANNALES*, LE MARXISME ET L'HISTOIRE DES TECHNIQUES

Face à cet air du temps antimoderne dominé par l'idée de « crise de la science » et de « déclin » de la Civilisation, les tentatives de redéfinition de la référence rationaliste, qui avait joué un rôle fédérateur au début de la IIIe République[146], se multiplièrent, en philosophie et histoire des

142 M. Bloch, *L'Étrange défaite. Témoignage écrit en 1940*, Paris, Gallimard, 1990, p. 180.

143 G. Sapiro, *La guerre des écrivains*, *op. cit.*, p. 106-160.

144 C. Nicolet, *L'idée républicaine en France. Essai d'histoire critique*, Paris, Gallimard, 1982, chap. 8 notamment.

145 D. Lecourt, « L'idée française de science », *Revue des sciences morales et politiques*, 3, 2001, p. 1-18. Voir également E. Castelli Gattinara, *Les inquiétudes de la raison. Épistémologie et histoire en France dans l'entre-deux-guerres*, Paris, Vrin/EHESS, 1998.

146 J.-L. Fabiani, *Qu'est-ce qu'un philosophe français ?*, *op. cit.*, p. 125-152.

sciences, et plus largement dans l'ensemble des sciences de l'homme, où la pensée durkheimienne apparaissait désormais incapable de s'opposer aux courants antirationalistes.

Le succès du marxisme, dans les années 1930, tient de fait aux nouvelles perspectives qu'il ouvrait pour repenser le rationalisme et son articulation à un projet politique d'émancipation[147]. À la faveur de la forte politisation du champ intellectuel, le Parti communiste français était parvenu à attirer une première génération d'universitaires, engagés à ses côtés selon des modalités variables – adhérent, compagnon de route, sympathisant, ami (Henri Wallon, J.-M. Lahy, en psychologie, Georges Friedmann, André-Georges Haudricourt, René Maublanc, Henri Mougin, Charles Parain, Jacques Soustelle, André Varagnac en sociologie et ethnologie, Marcel Cohen en linguistique, Paul Langevin et Jacques Solomon en physique, Marcel Prenant en biologie, Paul Labérenne en mathématiques *et alii*[148]). Afin de légitimer cette rencontre politico-intellectuelle, tout un travail de relecture de Marx avait été entrepris, aboutissant à faire du marxisme le garant du rationalisme philosophique né des Lumières, du rationalisme politique né des traditions révolutionnaires françaises et du rationalisme savant face à l'anti-modernisme lettré. Cette nouvelle interprétation de Marx s'affirma avec les écrits que ces intellectuels publièrent dans les revues culturelles et aux éditions communistes, en premier lieu les deux volumes d'*À la lumière du marxisme*, parus en 1935 et 1938 aux Éditions sociales internationales, la principale maison d'édition du Parti communiste français : résultats de réflexions menées collectivement à partir des apports de la « science soviétique », ces deux ouvrages, en plaçant au cœur de l'analyse le problème des techniques, définissaient une nouvelle perspective de recherche marxiste :

> Le matérialisme dialectique [...] voit dans la technique de chaque époque ce qui met l'homme en contact avec le monde physique et en même temps une des étapes successives qu'a suscitées l'action des hommes. Comme individu, l'homme subit les conditions de son milieu physique et social. Mais ramené à l'être collectif qui a fait le passé et qui prépare l'avenir, il est l'artisan qui modifiant le milieu physique l'oblige à transformer le milieu social et qui se transforme ainsi lui-même[149].

147 I. Gouarné, *L'introduction du marxisme en France. Philosoviétisme et sciences humaines, 1920-1939*, Rennes, PUR, 2013.

148 Sur tous ces intellectuels, voir leurs notices dans C. Pennetier et P. Boulland (dir.), *Le Maitron en ligne*, *op. cit.*

149 H. Wallon, « Introduction », *À la lumière du marxisme. Essais*, Paris, ESI, 1935, p. 9-16, p. 14.

Dès les années 1930, s'est ainsi élaborée en France une science sociale marxiste, avec les travaux que réalisèrent de jeunes intellectuels communistes ou sympathisants, comme Georges Friedmann, André-Georges Haudricourt[150], Charles Parain[151] ou encore André Varagnac[152]. La plupart d'entre eux avaient été formés auprès de sociologues durkheimiens (Célestin Bouglé, Marcel Mauss, Maurice Halbwachs, notamment). Néanmoins, ils jugeaient sévèrement le durkheimisme, comme toute cette jeune génération intellectuelle des années 1920-1930 du reste, et tentaient de le rénover à l'aide du marxisme. D'après eux, le substrat social fondamental résiderait non pas dans la morphologie sociale, comme le pensaient les durkheimiens, mais dans l'action de l'homme sur la nature, dans le travail en tant que lien social : telle était l'hypothèse directrice de cette nouvelle science sociale marxiste, dont une des formulations les plus remarquées dans les années 1930 fut proposée par le sociologue Georges Friedmann. *La Crise du progrès*, paru chez Gallimard en 1936, analysait, en effet, les conditions de la « retraite du rationalisme » et des idéologies du progrès, afin de souligner la double ambition de ce marxisme universitaire. Elle était, d'une part, de renouveler le rationalisme durkheimien : alors que Durkheim et ses collaborateurs avaient été « les plus vigoureux tenants de l'esprit rationaliste et du progrès », l'école sociologique paraissait désormais « affaiblie en tant qu'École, en tant que doctrine cohérente et combattive » ;

150 André-Georges Haudricourt (1911-1996), agronome de formation, fut l'élève de Marcel Mauss. Proche du Parti communiste français dès les années 1930, il adopta une posture de recherche marxiste. Il publia dans les *Annales* ses premiers travaux sur l'étude des techniques agraires (notamment, « De l'origine de l'attelage moderne », paru dans les *Annales HES*, novembre 1936, p. 515-522, avec une introduction de M. Bloch) et sera un des principaux représentants de l'anthropologie des techniques après la guerre. Voir notamment son ouvrage *Technologie, science humaine*, Paris, Éditions MSH, 1988.

151 Sympathisant communiste, Charles Parain (1893-1984) se spécialisa, au cours des années 1930, dans l'étude des techniques en milieu rural, suivant pour cela une perspective marxiste. Il collabora activement avec André Varagnac et André-Georges Haudricourt, notamment dans le cadre du Musée des arts et traditions populaires. Voir son recueil d'articles intitulé *Outils, ethnies et développement historique*, Paris, Éditions sociales, 1979.

152 André Varagnac (1894-1983) contribua fortement, dans les années 1930, à la revalorisation scientifique du folklore, et devint, aux côtés de Georges-Henri Rivière, conservateur au Musée des arts et traditions populaires. Lié au mouvement communiste depuis les années 1920, il revendiquait une approche marxiste dans ses recherches sur les cultures populaires. Il fut, néanmoins, entre 1941 et 1943, directeur du Bureau du régionalisme à Toulouse. Voir A. Chandivert, « André Varagnac et les contraintes de l'histoire. La trajectoire tourmentée d'un folkloriste après-guerre », *Ethnologie française*, 45/1, 2015, p. 167-174.

« ainsi tombe un des obstacles les plus sérieux qui retenaient en France les courants mystiques, hostiles à la valeur de la science et du progrès ». La visée était, d'autre part, de refonder la croyance en la Raison et la Science et de proposer une solution au « dilemme auquel la faillite du monde occidental a conduit beaucoup d'esprits excellents », en rendant « indéfendable » l'idée de Progrès[153].

C'est en raison de cette double ambition intellectuelle et politique que, malgré quelques réticences initiales, la science sociale marxiste suscita un vif intérêt, notamment du côté de la revue des *Annales d'histoire économique et sociale* créée par Marc Bloch et Lucien Febvre. Ce dernier rédigea un compte rendu élogieux du livre de Georges Friedmann :

> Livre solide [...] qui s'attaque, avec une audace sympathique, à un immense problème : l'un des plus angoissants que puissent se poser les hommes de notre génération. Ce n'est pas seulement « sul cadavere putrefatto della Dea Liberta », comme dit en son langage l'un de ses deux principaux représentants, que la dictature – dans sa forme contemporaine – a passé. C'est sur le cadavre du dieu Progrès, tel que les hommes de mon âge en ont vu célébrer le culte par leurs parents [...] – tel [...] que l'affaire Dreyfus en a restauré l'éclat et le pouvoir chez beaucoup. L'effondrement subit d'une puissance si révérée – il n'y a pas de drame comparable dans l'histoire de notre vie. Et que l'auteur en ait perçu tout le tragique, brillamment retracé les péripéties et proposé enfin l'explication [...] ; qu'il ait ainsi dressé d'un demi siècle d'histoire intellectuelle coupé de véritables révolutions, une évocation puissante, voilà qui souligne la valeur de sa tentative et de sa réussite. [...]
> D'autre part, ce qu'il y a de personnel dans les conclusions du livre ne saurait laisser le lecteur insensible. Car on se trouve en présence brusquement [...] d'une sorte de confession assez émouvante dans sa sobriété : de quoi comprendre mieux le pourquoi de ces conversions au communisme marxiste-léniniste de tant de jeunes hommes cultivés d'aujourd'hui : conversions dont les raisons dernières et les modalités surprennent parfois les hommes de ma génération, longuement pliés à d'autres habitudes mentales [...][154].

Lucien Febvre, par la suite, souligna, à maintes reprises, la communion d'idées qui unissait, selon lui, le programme d'« histoire totale » des *Annales* et le « marxisme vivant » développé par ces jeunes chercheurs[155].

---

153 G. Friedmann, *La Crise du progrès*, Paris, Gallimard, 1936, p. 137-138, 237-238.

154 L. Febvre, « Puissance et déclin d'une croyance », *Annales HES*, t. 9, 43, 1937. Repris dans L. Febvre, *Vivre l'histoire*, Paris, R. Laffont, 2009, p. 982-985.

155 Lucien Febvre associa également un temps aux *Annales* l'historienne d'origine autrichienne Lucie Varga, ainsi que son mari, l'intellectuel marxiste Franz Borkenau, exclu en 1929

Le numéro des *Annales* de 1935 consacré aux techniques, le premier et le seul numéro spécial de la revue avant la guerre, inaugura ce rapprochement. Dans son article introductif, Lucien Febvre présentait « les trois grands chapitres » que devait articuler l'histoire des techniques – une « histoire technique de la technique », écrite par les techniciens eux-mêmes, une histoire « des rapports de la science et de la technique », de la théorie et de la pratique, une histoire sociale enfin ; et, sur ce dernier volet, il ajoutait :

> Chaque époque a sa technique, et cette technique a le style de l'époque. Un style qui montre à quel point tout s'enchaîne, et s'interfère, dans les faits humains : comment, si l'on veut, la technique subit l'influence de ce qu'on peut nommer l'histoire générale – et, en même temps, agit sur cette histoire. Problème double, ici encore. On l'appelle, depuis Marx, d'un mot à contresens : le problème du matérialisme historique. Ce n'est, au fond, que le problème de l'histoire totalitaire[156].

Deux auteurs marxistes, Georges Friedmann (avec un article sur l'itinéraire et l'œuvre de F. W. Taylor) et Charles Parain (avec une présentation des recherches du savant soviétique N. I. Vavilov sur l'histoire des plantes cultivées) étaient d'ailleurs associés à ce numéro, qui comprenait également la célèbre étude de Marc Bloch sur le moulin à eau[157], un article sur le gouvernail par le commandant de corvette Guilleux la Roërie (écrit en réaction au livre du Commandant Lefebvre des Noëttes, *De la marine antique à la marine moderne*) et des réflexions méthodologiques de Lucien Febvre sur cette question[158]. La plupart de ces intellectuels

---

du Parti communiste allemand après avoir travaillé, dans les années 1920, au Bureau de l'Internationale communiste à Berlin. Voir, à ce sujet, P. Schöttler, « Lucie Varga (1904-1941). Une historienne autrichienne dans le cercle des *Annales* », in L. Varga, *Les autorités invisibles*, Paris, Éditions du Cerf, 1991.

156 L. Febvre, « Réflexions sur l'histoire des techniques », *Annales HES*, t. 7, 36, 1935. Repris dans *Vivre l'histoire*, *op. cit.*, p. 846-861, p. 848.

157 M. Bloch, « Avènement et conquêtes du moulin à eau », *Annales HES*, t. 7, 36, novembre 1935, p. 538-563. Sur la réception de cet article et les nombreuses discussions qu'il a suscitées, voir D. Lohrmann, « L'histoire du moulin à eau, avant et après Marc Bloch », in H. Atsma et A. Burguière (dir.), *Marc Bloch aujourd'hui*, Paris, Éditions MSH, 1990, p. 339-347.

158 Outre ses « Réflexions sur l'histoire des techniques » qui introduisaient le dossier, L. Febvre publia également dans ce numéro un compte rendu d'*À la lumière du marxisme* (Paris, ESI, 1935), premier recueil d'articles sur les sciences et les techniques publié par les intellectuels marxistes philosoviétiques (H. Wallon, P. Labérenne, H. Mineur, J. Langevin, M. Prenant, R. Maublanc, M. Cohen, A. Sauvageot, C. Parain, G. Friedmann, J. Baby) : L. Febvre, « Un débat de méthode : Techniques, sciences et marxisme », *Annales HES*,

furent de nouveau associés en 1938 dans une série de quatre numéros publiés par *Europe*, considérée alors comme la revue des compagnons de route[159], sur le thème « l'homme, la technique et la nature » : on y trouve là encore des contributions de Marc Bloch et Lucien Febvre, de Georges Friedmann, André Varagnac et de bien d'autres.

En réaction au discours décadentiste condamnant la civilisation moderne, s'était donc construit autour des *Annales* un programme d'études sur les techniques et le travail. Présenté parfois aujourd'hui comme étant à l'origine de l'histoire des techniques en France, ce programme était pensé, dans les années 1930, non pas comme un domaine de recherche spécifique, mais sous la forme d'une nouvelle science sociale, définie en référence à la pensée de Marx et centrée sur les interactions entre l'homme et son milieu. Il correspondait, dans l'entre-deux-guerres, à une des principales tentatives de renouvellement des sciences sociales, par rapport à laquelle les durkheimiens eux-mêmes durent donc se positionner[160].

La question des techniques, il est vrai, n'avait pas été ignorée des premières générations durkheimiennes. Une rubrique « Technologie » avait été introduite, en 1901, dans *L'Année sociologique* et confiée à Henri Hubert et Marcel Mauss, dont les premiers travaux interrogeaient le rôle des techniques, notamment dans ses rapports avec la magie[161]. Toutefois, dans les années 1900, cette thématique de recherche avait été marginalisée, Émile Durkheim faisant de la religion « la matrice des faits sociaux » et prenant ainsi soin de se démarquer de toute approche marxiste ou matérialiste, afin de conforter sa légitimité intellectuelle et institutionnelle[162]. La question des techniques et de la technologie

---

t. 7, 36, novembre 1935. L. Febvre fera également un compte rendu du second volume d'*À la lumière du marxisme* dans les *Annales* en 1937. Comptes rendus repris dans *Vivre l'histoire*, *op. cit.*, p. 850-861, 940-944.

159 N. Racine, « La revue *Europe* (1923-1939) : du pacifisme rollandien à l'antifascisme compagnon de route », *Matériaux pour l'histoire de notre temps*, 30, 1993, p. 21-26.

160 C'est ce que fit notamment Maurice Halbwachs dans son cours sur les classes sociales (publié pour la première fois en 1937), notamment dans la conclusion intitulée « La technologie et la société », où il prenait soin de définir sa posture sociologique par rapport à l'approche marxiste. M. Halbwachs, *Les classes sociales. Édition établie, annotée et introduite par Gilles Montigny*, Paris, PUF, 2008.

161 H. Hubert et M. Mauss, « Esquisse d'une théorie générale de la magie », *L'Année sociologique*, 7, 1904. Repris dans M. Mauss, *Sociologie et anthropologie*, Paris, PUF, 1999 [1950] p. 1-141.

162 B. Lacroix, *Durkheim et la politique*, Montréal, Presses universitaires de Montréal, 1981 ; N. Schlanger, « Une technologie engagée. Marcel Mauss et l'étude des techniques dans

retrouva, cependant, une place de premier plan parmi les durkheimiens dans les années 1930, grâce aux recherches menées par Marcel Mauss (en particulier sur « les techniques du corps » et sur l'origine magique et technique des catégories de pensée), comme l'a montré Nathan Schlanger. Adoptant à la fin des années 1930 une posture nettement « technophile », Mauss présentait lui aussi les techniques comme étant « caractéristiques de chaque état social ». Et, malgré ses critiques initiales vis-à-vis de la pensée de Marx et du communisme soviétique, il se trouvait en dialogue avec ce milieu marxisant gravitant autour des *Annales*, dont il partageait un même rejet de l'irrationalisme bergsonien et plus largement de cette littérature anti-Progrès qui avait tant marqué l'entre-deux-guerres[163].

CONTRE « LES PLATES ÉLUCUBRATIONS DES PENSEURS VICHYSTES » (GEORGES CANGUILHEM)

La Journée d'étude organisée par Ignace Meyerson en juin 1941 sur « le travail et les techniques » fut donc l'occasion de réunir, une fois encore, ce milieu intellectuel fortement mobilisé pour la « défense du progrès », au moment où la rhétorique lettrée antimoderne trouvait, avec la Révolution nationale, un débouché politique. Dès 1940, comme l'a souligné Francine Muel-Dreyfus[164], les discours de Pétain inscrivaient la défaite dans « le schème contrition/rédemption » : elle était présentée comme « une punition infligée à la France, qui s'était prostituée devant le modernisme[165] ». Vichy, certes, ne fut pas « un bloc » et fut aussi un régime modernisateur, mais les « conceptions rivales » qui alimentèrent le programme idéologique et politique de la Révolution nationale présentaient néanmoins une certaine cohérence, sous-tendue par cette « peur de la décadence[166] ». C'est bien ce discours idéologique que visait à étudier et à déconstruire le colloque toulousain de 1941, en en faisant un problème de « psychologie collective » : celui de « l'homme au travail », saisi à travers une « histoire matérielle, sociale, morale et psychologique », dont Ignace Meyerson avait posé les jalons au cours de

les sciences sociales », in M. Mauss, *Techniques, technologie et civilisation*, Paris, PUF, 2012, p. 1-134.

163 *Ibidem*. Voir également F. Vatin, « Mauss et la technologie », art. cité.

164 F. Muel-Dreyfus, *Vichy et l'éternel féminin*, *op. cit.*, p. 11-12 notamment.

165 R. O. Paxton, *La France de Vichy*, Paris, Seuil, 1997 [1972], p. 321.

166 *Ibid.*, p. 185-286 notamment.

deux séances préparatoires[167]. Cette démarche impliquait un refus de s'enfermer dans les formulations préconstituées de la crise et supposait, pour cela, de se démarquer d'une histoire politique, reprenant à son compte les schèmes de pensée et les catégories du monde politique. Cet enjeu de méthode était d'ailleurs discuté dans ces milieux intellectuels antifascistes, comme le rappellera Jean-Pierre Vernant :

> Je me souviens bien des conversations que nous avions eues ce jour-là [à mon arrivée à Toulouse en 1940] et comment [Meyerson] m'avait étonné dans l'analyse qu'il faisait de la situation, parce qu'on s'interrogeait quand même sur la personnalité de Hitler. Et lui, il avait dit : « Ah bah non ! Ça, ça ne compte pas ! Hitler c'est rien, ce n'est pas le problème pour un historien[168] ».

Déjà, en 1939, Lucien Febvre avait fermement pris position sur cette question dans le compte rendu qu'il fit du livre du germaniste antifasciste Edmond Vermeil, *Les Doctrinaires de la Révolution allemande* :

> Tout en lisant, et en relisant, les pages si pleines et si denses d'Edmond Vermeil, je persiste à me demander si, pour la connaissance du National-socialisme, ce n'est pas de sensibilité d'abord qu'il faut parler, plutôt que de doctrine et de théorie. Éternel débat, éternel conflit de l'historien qui sent la masse – et de l'exégète qui s'attache aux prestiges et aux pouvoirs réels du clergie[169].

Le succès des mouvements fascistes ou réactionnaires ne saurait s'expliquer, pour ces intellectuels, par l'examen des doctrines politiques. L'analyse devait être située au niveau des mentalités, des représentations, des sensibilités. Le véritable enjeu était, par là, de rendre compte des phénomènes de la « vie mentale » qui donnaient prise dans la société à ces courants politiques et à la philosophie sociale qu'ils véhiculaient : c'est par ce détour que se définissait le mode spécifique de l'intervention politique des sciences sociales. Suivant cette démarche, le programme de la Journée de 1941 était structuré selon deux lignes de réflexion.

---

167 I. Meyerson, « Avant-propos ». *Cf.* p. 101.

168 J.-P. Vernant, *De la Résistance à la Grèce ancienne*, *op. cit.*, p. 37-38.

169 L. Febvre, « Sur la Doctrine Nationale-Socialiste. Un conflit de tendance », *Annales HS*, 4, 1939, p. 426-428. Voir également à ce sujet l'article de L. Febvre paru en 1941 : « La sensibilité et l'histoire. Comment reconstituer la vie affective d'autrefois ? », *Annales d'histoire sociale*, t. 3 (1-2), 1941 (Repris dans *Vivre l'histoire*, *op. cit.*, p. 192-207). Sur cet enjeu de méthode, voir P. Schöttler, « Marc Bloch et Lucien Febvre face à l'Allemagne nazie », art. cité.

Retracer l'histoire de l'idée de travail

La première visait à réinscrire les représentations et les idées sur le travail dans une perspective historique. Le symposium de la matinée fut consacré à ce sujet et devait être introduit par Lucien Febvre. Dans son texte, qui ne parvint qu'après la Journée mais qui fut publié dans les actes du colloque, il retraçait l'évolution du sens du mot « travail » depuis le XVIe siècle. Febvre mettait ainsi au jour le « cycle » qui avait conduit de l'idée du « travail-torture » à celle du « travail dans la joie », et soulignait le mouvement de revalorisation sociale que le travail avait connu ces dernières décennies :

> Rien d'étonnant dès lors à ce que, finalement, les classes laborieuses aient conquis le *droit à l'Histoire*, parce qu'elles étaient ouvrières, et non plus parce qu'elles étaient misérables. Une dignité leur vint, qu'on commença à leur envier de toutes parts. Jadis, l'épithète de l'artisan, l'épithète du laboureur, c'était « vil ». [...] Mais trois siècles plus tard, c'est à qui se pare du titre de travailleurs[170].

Une réflexion sur la « valeur morale » du travail était ainsi engagée. Elle visait à retracer « une histoire, une carrière de l'idée de travail » qui, comme le rappelait Ignace Meyerson en introduction de la Journée, devait être analysée « dans le prolongement de l'histoire sociale du travail ». Plusieurs éclairages historiques étaient ensuite proposés.

André Aymard, d'abord, analysant « l'idée de travail dans la Grèce archaïque » à partir des textes littéraires, interrogeait ce paradoxe : pourquoi, alors que le travail manuel n'est jamais présenté comme dévalorisant, tous les membres des classes laborieuses (esclaves, thètes, artisans) sont-ils « frappés de dégradation sociale » ? Ce sont les « origines psychologiques » de ce phénomène qu'il pointait et qu'il situait dans « l'idéal d'autarcie individuelle, fondement de la liberté personnelle ». D'après lui, le travail restait valorisé socialement seulement dans la mesure où il permettait d'atteindre cet idéal ; d'où « la prééminente dignité » accordée à la vie agricole, qui « seule, peut assurer l'indépendance à l'homme ». Fort de cette conclusion, André Aymard faisait un parallèle avec la situation dans laquelle il vivait et qu'il observait :

170 L. Febvre, « Travail : évolution d'un mot et d'une idée ». *Cf.* p. 112.

> Au vrai, cet idéal n'a pas changé [...]. En combien de régions, de nos jours encore, le paysan ne rêve-t-il pas de satisfaire lui-même, sur son domaine et par son seul travail, à tous ses besoins essentiels ? Ce rêve va directement à l'encontre de l'évolution de la technique moderne. Il n'importe. Même lorsqu'une crise violente, comme celle que nous subissons actuellement, ne lui rend pas sa force en faisant de lui une dure nécessité, il subsiste, latent, aspiration immuable de l'âme paysanne en ce qu'elle a d'éternel. Il faut bien, pour demeurer aussi vivace, qu'il n'apparaisse pas illusoire : de fait, il s'est avéré pendant longtemps, il s'avère encore, en certains lieux et quelques produits industriels mis à part, réalisable avec le minimum de concessions[171].

Un débat suivit cet exposé, Marc Bloch et Georges Friedmann notamment intervenant dans la discussion pour souligner combien les idées sur la technique et le travail ne pouvaient se comprendre qu'en relation avec des phénomènes de structure sociale et « d'interpénétration des différentes classes ». Cette réaction tient sans doute autant à des enjeux de méthode qu'aux implications politiques que pouvaient avoir les analyses d'André Aymard, en ce qu'elles renouaient avec une fascination nostalgique pour les civilisations traditionnelles pré-industrielles, ce « frisson humaniste[172] » qu'éprouvaient les sciences sociales républicaines face aux sociétés paysannes, malgré leurs efforts pour repenser la modernité et le progrès. Cette ambivalence avait fait l'objet de controverses feutrées dans l'entre-deux-guerres, y compris dans les cercles intellectuels les plus mobilisés contre la rhétorique antimoderne. La réception de *L'Histoire des campagnes françaises* (1932) du géographe régionaliste Gaston Roupnel[173] avait ainsi opposé Lucien Febvre à Marc Bloch : alors que Lucien Febvre avait salué cet ouvrage où « s'exprime, selon lui, un tel amour des gestes du laboureur », où « court [...] de telles senteurs, un tel parfum de bois et de prairies de terres fraîchement remuées et de vignes en fleurs[174] », Marc Bloch, comme l'a rappelé Olivier Dumoulin, se méfiait de « cette trouble attirance pour une mystique de la terre » et de ce « romantisme flou[175] ». De fait, si Gaston Roupnel se tint à distance du concert régionaliste de la Révolution nationale et adopta durant toute

171 A. Aymard, « L'idée de travail dans la Grèce archaïque ». *Cf.* p. 133.

172 P. Bourdieu, *Anthropologie économique. Cours au Collège de France, 1992-1993*, Paris, Raisons d'agir / Seuil, 2017, p. 120-122.

173 A. Bleton-Ruget et P. Poirrier (dir.), *Le temps des sciences humaines. Gaston Roupnel et les années trente*, Paris, Éditions Le Manuscrit, 2006.

174 L. Febvre, « Gaston Roupnel », *Annales ESC*, 1947. Repris dans *Vivre l'histoire*, *op. cit.*, p. 330-333.

175 O. Dumoulin, *Marc Bloch*, Paris, Presses de Science Po, 2000, p. 105-108.

la guerre une posture critique contre Pétain et sa politique, son souci de promouvoir les valeurs spirituelles des campagnes françaises et de défendre la conscience rurale put être amalgamé par ses contemporains au ruralisme vichyste[176]. Sans doute est-ce encore cette convergence potentielle des sciences sociales avec le discours de la Révolution nationale, dénonçant le progrès technique et valorisant « l'âme paysanne » éternelle, que Marc Bloch et Georges Friedmann voyaient poindre dans l'intervention d'André Aymard au colloque de juin 1941.

En raison d'ailleurs de la « parenté » de ce discours politique avec le langage officiel de l'Église[177], les intellectuels catholiques mobilisés contre Vichy furent particulièrement sensibles à cet effort d'analyse visant à retracer l'histoire de l'idée de travail. Il en va ainsi de Paul Vignaux qui, dans les milieux intellectuels catholiques des années 1930, avait participé activement à la « querelle du machinisme », défendant, contre l'influence de l'Action française, des positions modernistes et s'efforçant d'ouvrir le dialogue avec le marxisme et la gauche intellectuelle[178]. Afin de permettre à « la pensée religieuse contemporaine » de garder « sa vitalité authentique », il identifiait, dans son intervention à la Journée de juin 1941, une vision chrétienne du travail en rupture avec la conception « spiritualiste » de l'Église, celle que critiquait Proudhon et qui faisait du travail une peine, une épreuve liée au péché originel : l'étude des traditions chrétiennes médiévales aboutissait, selon lui, à dégager une autre perspective selon laquelle la nature même de l'homme, « ouvrier » de la création avant la Chute, « reste intacte dans le pécheur », et où le travail ne consiste plus à « se détourner de la contemplation » mais demeure, au contraire, valorisé dans la vie humaine[179]. Une même

176 P. Whalen, « Le régionalisme de Gaston Roupnel, 1931-1945 », in A. Bleton-Ruget et P. Poirrier (dir.), *Le temps des sciences humaines*, *op. cit.*, p. 55-85.

177 F. Muel-Dreyfus, *Vichy et l'éternel féminin*, *op. cit.* Voir également M. Cointet, *L'Église sous Vichy*, Paris, Perrin, 1998.

178 Voir notamment ses articles parus dans les revues chrétiennes comme *Politique*, *La vie chrétienne* et *Esprit*. Sur les rapports des intellectuels catholiques au marxisme, voir D. Pelletier, « Les catholiques français et le marxisme, des années 1930 au "moment 68" », in A. Burlaud et J.-N. Ducange (dir.), *Marx, une passion française*, Paris, La Découverte, 2018, p. 306-319 ; D. Curtis, « True and false modernity : Catholicism and Communist Marxism in 1930s France », in K. Chadwick (ed.), *Catholicism, Politics and Society in Twentieth Century France*, Liverpool, Liverpool University Press, 2000, p. 73-96.

179 P. Vignaux, « Travail et théologie. Notes en marge de Proudhon ». *Cf.* p. 155-158. Sur cette tradition théologique que P. Vignaux oppose à Luther, Malebranche, Jansénius, voir

démarche était sous-jacente au propos du père Étienne Delaruelle qui, en 1942, salua les premières expériences de prêtres-ouvriers : examinant les différentes règles monastiques occidentales du IVe au IXe siècle, il soulignait « la richesse » de la conception du travail proposée « par les moines du Moyen Âge », exhumant ainsi d'autres « voies » que celle suivie alors par l'Église[180].

Comprendre les mentalités collectives face à la modernité technique

La seconde thématique abordée lors de cette Journée d'étude, dans le cadre du symposium de l'après-midi, renvoyait à la question des rapports entre « Techniques et Esprit ». À la base de cette réflexion figurait un constat, que Marcel Mauss résumait ainsi dans son texte d'introduction au symposium, après avoir dressé un aperçu du développement de la technologie comme science puis donné une définition de la technique (« un groupe de mouvements, d'actes, généralement et en majorité manuels, organisés et traditionnels, concourant à obtenir un but connu comme physique ou chimique ou organique ») :

> Même la science devient de plus en plus technique et la technique agit de plus en plus sur elle. Les recherches les plus pures aboutissent à des résultats immédiats. [...] Le cercle des relations science-technique est de plus en plus vaste, mais en même temps, de mieux en mieux fermé.
>
> Il n'y a qu'à maîtriser le démon déchaîné. Mais on exagère son danger. Ne parlons ni de bien, ni de mal, ni de morale, ni de droit, ni de force, ni de monnaie, ni de réserve, ni de jeux de Bourse. Tout ceci est moins grand que ce qui se prépare[181].

Face au discours antimoderne de Vichy, Marcel Mauss manifestait, comme l'a noté François Vatin, « une adhésion sans retenue à la technique[182] » et aux possibilités qu'elle offrait à l'humanité, bientôt capable avec le Plan de « maîtriser le démon déchaîné » :

J. Lecuir, « *De philosophia franciscana*. L'esprit franciscain de Paul Vignaux (1920-1930) », *Études franciscaines*, 6, 2013, p. 309-340.

180 É. Delaruelle, « Le travail dans les règles monastiques occidentales du IVe au IXe siècle ». *Cf.* p. 152.

181 M. Mauss, « Les techniques et la technologie ». *Cf.* p. 166-167.

182 F. Vatin, « Mauss et la technologie », art. cité.

> Qui dit plan, dit l'activité d'un peuple, d'une nation, d'une civilisation, dit, mieux que jamais, moralité, vérité, efficacité, utilité, bien.
> Inutile d'opposer matière et esprit, industrie et idéal. De notre temps, la force de l'instrument, c'est la force de l'esprit, et son emploi implique la morale, comme l'intelligence[183].

L'optimisme techniciste qu'afficha Marcel Mauss en ouverture du symposium laissa place néanmoins à une réflexion plus nuancée sur les effets de cette imbrication croissante des sciences et des techniques, et d'abord sur la façon dont elle modifiait les « tendances originelles de l'intelligence », selon la formule d'André Lalande[184]. Les débats épistémologiques qui avaient agité les milieux intellectuels français, que ce soit avec la réception du pragmatisme[185] ou autour des travaux du Cercle de Vienne, d'Émile Meyerson ou de Gaston Bachelard, trouvaient un prolongement avec les analyses que livraient, lors de ce colloque, le philosophe André Lalande et le mathématicien Jacques Hadamard, en particulier sur les rapports entre technique et science. L'ambition commune était de proposer une conception rénovée du rationalisme, qui faisait alors l'objet de vives attaques, les penseurs vichystes jugeant la pensée cartésienne responsable de la défaite, Abel Bonnard exigeant même que Descartes soit « jeté par la fenêtre[186] ».

Dans le cadre de ce symposium, étaient aussi examinées les transformations mentales que le développement accéléré de la science et de la technique impliquait pour les différents groupes sociaux. Une attention particulière était portée au monde paysan, en raison des succès qu'y avaient rencontrés, dans le contexte de la crise agraire des années 1930, les mouvements fascistes, en particulier le Parti agraire et paysan français d'Henri Dorgères, en raison aussi du rôle central qui lui était attribué par le pétainisme dans la « restauration » de la

183 M. Mauss, « Les techniques et la technologie ». *Cf.* p. 167-168. Déjà, en 1938, Mauss avait écrit à Georges Friedmann qui présentait alors le communisme soviétique comme une des voies possibles pour sortir de la « crise du progrès » : « Sur le fond, je suis d'accord avec vous. Il faudra bien qu'on passe par l'économie dirigée quand bien même les succès de ladite économie ne soient pas bien grands jusqu'ici. Mais on ne sait pas non plus ce qui serait arrivé si on n'avait pas essayé de diriger » (Lettre de M. Mauss à G. Friedmann, 6 février 1938. Fonds G. Friedmann/AN).

184 A. Lalande, « Technique et science ». *Cf.* p. 170.

185 R. Pudal, *Les réceptions du pragmatisme en France au XXe siècle*, Paris, Thèse EHESS, 2007.

186 S. Hazareesingh, *Ce pays qui aime les idées : histoire d'une passion française*, Paris, Flammarion, 2015, p. 52-53.

France[187]. Faisant du régionalisme sa doctrine officielle, le régime de Vichy multipliait les actions destinées à promouvoir les traditions provinciales et les vertus terriennes : organisation de fêtes et de manifestations folkloriques (en remplacement des bals populaires et des fêtes républicaines), soutien aux associations régionalistes, promotion d'une littérature consacrée à la vie paysanne (Frédéric Mistral, Henri Pourrat *et alii*) ou encore réhabilitation des langues dialectales[188]. En réaction à ce discours prônant le retour au « réel », à « la terre qui ne ment pas », aux communautés « naturelles », aux équilibres « millénaires », Daniel Faucher et Marc Bloch s'interrogeaient sur ce qu'on appelait couramment « la routine paysanne », c'est-à-dire « la résistance des travailleurs de la terre aux nouveautés qui leur sont offertes[189] ».

À l'encontre de toute explication naturalisante du social, faisant appel à « l'âme paysanne », Marc Bloch rappelait que « si la routine paysanne, incontestablement existe, elle n'a rien d'absolu », les sociétés paysannes pouvant parfois se révéler très innovantes. Plusieurs cas de sociétés paysannes d'invention étaient donnés par Daniel Faucher, qui contestait ainsi explicitement la littérature de Frédéric Mistral et son apologie de la Terre et des traditions. Considérant, dans « les temps actuels », les changements rapides des conditions économiques, des modes de culture et l'introduction de « moyens agronomiques nouveaux », il observait même « une sorte de déblocage de la vie et de la mentalité paysannes », avec un optimisme qu'il nuancera toutefois dans la discussion :

> Tous les vieux systèmes agricoles sont ébranlés dans leur contenu et dans leurs justifications accoutumées. La tradition prend conscience de son infériorité ; elle sait qu'elle a perdu ou qu'elle perd ses chances de durée. La routine bat désormais en retraite. Tel usage agricole, telle technique, telle culture même sont rejetés dans le souvenir. On les voit, on les verra de plus en plus s'incorporer à ce folklore paysan qui est, en partie, le témoignage de disparitions de même sorte. Et dans le même temps, le monde paysan passe de l'irrationnel au rationnel[190]...

---

187 R. O. Paxton, *Les temps des Chemises vertes. Révoltes paysannes et fascisme rural, 1929-1939*, Paris, Seuil, 1996. Voir aussi P. Barral, *Les agrariens français, de Méline à Pisani*, Paris, A. Colin, 1968, chap. VI et VII ; G. Wright, *La Révolution rurale en France. Histoire politique de la paysannerie au XXe siècle*, Paris, Éditions de l'Épi, 1967, p. 119 et suiv. notamment.

188 A.-M. Thiesse, *Écrire la France. Le mouvement régionaliste de langue française entre la Belle Époque et la Libération*, Paris, PUF, 1991, chap. 8 ; C. Faure, *Le projet culturel de Vichy*, *op. cit.*

189 D. Faucher, « Routine et innovation dans la vie paysanne ». *Cf.* p. 181.

190 *Ibidem*, p. 193.

C'est donc dans les conditions sociales qu'il convenait, selon Marc Bloch et Daniel Faucher de rechercher les causes de ce « trait particulier de mentalité collective » qu'est la « routine paysanne » : pour aborder ce problème « complexe », il apparaissait nécessaire « de regarder vers la structure interne de la société et vers l'action, les uns sur les autres, des divers groupes qui la composent[191] ». Marc Bloch, par exemple, soulignait les rapports spécifiques entre générations dans le monde paysan, où l'éducation est assurée par les grands-parents, ce qui, d'après lui, pouvait contribuer « au maintien d'un tour d'esprit nettement traditionnaliste[192] ». Daniel Faucher, quant à lui, montrait comment la « puissance de fidélité » observée dans le monde paysan répondait au « besoin de sécurité » et à la nécessité de ne pas compromettre « l'équilibre », obtenu par un système agricole donné, « entre la production et les besoins vitaux du groupe producteur » afin de permettre une « autarcie économique ». Il pointait aussi les problèmes d'interconnexion entre le monde paysan et les autres groupes sociaux, les innovations techniques ou agricoles étant la plupart du temps apportées par des personnalités extérieures à la société rurale.

Étaient ainsi poursuivies les réflexions engagées, dans les années 1930, sur les transformations du monde paysan par l'équipe des *Annales*, des géographes à la suite de Paul Vidal de la Blache (comme Albert Demangeon)[193] et d'autres intellectuels comme Georges Canguilhem[194]. L'enjeu était, là encore, autant intellectuel que politique : il était, d'une part, de contester le mythe d'une paysannerie immobile, éternelle et

191 M. Bloch, « Les transformations des techniques comme problème de psychologie collective ». *Cf.* p. 203.

192 *Ibidem*, p. 197. Voir également, à ce sujet, M. Bloch, « Mémoire collective, tradition et coutume. À propos d'un livre récent », *Revue de synthèse*, t. XL, décembre 1925. Repris dans M. Bloch, *L'histoire, la Guerre, la Résistance*, Paris, Gallimard, 2006, p. 335-346, p. 343. Voir aussi de M. Bloch l'introduction au catalogue de l'exposition *Les travaux et les jours dans l'ancienne France. IVe Centenaire d'Olivier de Serres (1539-1939)* (Paris, Bibliothèque nationale, 1939).

193 J.-F. Chanet, « Les géographes et la question de l'avenir des campagnes françaises (années 1930-1940) », in A. Gueslin (dir.), *Les Facs sous Vichy*, *op. cit.*, p. 9-23.

194 Voir notamment la brochure rédigée par G. Canguilhem pour le CVIA en 1935 et intitulée « Le Fascisme et les paysans (1935) ». Reprise dans G. Canguilhem, *Écrits philosophiques et politiques, 1926-1939. Œuvres complètes tome I*, Paris, Vrin, 2011, p. 513-593 (avec une présentation de M. Cammeli). Sur l'intérêt des directeurs des *Annales* pour le monde paysan, voir P. Schöttler, « Marc Bloch et le XIVe Congrès international de sociologie, Bucarest, août 1939 », *Genèses*, 20, 1995, p. 143-154.

homogène, de combattre la conception de la ruralité défendue par certains folkloristes ou écrivains et reprise alors par Vichy ; il s'agissait, d'autre part, de comprendre comment adapter à la civilisation moderne les formes traditionnelles de travail et de vie collective en milieu rural, sans les dégrader, ni les dévaloriser.

De la même façon, l'articulation entre mentalité ouvrière et progrès technique était analysée afin de critiquer un autre schème de perception structurant cette rhétorique antimoderne, à savoir la dénonciation de la « monotonie » et du « travail sans joie » de l'ouvrier dans la civilisation industrielle. Il n'était pas question, lors de cette Journée d'étude, de nier les effets néfastes du travail à la chaîne, ni de renouer avec une exaltation naïve de la modernité scientifique et technique. Le physicien Charles Camichel, par exemple, commençait son intervention par une critique des thèses d'Alexis Carrel liant « triomphe » de la science moderne et « déchéance » de l'homme. Il rappelait néanmoins le principe d'économie qui règle le développement des sciences et des techniques et qui aboutissait à la forme moderne de la division du travail (le travail à la chaîne), condamnant l'ouvrier à un travail répétitif ou au chômage, le privant ainsi de tout « aliment intellectuel » dans sa tâche quotidienne. Il concluait son intervention sur « Les caractères des techniques modernes et leurs effets », en déclarant :

> La seule conclusion qu'on puisse tirer de cet exposé, c'est que l'organisation actuelle du travail de l'ouvrier paraît incompatible avec le développement de la personnalité humaine et qu'il est nécessaire d'y remédier[195].

Le sociologue Georges Friedmann abordait lui aussi cette question dans son intervention sur la « psychosociologie du travail à la chaîne », qui, selon Gwenaëlle Rot et François Vatin, peut être considérée comme « l'acte fondateur de la sociologie du travail française[196] ». Tout en se démarquant des critiques lettrées contre le machinisme, il affirmait dès le début de son propos : « au point de vue de la main-d'œuvre, ne doutons pas que l'introduction massive du travail à la chaîne ait été

195 C. Camichel, « Les caractères des techniques modernes et leurs effets ». *Cf.* p. 218.

196 G. Rot et F. Vatin, « Les avatars du "travail à la chaîne" dans l'œuvre de Georges Friedmann (1931-1966) », *Genèses*, 57, décembre 2004, p. 23-40. G. Friedmann avait déjà consacré à la question du machinisme deux ouvrages : *Problèmes du machinisme en URSS et dans les pays capitalistes*, Paris, ESI, 1934 ; *La Crise du progrès*, *op. cit.*

accompagnée d'une dégradation massive du travail qualifié. [...] Il y a là un phénomène de dégradation, de déspiritualisation du travail qualifié[197]. » Son analyse était néanmoins tournée vers une réflexion sur les conditions de l'« humanisation » du travail, sur les efforts nécessaires pour « réintégrer la personnalité de l'ouvrier dans le travail à la chaîne », pour « retrouver par la bande, ces éléments de joie au travail qui caractérisaient souvent le travail artisanal » :

> Concluons donc en disant que le travail à la chaîne ne mérite ni excès d'honneur ni indignité, ni apologie massive, ni pathétique malédiction, comme celle que Georges Duhamel a jetée sur lui dans les *Scènes de la vie future.* C'est une étape où nous nous trouvons encore et qui peut se prolonger : il est possible mais difficile de l'humaniser[198].

Après avoir évoqué dans son exposé certaines des « suggestions [formulées] pour remédier [aux] inconvénients et dangers » du travail à la chaîne (introduction de pauses consacrées à des exercices de culture physique, diversification régulière des tâches effectuées, par exemple), il terminait en proposant lui-même des « solutions » : un « enseignement professionnel plus poussé », redonnant « à l'ouvrier un certain sens technique du travail accompli », ainsi que « des changements de travaux » lui permettant de retrouver « une vue polyvalente de l'ensemble du travail auquel il participe » ; le développement du « contrôle du travail humain par la psychophysiologie » ; le renforcement du « lien d'intérêt entre le travailleur et la collectivité » ; l'instauration de « stimulants qui relient [la] personnalité [de l'ouvrier] à une tâche » ; ou encore, la réduction du temps de travail. Georges Friedmann pouvait ainsi conclure :

> C'est en ce sens qu'on pourrait, me semble-t-il, concevoir l'humanisation du travail à la chaîne et d'autres genres de travail dégradé ; c'est ainsi, mais ainsi seulement, que prendrait un sens pratique et concret le vœu du grand philosophe dont ici même, il y a quelques semaines, on saluait la mémoire : le corps de l'humanité, démesurément agrandi par les techniques, « attend un supplément d'âme ». Pour que ce noble espoir d'humanisation du travail ne demeure pas vain, la collaboration des sciences de l'homme, s'épaulant l'une l'autre, est indispensable[199].

---

197 G. Friedmann, « Esquisse d'une psycho-sociologie du travail à la chaîne ». *Cf.* 223.

198 *Ibidem*, p. 236.

199 *Ibidem*, p. 237. Le 21 mai 1941, avait été organisé, en effet, par la Société toulousaine de philosophie un hommage à Bergson, au cours duquel étaient intervenus Bruno de

REPENSER LE PROGRÈS

Bien que les exposés présentés lors de cette Journée d'étude de juin 1941 aient été, comme l'écrira Marc Bloch à Lucien Febvre, « d'intérêt variable[200] » et qu'ils aient relevé d'approches diverses, les différents angles adoptés convergeaient vers une même question : comment penser le futur dans un monde devenu fondamentalement instable et incertain ? Comment concevoir désormais l'articulation entre progrès social et modernité scientifique et technique ? Ce moment d'extrême incertitude qui suit la défaite et l'effondrement de la France a ainsi abouti à une interrogation commune sur l'avenir, en même temps qu'en creux le présent de la guerre entraînait des reconfigurations du passé, contribuant à redéfinir la croyance dans le Progrès et la Raison qui avait été au fondement des sciences sociales républicaines.

« CRISE DU TEMPS »

Ce souci du futur avait, en effet, hanté les sciences sociales de l'entre-deux-guerres, confrontées à ce qu'on peut appeler avec François Hartog une « crise du temps[201] ». Lucien Febvre écrivait ainsi en 1938 :

> C'est un monde qui s'écroule, glisse à l'abîme – et sous les ruines duquel, déjà, des forces neuves s'organisent et surgissent. [...] Le malaise qui naît pour nous tous des techniques, la crise des techniques pour faire bref – elle est sœur de la grande crise économique. Elle a la même signification, et même

---

Solages, Georges Canguilhem et Vladimir Jankélévitch. G. Friedmann renvoie ici au propos d'Henri Bergson dans *Les deux sources de la morale et de la religion* (Paris, Alcan, 1932, p. 330-331) : « Ne nous bornons donc pas à dire, comme nous le faisions plus haut, que la mystique appelle la mécanique. Ajoutons que le corps agrandi [par les machines] attend un supplément d'âme, et que la mécanique exigerait une mystique. Les origines de cette mécanique sont peut-être plus mystiques qu'on ne le croirait ; elle ne retrouvera sa direction vraie, elle ne rendra des services proportionnés à sa puissance, que si l'humanité qu'elle a courbée encore davantage vers la terre arrive par elle à se redresser, et à regarder le ciel. »

200 Lettre de M. Bloch à L. Febvre, 26 juin 1941. M. Bloch et L. Febvre, *Correspondance, III*, *op. cit.*, p. 150-151.

201 F. Hartog, *Régimes d'historicité. Présentéisme et expériences du temps*, Paris, Seuil, 2003. Sur le rapport au temps des sciences sociales françaises de l'entre-deux-guerres, voir T. Hirsch, *Le temps des sociétés. D'Émile Durkheim à Marc Bloch*, Paris, Éditions EHESS, 2016.

> avenir. C'est un monde qui s'en va. On peut le pleurer. Il le mérite. Avec tant de tares, il eut ses splendeurs. Il nous lègue de belles œuvres à aimer, de la joie engrangée pour des générations. Il nous lègue des vies héroïques à chérir et à respecter. Des exemples à suivre, si nous pouvons. Et d'abord, celui de sa genèse même – de sa surgie brutale, de son brusque enfantement sur les ruines d'une grande civilisation, d'un grand Empire, d'un grand destin. Avec l'aide d'une foi.
>
> Même signification, même avenir : quel avenir ? Ici, l'historien se récuse. Il ne prédit que le passé. Et il suit le courant des faits. Car l'histoire est un théâtre dont le rideau ne doit jamais tomber[202].

Ces générations intellectuelles eurent le sentiment d'être situées dans une « brèche[203] » – entre l'impossibilité du passé, car l'ancienne société était en voie de disparition sous l'effet de la modernisation technique, et l'impossibilité de l'avenir, car la société future était encore à penser, à inventer ; et c'est ce « décalage » entre les faits, le réel, et la vie mentale qu'elles entendaient questionner : le problème était, pour ces intellectuels, de comprendre les « limites du pensable », de saisir les causes du « blocage » entre des phénomènes de mentalité collective et le développement scientifique et technique, pour tenter de les dépasser[204]. Comme l'écrivit Marc Bloch dans *L'Étrange défaite*, il s'agissait de :

> se former une idée claire des besoins sociaux et s'efforcer de la répandre, [pour] introduire un grain de levain nouveau, dans la mentalité commune [et] se donner une chance de la modifier un peu et, par suite, d'incliner, en quelque mesure, le cours des événements, qui sont réglés, en dernière analyse, par la psychologie des hommes[205].

Au colloque de juin 1941, c'est encore ce problème de l'invention et de l'anticipation qui fut au centre de la communication de Marc Bloch : pourquoi certaines sociétés se révèlent-elles inventives et d'autres, à l'inverse, routinières ? Comment expliquer qu'une société ait conscience de l'importance des faits techniques et puisse ainsi les anticiper, alors qu'à d'autres périodes elle les ignore ?

202 L. Febvre, « Les techniques, la science et l'évolution humaine », *Europe*, août 1938, p. 498-514, p. 513-514.

203 F. Hartog, *Régimes d'historicité*, *op. cit.*

204 Sur le déplacement du questionnaire opéré par cette génération des *Annales*, voir R. Chartier, « Histoire intellectuelle et histoire des mentalités » (1983), in *Au bord de la falaise*, Paris, A. Michel, 2009, p. 27-74.

205 M. Bloch, *L'Étrange défaite*, *op. cit.*, p. 205.

Cette interrogation sur le futur fut ainsi au cœur des sciences sociales françaises des années 1930-1940, alors fortement mobilisées « face aux réquisitoires nostalgiques que trop d'écrivains, peu exigeants quant à l'originalité de leurs thèmes, [dressaient] périodiquement contre la technique et ses progrès[206] ». Ce fil rouge relie bien des travaux de ces générations intellectuelles marquées par la lutte antifasciste. Et si cette question ressortit avec évidence lors de ce colloque de juin 1941, c'est qu'elle était en prise directe avec les préoccupations immédiates de ces intellectuels, plongés alors dans une situation critique où le sens du présent et du futur était devenu plus qu'incertain. Ils virent dans la crise politique que le pays traversait le résultat de l'incapacité de la société, notamment de ses élites, y compris intellectuelles, à anticiper l'avenir et à articuler Raison et progrès humain ; – d'où, selon eux, le succès, avec Vichy, des discours passéistes, qui consistaient à chercher dans le passé et la tradition la solution aux problèmes du présent et auxquelles ils entendaient s'opposer : par leurs engagements dans la Résistance pour certains, et aussi par leurs réflexions sur la modernité.

Cette préoccupation commune pour le Progrès continuera à être amplement débattue après la Seconde Guerre mondiale. Elle devint même, comme le notera Georges Friedmann, en 1947, « le problème des problèmes, "The problem", comme disent les Anglais, le plus important pour l'avenir d'une civilisation digne de ce nom, celui où les autres, véritablement, sont compris[207] ». Elle mobilisera encore les grandes figures des sciences sociales de l'après-guerre, aussi bien parmi les historiens des *Annales* (Lucien Febvre[208], en premier lieu) et les géographes (Daniel Faucher, par exemple[209]) que parmi les philosophes (Pierre-Maxime Schuhl[210], Alexandre

206 G. Canguilhem, « Machine et organisme », in *La connaissance de la vie*, Paris, Vrin, 2009 [1965], p. 129-164, p. 164.

207 Intervention de G. Friedmann dans le troisième entretien des Rencontres internationales de Genève de 1947 : Coll., *Progrès technique et progrès moral*, Neuchâtel, Éditions de la Baconnière, 1948, p. 301.

208 Voir notamment *Le problème de l'incroyance au* XVI*e* *siècle. La religion de Rabelais* (1942) et la discussion qu'il propose des thèses d'A. Koyré (« De l'à peu près à la précision en passant par ouï-dire », *Annales ESC*, 1, 1950, p. 25-31).

209 Voir notamment son ouvrage *Le paysan et la machine* (Paris, Éditions de Minuit, 1954), dans lequel il revient sur le problème de la routine paysanne et de la résistance du monde rural au machinisme.

210 Voir ses travaux sur l'attitude des philosophes à l'égard de la technique et des machines, en particulier : *Machinisme et Philosophie*, Paris, PUF, 1947 [1938].

Koyré[211] et Georges Canguilhem[212]), les sociologues et ethnologues (Georges Friedmann[213], et aussi Pierre Naville, André Leroi-Gourhan, Charles Parain, André-Georges Haudricourt *et alii*) ou les psychologues (comme Ignace Meyerson ou Henri Wallon[214]). Les références croisées aux œuvres des uns et des autres témoignent de l'intensité de leur dialogue.

Dans les années 1960-1970, pourtant, avec le regain d'intérêt en histoire pour les « mentalités », c'est finalement « l'extraordinaire cécité » des *Annales* vis-à-vis de l'épistémologie, « celle de Bachelard, de Koyré ou Canguilhem[215] », vis-à-vis aussi de la « psychologie historique » d'Ignace Meyerson et Jean-Pierre Vernant[216], qui pourra étonner. Jacques Revel, par exemple, dressera un « constat d'extériorité relative », d'« une non-rencontre » entre l'histoire des mentalités des *Annales* et la « psychologie historique[217] ». Aucune référence notamment au programme d'Ignace Meyerson ne sera faite dans *L'Introduction à la France moderne (1500-1640). Essai de psychologie historique* de Robert Mandrou, ouvrage paru en 1961 qui annoncera, avec ceux de Paul Ariès et de Georges Duby, le tournant des *Annales* vers une histoire des mentalités et des sensibilités, alors que, sous l'influence de Fernand Braudel, elles s'étaient auparavant recentrées sur une histoire de la « longue durée » mettant l'accent sur le structurel[218].

---

211 Voir notamment A. Koyré, « Les philosophes et la machine. I. L'appréciation du machinisme », *Critique*, 23, 1948, p. 324-333 ; « Les philosophes et la machine. II. Les origines du machinisme », *Critique*, 27, 1948 ; « Du monde de l'à peu près à l'univers de la précision », *Critique*, 28, 1948, p. 806-823.

212 Ses écrits de cette période ont été rassemblés dans G. Canguilhem, *Œuvres complètes tome IV*, *op. cit.*

213 G. Friedmann sera d'ailleurs élu à l'EPHE, en 1948, dans la VIe section, avec un projet intitulé « Pour un enseignement d'histoire des idées dans leurs rapports avec la société et les techniques » (Fonds L. Febvre/AN).

214 Voir, par exemple, H. Wallon, « Taylorisme, rationalisation, sélection, orientation », *Technique, Art et Science*, octobre 1947, p. 5-7. Republié dans *Pistes. Perspectives interdisciplinaires sur le travail et la santé*, 14-2, 2012 (avec une présentation de R. Ouvrier-Bonnaz).

215 R. Chartier, « Histoire intellectuelle et histoire des mentalités », art. cité, p. 54-55. Voir également P. Redondi, « Science moderne et histoire des mentalités. La rencontre de Lucien Febvre, Robert Lenoble et Alexandre Koyré », *Revue de synthèse*, t. CIV, 111-112, juillet-décembre 1983, p. 309-332.

216 C. Jacob, « Un homme, un livre : *Les fonctions psychologiques et les œuvres* d'Ignace Meyerson », *Préfaces*, 1, mars-avril 1987, p. 121-125.

217 J. Revel, « Psychologie historique et histoire des mentalités », in F. Parot (dir.), *Pour une psychologie historique*, *op. cit.*, p. 209-227, p. 209.

218 Voir, à ce sujet, la postface de M. Cottret, P. Joutard et J. Lecuir à R. Mandrou, *L'Introduction à la France moderne (1500-1640). Essai de psychologie historique*, Paris, A. Michel, 1998 [1961].

Du reste, même si les liens avec Lucien Febvre furent maintenus, Ignace Meyerson suivra dans l'après-guerre une carrière académique chaotique. En 1945, il reprit son enseignement à l'Université de Toulouse et relança le *Journal de psychologie normale et pathologique*, avec l'aide de Jean-Pierre Vernant ; puis, en 1947, il soutint en Sorbonne sa thèse de doctorat, *Les fonctions psychologiques et les œuvres.* Toutefois, bien qu'il en ait formulé la demande dès 1945 et qu'il ait entrepris en ce sens de nombreuses démarches, ce n'est qu'en 1951 qu'il put de nouveau enseigner à Paris, à l'EPHE, non pas dans la IIIe section (Sciences naturelles et physiologie), où il avait occupé avant la guerre les fonctions de directeur d'étude, mais dans la VIe section (Sciences économiques et sociales) nouvellement créée et dirigée alors par Lucien Febvre[219]. Des difficultés administratives et financières furent avancées à l'époque pour justifier qu'il ne puisse retrouver son poste d'avant-guerre à l'EPHE. Il semble qu'en réalité, cette situation tienne davantage au peu d'enthousiasme que suscitait alors parmi les psychologues et les historiens le programme de recherche d'Ignace Meyerson qui, du reste, avait dédié sa thèse à Charles Seignobos, une des principales cibles de l'école des *Annales* dans son combat contre l'histoire « traditionnelle[220] ». Son maintien à Toulouse pourrait également s'expliquer, comme le suggérait à l'époque Charles Morazé à Jean-Pierre Vernant, par la « vague de réaction » qui se faisait sentir dans les milieux universitaires[221].

Le dialogue des années 1930-1940 fut donc un temps oublié. Sans doute le renforcement des logiques disciplinaires a-t-il favorisé après-guerre cet éclatement. Il tient aussi à des tensions politiques. Tandis que les enjeux politiques sous-jacents aux débats des sciences sociales avaient

219 I. Meyerson contribua d'ailleurs aux mélanges offerts à L. Febvre pour son 75e anniversaire (*Éventail d'histoire vivante. Hommage à Lucien Febvre*, Paris, A. Colin, 1953) avec un article intitulé « Problèmes d'histoire psychologique des œuvres : spécificité, variation, expérience ». Repris dans I. Meyerson, *Écrits 1920-1983. Pour une psychologie historique*, Paris, PUF, 1987, p. 81-91.

220 I. Meyerson entretenait une relation étroite depuis 1911 avec C. Seignobos : « Je vous dois de grandes joies intellectuelles, et vous savez que je ne place rien au-dessus. Et je vous dois d'avoir eu un toit et une famille : c'était pour moi étudiant étranger, seul à Paris, timide et sauvage, un don du destin inestimable », lui écrivit-il en 1934. Lettre reproduite dans R. Di Donato, « Pour une histoire de la Psychologie Historique. Lettres et Notes d'Ignace Meyerson », *Technologies, Idéologies, Pratiques*, vol. VIII, 1-4 (« Psychisme et histoire »), 1990, p. 65-91. Sur la critique de L. Febvre contre C. Seignobos, voir B. Müller, *Lucien Febvre, lecteur et critique*, Paris, A. Michel, 2003, p. 362-368.

221 Lettre de J.-P. Vernant à I. Meyerson, 4 mai 1949 (521AP/60. Fonds I. Meyerson/AN).

pu nourrir, dans la lutte antifasciste, des dynamiques de convergence et d'échange entre traditions intellectuelles, ils contribuèrent fortement à leur dispersion lors de la Guerre froide. Avec cette interrogation sur le Progrès, c'est, en effet, la question du rôle même de l'intellectuel qui était posée : elle devint un enjeu cardinal dans le champ intellectuel de l'après-guerre, marqué par « une forte politisation qui se traduit par la bipolarisation entre gauche et droite, par l'hégémonie du Parti communiste au pôle radical [...], l'accession du marxisme au rang de paradigme philosophique légitime[222] ». Dominé par l'opposition entre les tenants d'une philosophie du sujet (Sartre, Merleau-Ponty) et les intellectuels communistes marxistes, ce débat sur le rôle social de l'intellectuel prit aussi la forme, dans les sciences sociales, d'une réflexion inquiète sur les pouvoirs de la Raison.

BROUILLAGES RATIONALISTES

Alors que les recherches ont, ces dernières années, mis au jour les filiations cachées – par un travail de purification ou de reformulation – entre les sciences sociales républicaines et les sciences sociales sous Vichy[223], suivre l'itinéraire des intellectuels réunis en juin 1941 pour une réflexion commune sur le travail et les techniques éclaire un autre aspect de cette histoire. Se révèle ici ce que l'expérience de l'antifascisme et de la guerre, en « [mettant] en défaut le privilège d'intelligibilité[224] » de ces intellectuels, a bousculé dans l'inconscient épistémologique des sciences sociales républicaines. On peut en saisir la portée en suivant les réaménagements intellectuels auxquels se livra alors Georges Friedmann, qui fut un des principaux représentants du rationalisme marxiste des années 1930. La guerre, comme l'a montré François Vatin, aboutit à une « modification radicale [de son] point de vue », la notion de « machinisme », concept-clé de la sociologie de

222 G. Sapiro, « Pierre Naville et Jean-Paul Sartre : une controverse sur le rôle social de l'intellectuel », in F. Blum (dir.), *Les vies de Pierre Naville*, Lille, Presses universitaires du Septentrion, p. 127-141, p. 131.

223 Voir notamment D. Fabre, « L'ethnologie française à la croisée des engagements (1940-1945) », art. cité ; G. Noiriel, *Les origines républicaines de Vichy*, Paris, Hachette, 1999, chap. V ; P.-A. Rosental, *Destins de l'eugénisme*, *op. cit.*

224 Selon l'expression utilisée par P. Boucheron au sujet des historiens et des événements de mai-juin 1968. P. Boucheron, « Préface », in A. Callu (dir.), *Le Mai 68 des historiens*, Lille, Éditions du Septentrion, 2018, p. 15.

Georges Friedmann avant la guerre, prenant alors « une connotation négative » : « insensiblement, il semble adhérer à la critique du progrès qu'il dénonçait naguère avec tant de virulence. [...] À le lire, on sent combien une idéologie réactionnaire pouvait émerger spontanément du désastre national, même chez ceux qui y étaient *a priori* les plus étrangers[225] ».

Georges Friedmann lui-même est d'ailleurs revenu sur son évolution intellectuelle dans son dernier ouvrage *La Puissance et la Sagesse*. Il rappelait combien, jeune sociologue marxiste dans les années 1930, il avait endossé un optimisme rationaliste, « irrationnel, admettant une marche invincible, un "sens unique de l'histoire" vers la liberté, "l'homme nouveau"[226] ». En 1935, il déclarait par exemple :

> Beaucoup d'entre ceux qui m'écoutent, tous peut-être, ont senti, devant l'étendue d'une campagne, un homme seul avec les labours et son cheval, avec les forces de la terre et des saisons, qu'une forme directe de sympathie, non dénuée de grandeur, était destinée à périr sous le triomphe planétaire des techniques. Nous ne la pleurerons pas ici. Cette sympathie eut trop souvent pour revers l'esclavage des hommes. D'autres formes de sympathie mûriront. D'autres instincts, d'autres joies.
>
> Cette période entre deux mondes, où nous vivons, elle est nécessaire, elle est admirable déjà par ses promesses. Mais l'homme doit maintenant de toute urgence prendre partout son destin en main[227].

Cette vision optimiste du progrès fut révisée à la suite de l'effondrement des attentes qu'il avait projetées dans le communisme soviétique, alors qu'il connaissait de sévères démêlés, à la fin des années 1930, avec les instances communistes, puis surtout après la signature du Pacte germano-soviétique. Dans son *Journal de guerre*, il s'interrogeait ainsi fin 1939-début 1940 :

> Le progrès social n'est-il pas condamné à se faire à travers des périodes d'obscurité, de passions aveugles, de déclin des valeurs appelées à s'épanouir et à triompher ? [...] Rien n'est changé dans la substance profonde de mes

225 F. Vatin, « Machinisme, marxisme, humanisme : Georges Friedmann avant et après-guerre », *Sociologie du travail*, 46, 2004, p. 205-223, p. 217.

226 G. Friedmann, *La Puissance et la Sagesse*, Paris, Gallimard, 1970, p. 156.

227 G. Friedmann, « Machine et humanisme », Thèses présentées au Congrès international des Écrivains pour la Défense de la Culture, Paris, juillet 1935. Texte publié dans *Europe*, juillet 1935, p. 437-444.

> espoirs. Je crois toujours que l'avenir de l'espèce humaine devra passer par les chemins de raison, d'exploitation méthodique des richesses, de justice sociale qu'ils désignent. Mais aujourd'hui, il est clair que leur réalisation est remise à un temps, peut-être à un siècle qui n'est pas le nôtre. [...]
>
> Une des tâches nécessaires pour les intellectuels de bonne volonté : réconcilier le mouvement du progrès social, d'humanisme, avec la raison (enrichie des puissances de cœur, de l'idéal humain), avec l'esprit critique[228].

Georges Friedmann développa dès lors une conception plus nuancée, à l'écoute des critiques que pouvaient formuler les penseurs spiritualistes contre l'idée de progrès, en premier lieu Henri Bergson dont il avait pourtant auparavant dénoncé le rôle « considérable » qu'il avait joué dans « le concert de l'Anti-progrès[229] ». Que Georges Friedmann ait fait référence à l'appel bergsonien au mysticisme dans son intervention à la Journée d'étude de juin 1941[230] ne fut donc pas un simple hommage de circonstance au philosophe décédé au début de cette même année, après avoir été inquiété en raison de ses origines juives, même s'il put bénéficier de mesures exceptionnelles[231]. En 1947, lors des Rencontres internationales de Genève consacrées au thème « Progrès technique et progrès moral », il se référa encore à la « formule spiritualiste » de Bergson appelant, pour « le corps de l'humanité, démesurément agrandi par les techniques », à « un supplément d'âme ». Il suggérait d'en chercher une solution « concrète » « du côté d'une conjonction entre la révolution matérielle des institutions et l'apport de toutes les forces spirituelles dont dispose aujourd'hui l'humanité par-delà les frontières, les races, les philosophies, les religions, [...] les forces spirituelles authentiques, c'est-à-dire vécues, ayant compris, condition liminaire, nécessaire, l'inéluctable nécessité des transformations sociales, forces capables d'héroïsme et de sacrifice[232] ».

Cette référence à Bergson peut certes étonner sous la plume de celui qui, avec d'autres intellectuels marxistes proches ou membres du Parti

---

228 G. Friedmann, *Journal de guerre*, *op. cit.*, p. 105 (24 novembre 1939), 175 (17 février 1940), 193-195 (24 mars 1940).

229 G. Friedmann, *La Crise du progrès*, *op. cit.*, p. 158.

230 Voir plus haut.

231 Sur les incertitudes quant au statut de Bergson sous le régime de Vichy, voir P. Soulez et F. Worms, *Bergson. Biographie*, Paris, Flammarion, 1997, p. 272 et suiv.

232 Intervention de G. Friedmann lors du troisième entretien, in Coll., *Progrès technique et progrès moral*, *op. cit.*, p. 312. Lancées après la guerre, les Rencontres internationales de Genève visaient à rassembler des intellectuels d'horizons divers pour confronter leurs points de vue sur les problèmes du moment.

communiste français (Georges Politzer[233] et Paul Nizan, notamment), avait donné voix, durant les années 1930, à une critique radicale de Bergson, dont la pensée, alors « majoritairement appropriée par la droite », se situait essentiellement en dehors de l'espace rationaliste universitaire[234]. Cet anti-bergsonisme était du reste assez partagé dans les sciences sociales françaises depuis que Durkheim avait fait une figure-repoussoir de Bergson, assimilé au mysticisme, à l'anti-modernité et à l'anti-intellectualisme[235]. C'est, on l'a vu, à partir d'une critique de « l'Homo faber » de Bergson que Marcel Mauss avait développé ses réflexions sur les techniques et la technologie dans les années 1930[236]. Une même posture critique se retrouvait, par exemple, chez Lucien Febvre. En 1936, il avait écrit à Georges Friedmann, qui venait de publier dans *Commune* un article contre Bergson[237], combien il trouvait juste sa lecture. Après avoir rappelé les fortes réticences qu'il avait vis-à-vis de cette philosophie dès sa scolarité à l'ENS, il ajoutait :

> quand j'ai lu Bergson, beaucoup plus tard, j'ai trouvé qu'il avait reflété avec beaucoup de fidélité et encore plus d'adresse, les attitudes qu'autour de lui, tous ses contemporains [...] prenaient tout naturellement. Il a enregistré les réactions contre « la conception absurde de la science » que se fabriquaient [...] les théologiens radicaux-socialistes de ce temps naïvement crédule. Il n'a pas inventé. Il a bien traduit. Il a été habile et prudent[238].

La réhabilitation du bergsonisme qui s'opère dans ce moment de crise, au nom de la défense de la Raison, parmi la jeune génération des années 1930 (chez Georges Friedmann, mais aussi et surtout chez Georges Canguilhem au milieu des années 1930[239]) dit ainsi en creux le

233 Les textes de G. Politzer sur Bergson ont été récemment réédités par les soins de R. Bruyeron. *Cf.* G. Politzer, *Contre Bergson et quelques autres. Écrits philosophiques, 1924-1939*, Paris, Champs Essais / Flammarion, 2013.

234 J.-L. Fabiani, *Qu'est-ce qu'un philosophe français ?*, *op. cit.*, p. 164-169. Voir également F. Azouvi, *La gloire de Bergson. Essai sur le magistère philosophique*, Paris, Gallimard, 2007, p. 306 et suiv. ; G. Bianco, *Après Bergson. Portrait de groupe avec philosophe*, Paris, PUF, 2015, p. 81 et suiv. ; P. Soulez et F. Worms, *Bergson*, *op. cit.*, notamment p. 242-249.

235 H. Delitz, « L'impact de Bergson sur la sociologie et l'ethnologie françaises », *L'Année sociologique*, 2012, 62, 1, p. 41-65.

236 N. Schlanger, « Une technologie engagée... », art. cité, p. 68 et suiv.

237 G. Friedmann, « La prudence de M. Bergson ou philosophie et caractère », *Commune*, 30, février 1936, p. 721-736.

238 Lettre de L. Febvre à G. Friedmann [s. d.] (Fonds G. Friedmann/AN).

239 G. Bianco, *Après Bergson*, *op. cit.*, p. 244 et suiv. ; X. Roth, « Le jeune Canguilhem, lecteur de Bergson (1927-1939) », *Dialogue. Revue canadienne de philosophie*, 52/4, décembre 2013, p. 625-647.

malaise de la philosophie et des sciences sociales républicaines, oscillant entre, d'un côté, un scientisme et une foi dans le Progrès et, de l'autre, une attirance nostalgique pour les civilisations pré-industrielles : elle informe sur leurs incertitudes face aux dérives de l'un et l'autre, et sur les efforts engagés alors pour élaborer de nouvelles voies à la pensée rationaliste, pour la sortir des impasses dans lesquelles elle semblait prise et lui permettre ainsi de jouer dans le futur le rôle qui devait lui revenir et qui restait à définir.

« LE PROGRÈS A CONCLU UN PACTE AVEC LA BARBARIE » (GEORGES CANGUILHEM)

Il n'est donc guère étonnant que Georges Canguilhem s'arrête sur « le problème de la représentation concrète de l'avenir » dans le compte rendu qu'il fit, en 1948, des actes de la Journée d'étude de juin 1941, à laquelle il avait assisté :

> Le dernier problème abordé, note-t-il, est celui de la prise de conscience de l'importance des faits techniques. Il s'agit d'expliquer pourquoi l'invention technique n'est pas nécessairement accompagnée de l'effort d'imagination pratique, économique et sociale, qui permette d'en saisir avant l'événement le rendement et la portée possibles. Mon admiration pour Marc Bloch, son talent, sa fin héroïque ne m'interdit pas de me demander si ce dernier problème ne serait pas mal posé. [...] C'est tout le problème de la représentation concrète de l'avenir qui est en question. Comme en biologie, en technologie le problème des rapports entre l'organe et la fonction se pose. À quels moments l'homme se rend-il compte qu'il lui est venu de nouveaux organes ? L'organe ne peut apparaître comme tel qu'en rapports avec une fonction. Je ne suis pas d'accord avec M. Mauss quand il écrit que « l'idée bergsonienne de la création est exactement l'idée contraire de la technicité ». La thèse bergsonienne, bien développée, ferait apparaître la technologie comme un chapitre d'une organologie générale[240].

Critiquant les vues de Marcel Mauss et de Marc Bloch, Georges Canguilhem analysait la technique, non pas comme l'application des sciences, mais comme « un phénomène biologique universel[241] », comme « une forme concrète et pré-réfléchie de solution aux problèmes de la vie[242] ».

240 G. Canguilhem, « Le Travail et les Techniques », art. cité.

241 G. Canguilhem, « Machine et organisme », art. cité, p. 163.

242 G. Canguilhem, « Progrès technique et progrès moral [Compte rendu de Coll., *Progrès technique et progrès moral*, *op. cit.*], *L'Année sociologique*, 1949. Repris dans G. Canguilhem,

Il était, selon lui, erroné de considérer les attitudes de rejet des ouvriers et des paysans face à l'emprise croissante de la machine comme le résultat d'un « blocage » des mentalités par rapport au développement technique, – blocage qui renverrait, selon la formule de Marc Bloch, à « un problème de psychologie collective », celui du « contact entre les groupes sociaux » et de « l'interpénétration entre les différentes classes ». Pour Georges Canguilhem, qui noua sur cette question un dialogue étroit avec Georges Friedmann, les résistances des travailleurs au machinisme devaient, au contraire, être « comprises autant comme des réactions de défense biologique que comme des réactions de défense sociale et dans les deux cas comme des réactions de santé », à partir desquelles pouvaient s'inventer de nouvelles techniques, permettant de résoudre ces « problèmes d'adaptation[243] ».

La philosophie de Georges Canguilhem constituait une prise de position originale, mais peu connue, dans le champ intellectuel de l'après-guerre. Malgré son engagement dans la Résistance armée, il fut une figure discrète des débats sur le rôle des intellectuels. Sa critique, pourtant, avait une portée politique forte. La « crise de la Raison » avait alors laissé place à un « impératif de modernisation », auquel les sciences sociales françaises s'étaient dans l'ensemble ralliées, renouant, à partir notamment de la perspective marxiste, avec la « foi dans les bienfaits de la technique[244] » et s'enthousiasmant, initialement du moins, pour les nouvelles institutions planificatrices de l'État modernisateur.

En contestant l'optimisme rationaliste des sciences sociales d'après-guerre, Georges Canguilhem visait donc tout particulièrement l'orientation suivie par le marxisme, construit depuis les années 1930, dans la philosophie et les sciences sociales françaises, comme le refuge du rationalisme classique. Face à la « crise du progrès », le communisme soviétique et le marxisme avaient paru offrir, dans les années 1930, une réponse possible pour repenser ensemble progrès humain et Raison, suscitant ainsi un intérêt au-delà des cercles intellectuels communistes. Georges Canguilhem lui-même, après s'être progressivement éloigné du

Œuvres complètes tome IV, *op. cit.*, p. 349-358.

243 G. Canguilhem, « Milieu et Normes de l'Homme au Travail (À propos d'un livre récent de Georges Friedmann) », *Cahiers internationaux de sociologie*, vol. 3, 1947. Repris dans G. Canguilhem, *Œuvres complètes tome IV*, *op. cit.*, p. 291-306, p. 301.

244 F. Jarrige, *Techno-critiques*, *op. cit.*, chap. 9.

pacifisme intégral d'Alain[245], s'était rapproché, dans la lutte antifasciste, des milieux intellectuels communisants. Il avait milité activement au Comité de vigilance des intellectuels antifascistes (CVIA), pour le compte duquel il rédigea, en 1935, la brochure *Le Fascisme et les paysans* : même s'il affichait une distance critique à l'égard de la politique « des Soviets et des kolkhozes », il adoptait une posture nettement favorable au marxisme, dont, selon lui, « la fin dernière [...] n'est pas tant la socialisation des moyens de production, que la réintégration du travailleur dans la condition humaine[246] ». En 1935 également, il avait lancé, dans la revue d'Alain, *Les feuilles libres de la Quinzaine*, une « Chronique marxiste », saluant les efforts de relecture de Marx entrepris par les intellectuels communistes et communisants :

> Le marxisme n'est pas un recueil de formules pour agitateurs politiques; ce n'est pas davantage une philosophie fataliste de l'histoire (matérialisme historique); ce n'est pas un dogme ou une prophétie. Le marxisme est une philosophie totale, une conception du monde, dont l'importance réside plus encore dans ses promesses que dans ses réalisations[247].

Ce sont à ces « promesses » déçues que s'attaquera Georges Canguilhem après-guerre, le marxisme français s'étant, à ses yeux, enfermé dans une vision mécaniste :

> La reprise de l'aliénation n'est totale que dans la mesure où l'homme retrouve, non seulement sa dignité politique, mais aussi sa plénitude vitale d'être dominant le mécanisme universel – dont la forme machiniste de la technique n'est qu'un aspect – au lieu d'être asservi par lui. C'est dire que, si dialectique il y a, il faut que le renversement mécanisme-organisme soit opéré lui aussi. [...] Nous ne voyons pas que les rationalistes dialectiques en France se préparent à opérer ce renversement, parce qu'en dépit de leurs affirmations de rupture et de renouvellement, ils sacrifient encore à l'illusion scientiste,

245 Sur l'évolution intellectuelle de G. Canguilhem, notamment son orientation vers des études de médecine, voir G. Bianco, « The Origins of Georges Canguilhem's "Vitalism" : Against the Anthropology of Irritation », in S. Normandin & C.T. Wolfe (eds.), *Vitalism and the Scientific Image in Post-Enlightenment Life Science, 1800-2010*, Dordrecht, Springer, 2013, chap. 10.

246 G. Canguilhem, *Le fascisme et les paysans*, CVIA, 1935. Repris dans G. Canguilhem, *Œuvres complètes tome I*, *op. cit.*, p. 547.

247 G. Canguilhem, « La philosophie du marxisme et l'enseignement officiel, par René Maublanc », *Les feuilles libres de la Quinzaine*, 5, 10 décembre 1935. Repris dans G. Canguilhem, *Œuvres complètes tome I*, *op. cit.*, p. 482-484, p. 482.

> forme laïcisée et durcie du rationalisme classique, c'est-à-dire d'un style de vie lié à l'essor économique de la classe capitaliste, classe dont les principes d'auto-justification consistent à considérer la totalité de l'expérience, vivants et hommes y compris, comme des objets dont l'utilisation technique suppose la réduction préalable à des mécanismes[248].

« La célèbre formule "savoir pour prévoir afin de pouvoir" [...] est aussi trompeuse qu'elle est célèbre », avait déjà noté Georges Canguilhem en 1938[249]. Elle renvoyait à une conception erronée faisant de la Raison une instance surplombante, extérieure à la vie, et seul moteur du progrès. La connaissance, comme la technique au service de laquelle elle est toujours, devaient, au contraire, être envisagées comme un produit de la vie, un nouvel organe que l'individu vivant se crée en réponse à des bouleversements, des pathologies ou, plus généralement, à une modification du rapport entre fonction et « milieu vivant » :

> Remettre le mécanisme à sa place dans la vie et pour la vie, c'est peut-être là ce qui est en cause sous les aspects tragiques des conflits du passé récent – et faut-il le dire ? – de l'avenir proche. Si l'on entend par raison moins un pouvoir d'aperception de rapports essentiels inclus dans la réalité des choses ou de l'esprit qu'un pouvoir d'institution de rapports normatifs dans l'expérience de la vie, alors en ce sens nous voulons nous dire aussi rationaliste ou, plus exactement, nous pouvons souscrire à la belle formule de M. Bachelard, dans son livre l'*Eau et les Rêves* : « Rationaliste ? nous nous efforçons de le devenir[250] ».

Georges Canguilhem invitait par là à envisager le sens de la crise sociale et politique des années 1930-1940, non comme une défaite de la Raison face aux dérives de l'irrationalisme, mais comme « une résurgence pathologique de l'idée de progrès[251] », à laquelle seule « l'expérience du vivant » pouvait apporter des solutions, appelant,

---

248 G. Canguilhem, « Note sur la situation faite en France à la philosophie biologique », *Revue de métaphysique et de morale*, vol. 52, 3-4, juillet-octobre 1947. Repris dans G. Canguilhem, *Œuvres complètes tome IV*, *op. cit.*, p. 307-320, p. 318-319.

249 G. Canguilhem, « Activité technique et création », *Communications et discussions*, Société toulousaine de philosophie, Toulouse, Faculté des lettres, 1937-1938, IIe série. Repris dans G. Canguilhem, *Œuvres complètes tome I*, *op. cit.*, p. 499-506, p. 504.

250 G. Canguilhem, « Note sur la situation faite en France à la philosophie biologique », art. cité, p. 320.

251 P. Macherey, *De Canguilhem à Foucault, la force des normes*, Paris, La Fabrique éditions, 2009, p. 123.

après coup, une nouvelle conceptualisation de la connaissance et de la rationalité. S'interrogeant, dans un de ses derniers écrits, sur « les conditions dans lesquelles l'idée de progrès avait perdu son prestige et son rôle », il pointait ainsi les impasses auxquelles avait abouti la pensée rationaliste – y compris dans sa formulation marxiste, qui, en maintenant l'idée de progrès dans « sa fonction culturelle d'anticipation millénariste » avait été prise dans les contradictions de ce siècle, où, concluait-il en citant Freud, « nous découvrons avec surprise que le progrès a conclu un pacte avec la barbarie[252] ».

« LA RATIONALITÉ N'A PAS LES MAINS BLANCHES » (JEAN-PIERRE VERNANT)

On le voit avec la critique canguilhemienne : la lutte politico-intellectuelle contre le fascisme, menée au nom de la défense des « droits de l'intelligence », a en fait abouti à une réflexion sur les fondements de la Raison, ses pouvoirs et ses limites. C'est donc sur ce dernier point qu'on souhaiterait insister pour finir, en revenant sur l'itinéraire de Jean-Pierre Vernant, cet intellectuel marxiste engagé au Parti communiste français depuis les années 1930[253]. Initiées après-guerre, ses recherches sur l'Antiquité grecque peuvent être lues, en effet, comme une façon de porter un regard décalé sur la civilisation technicienne moderne et la philosophie rationaliste sous-jacente.

Agrégé de philosophie et élève de Marcel Mauss dans la seconde moitié des années 1930, Jean-Pierre Vernant avait obtenu avant-guerre une bourse de la Caisse nationale de la recherche scientifique pour commencer une thèse de philosophie, mais il ne put la mettre à profit, étant maintenu sous les drapeaux. C'est donc à la Libération, après avoir prolongé sa formation intellectuelle auprès d'Ignace Meyerson[254], qu'il entama ses recherches sur l'Antiquité grecque et suivit, sur la recommandation de Meyerson, les enseignements de l'helléniste et durkheimien Louis Gernet, « le premier à avoir abordé l'étude des civilisations anciennes dans une perspective sociologique ou, pour

252 G. Canguilhem, « La décadence de l'idée de Progrès », *Revue de métaphysique et de morale*, vol. 92, 4, 1987. Repris dans G. Canguilhem, *Histoire des sciences, épistémologie, commémorations, 1966-1995. Œuvres complètes tome V*, Paris, Vrin, 2018, p. 1067-1093, p. 1093.

253 Voir sa notice dans C. Pennetier et P. Boulland (dir.), *Le Maitron en ligne*, *op. cit.*

254 R. Di Donato, « De l'importance d'avoir eu un maître. Jean-Pierre Vernant et Ignace Meyerson », *Europe*, 964-965 (« Jean-Pierre Vernant »), p. 71-86.

mieux dire, anthropologique[255] ». Les réflexions de Jean-Pierre Vernant s'inscrivaient alors, de façon explicite, dans la lignée des débats engagés, en juin 1941, lors de la Journée de Psychologie et d'Histoire du Travail et des Techniques, dont il assurait l'édition des actes, en tant que secrétaire de rédaction du *Journal de psychologie normale et pathologique* et en collaboration étroite avec Ignace Meyerson. En septembre 1945, Jean-Pierre Vernant s'ouvrait ainsi de ses projets à son « maître » :

> Si cela est possible, après avoir réfléchi j'ai décidé de travailler sur l'histoire de l'Idée de Progrès [Travail[256]], qui avait fait le thème de plusieurs conférences à la « Journée du travail » de la Société [toulousaine d'études psychologiques]. Je crois qu'il y aura du bon travail à faire de ce côté-là, et j'en ai déjà un peu parlé à Jacques [Vernant, son frère]. Je ne sais pas ce que vous pensez de mon projet, mais je crois me rappeler que sur le moment vous m'aviez un jour poussé dans cette direction après la « Journée[257] ».

À partir d'une étude sur les représentations du travail et la pensée technique dans l'Antiquité, Jean-Pierre Vernant définissait un nouveau champ de recherche sur l'« outillage intellectuel » de cette époque. Sa visée était de reprendre à nouveaux frais le problème, devenu classique et alors amplement discuté, de « la stagnation technique », du « blocage » du progrès technique d'une société par ailleurs en pleine mutation, puis de rendre compte de cette transformation profonde que connut l'homme grec avec le passage d'une pensée mythique à une pensée rationnelle[258].

Avec cette plongée dans « l'histoire intérieure de l'homme grec », ce sont en fait les limites et les impensés du rationalisme hérité des Lumières qui seront mis au jour, et d'abord, sa vision d'un homme maître et possesseur de la nature par sa volonté, absolue et illimitée,

---

255 J.-P. Vernant, « In Memoriam. Louis Gernet », *Archives de Sciences Sociales des Religions*, 13, 1962, p. 3-4.

256 J.-P. Vernant, dans cette lettre, commet en fait un lapsus, très significatif du reste, en écrivant « Idée de progrès » à la place d'« Idée de travail », ce qu'il corrigera dans la lettre suivante du 6 octobre 1945 : « Le sujet que j'ai choisi n'est pas l'idée de Progrès, mais l'idée de Travail (je ne sais si c'est moi qui ai commis cette erreur dans ma lettre ?) ».

257 Lettre de J.-P. Vernant à I. Meyerson, 24 septembre 1945 (521AP/60. Fonds I. Meyerson/AN).

258 Voir notamment ses premiers articles repris dans *Mythe et pensée chez les Grecs. Étude de psychologie historique* (Paris, Maspero, 1965), ainsi que *Les Origines de la pensée grecque* (Paris, PUF, 1962).

puisque dotée du libre-arbitre. En examinant « la fonction technique » et le « travail comme conduite » dans l'Antiquité grecque[259], il dégagea une autre conception de « la personne », celle d'un homme, entre le divin et le bestial, dont l'action, nécessairement limitée, est vue comme prolongement de la nature et non comme domination de la nature. « De façon générale, l'homme [grec] n'a pas le sentiment de transformer la nature, mais plutôt de se conformer à elle[260] ». À la différence de la conception rationaliste classique faisant de la technique la mise en pratique de la science, la pensée technique dans l'Antiquité grecque se situe sur « un autre plan que la science[261] ». Jean-Pierre Vernant expliquait par cet enfermement de la pensée technique « la stagnation technique et la persistance d'une mentalité pré-mécanicienne » chez les Grecs ; et, par contraste, il éclairait aussi les raisons du « blocage » de la civilisation moderne[262] :

> Je pense que cette conception d'un pouvoir humain de décision de nature divine, qui ne dépend que de lui-même, un pouvoir absolu et sans degré, [...] combinée à l'idée d'un monde mécanique ou constitué de consciences isolées dans des « Je pense » [...] débouche sur la conclusion que, grâce à la technique, nous allons devenir maîtres et possesseurs de la nature, une idée qui, pour les Grecs, paraîtrait burlesque ! Et je suis d'autant plus sensible à cet aspect de leur philosophie que, quand j'étais jeune, j'ai cru au progrès, pensé que le temps était orienté et que, grâce à la science, aux savoirs, aux techniques, les préjugés allaient disparaître, qu'on allait vers des mondes meilleurs, qui étaient contenus dans le présent, et que le présent lui-même n'avait de sens que par ce qu'il préparait dans le futur ; mais quand on regarde ce qui s'est passé, et ce qui se passe, on ne peut qu'être désabusé et se dire que cette conception du rapport de l'homme à Dieu, donne des résultats qui ne

259 Suivant la perspective définie par I. Meyerson dans ses articles : « Comportement, travail, expérience, œuvre », *L'Année psychologique*, 1951, 50 ; « Le travail, fonction psychologique », *Journal de psychologie normale et pathologique*, janvier-mars 1955. Repris dans I. Meyerson, *Écrits*, *op. cit.*, p. 66-70, 252-263.

260 J.-P. Vernant, « Travail et nature dans la Grèce ancienne », *Journal de psychologie normale et pathologique*, 1955. Repris dans *Mythe et pensée chez les Grecs*, *op. cit.*, p. 274-294, p. 294.

261 J.-P. Vernant, « Remarques sur les formes et les limites de la pensée technique chez les Grecs », *Revue d'histoire des sciences*, 1957. Repris dans *Mythe et pensée chez les Grecs*, *op. cit.*, p. 302-322, p. 309.

262 Jean-Pierre Vernant suivra d'ailleurs avec attention les recherches menées sur le travail et les techniques dans la société contemporaine (notamment celles de G. Friedmann et ses élèves). Voir le recueil des comptes rendus qu'il fit sur ce sujet dans J.-P. Vernant, *Passé et présent. Contributions à une psychologie historique réunies par R. Di Donato*, Rome, Ed. di Storia a Letteratura, 1995, t. 2, p. 521-589.

> sont pas fameux et risque même de nous conduire à la catastrophe… Maître et possesseur de la nature, l'homme fait comme s'il l'était, mais il ne l'est pas… et ne le sera jamais[263].

La crise symbolique ouverte par le XXe Congrès du Parti communiste d'Union soviétique (1956) aboutira à une mise en question plus poussée du rationalisme, Jean-Pierre Vernant examinant alors, à partir d'une réflexion sur le stalinisme, les conditions sociales d'existence de la Raison[264]. En 1962, en réponse à une commande de Georges Dumézil, il publia, aux Presses universitaires de France (collection « Mythes et religions »), *Les Origines de la pensée grecque*. Il proposait, dans cet ouvrage destiné à un large lectorat, une analyse globale de la révolution intellectuelle et politique qui avait permis l'évolution de la royauté mycénienne à la cité démocratique et égalitaire, « le déclin du mythe et l'avènement de savoirs rationnels », concluant avec cette formule, devenue célèbre : « dans ses limites, comme dans ses innovations, la raison grecque est fille de la cité ». À la suite de Louis Gernet[265], il contestait ici la thèse du « miracle grec », formulée initialement par Ernest Renan[266] mais « liée, selon Jean-Pierre Vernant, plus ou moins obscurément, inconsciemment parfois à des idées qui ont été développées, en France même, par certains courants conservateurs, voire fascisants[267] ». « Les Grecs, écrivait-il, n'ont pas inventé *la* Raison, mais *une* raison[268] », dont il s'attachait à saisir les conditions politiques d'émergence : formation d'un nouvel espace social, la place publique ; promotion de la parole comme instrument de pouvoir ; publicité par l'écriture des lois ; substitution aux rapports hiérarchiques de domination d'un nouveau type de lien social entre citoyens fondé sur la symétrie et la réciprocité.

---

263 J.-P. Vernant, « Itinéraire (entretien avec J. Svenbro et B. Mezzadri) », *Europe*, 964-965 (« Jean-Pierre Vernant »), p. 13-70, p. 19.

264 Cette réflexion sera aussi menée collectivement dans le cadre de l'Union rationaliste, association savante située dans l'orbite communiste après-guerre. Voir S. Laurens, *Militer au nom de la science. Une socio-histoire des mouvements rationalistes en France, 1931-2005*, Paris, Éditions EHESS, 2019.

265 L. Gernet, *Les Grecs sans miracle*, Paris, La Découverte / Maspero, 1983.

266 P. Vidal-Naquet, « Renan et le miracle grec », in *La démocratie grecque vue d'ailleurs*, Paris, Flammarion, 1990, p. 245-264.

267 J.-P. Vernant, « Itinéraire », art. cité, p. 28.

268 J.-P. Vernant, *Mythe et pensée chez les Grecs*, *op. cit.*, p. 11.

Cette analyse n'était pas dénuée d'intentions politiques. Jean-Pierre Vernant était alors confronté à un décalage croissant entre ce qui avait été le ressort de son militantisme communiste (l'antifascisme et la défense du rationalisme) et le repli du Parti communiste, durant les années de Guerre froide, sur la matrice stalinienne[269]. Malgré le « capital résistant[270] » dont il pouvait se prévaloir, il occupa une position marginale dans l'entreprise culturelle communiste de l'après-guerre. Le programme de « psychologie historique », bien qu'il s'inscrive dans une perspective marxiste, ne trouva guère d'écho dans le Parti communiste stalinisé, dont Jean-Pierre Vernant rejeta d'emblée la ligne adoptée sur les questions culturelles à la suite des interventions de Jdanov, suivant en cela les conseils d'Ignace Meyerson :

> J'avais un garde-fou qui était Meyerson, qui lui-même a adhéré au Parti, je crois en 45 ou 46, et qui me disait à peu près ceci : « En politique, on est embarqué sur un bateau où il faut un capitaine, où il faut des matelots, et par conséquent même si on n'est pas d'accord avec la manœuvre, on la boucle. On le dit, mais on la boucle, et on fait ce qu'il faut suivant les ordres du capitaine. Mais dans votre recherche scientifique, dans votre travail personnel, il n'y a pas de capitaine, vous êtes maître à bord et seul maître à bord. Et par conséquent, vous ne devez jamais changer même une ligne[271] ».

Travailler sur l'Antiquité grecque, donc sur une période historique déconnectée de l'actualité, avait, certes, été, pour Jean-Pierre Vernant, une façon d'éviter toute confrontation directe avec les enjeux politiques immédiats et de conserver une relative autonomie intellectuelle par rapport à la direction du parti, mais sans pour autant renoncer à tout droit d'intervention politique. En publiant *Les Origines de la pensée grecque*, il entendait donc aussi réaffirmer, au sein du monde communiste, que la discussion et la confrontation des idées sont constitutives de la pensée

---

269 Sur les intellectuels et le Parti communiste de la Guerre froide, voir B. Pudal, « Pour une histoire de "l'intellectuel collectif" communiste avec et contre les enseignants (1920-2000) », in J. Girault (dir.), *Les enseignants dans la société française au XXe siècle*, Paris, Publications de la Sorbonne, 2004, p. 181-212 ; F. Matonti, « Les intellectuels et le Parti : le cas français », in M. Dreyfus *et alii* (dir.), *Le Siècle des communismes*, Paris, Seuil, 2004 [2000], p. 603-632.

270 Sur la place des résistants dans le Parti communiste, voir B. Pudal, « Esquisse d'une lecture sociologique du récit autobiographique de Robert Loffroy », *Les Cahiers d'Adiamos 89*, 13, mai 2015, p. 27-47 ; ainsi que P. Boulland, *Des vies en rouge. Militants, cadres et dirigeants du PCF (1944-1981)*, Paris, Éditions de l'Atelier, 2016, chap. 1.

271 J.-P. Vernant, *De la Résistance à la Grèce ancienne*, *op. cit.*, p. 52.

rationnelle et montrer la nécessité d'ouvrir un espace de débat afin de sortir le communisme d'une pensée mythique.

C'est, enfin, dans les années 1970, une réflexion sur la « catégorie mentale » grecque de la *mètis* ou « intelligence rusée » qui retiendra l'attention de Jean-Pierre Vernant. Étudiant alors, avec Marcel Détienne, comment s'est imposée, dans « l'univers intellectuel du philosophe grec », cette « dichotomie radicale entre l'être et le devenir, l'intelligible et le sensible », « le savoir droit et fixe » et « l'opinion biaisée et flottante », il attribuera un rôle décisif à Platon dans l'oubli de la *mètis* : « c'est au nom d'une seule et même Vérité, affirmée par la Philosophie, que les diverses modalités de l'intelligence pratique se trouvent réunies dans une condamnation unique et décisive[272] ».

Avec cette historicisation de la rationalité grecque se trouvaient donc questionnés les schèmes de pensée qui, opposant la pensée mythique et religieuse à la pensée rationnelle, la Raison à l'obscurantisme, le savant au populaire, la théorie à la pratique, avaient été au fondement du rationalisme cartésien puis, sous une forme réaménagée, de la pensée marxiste, conçue, à partir des années 1930, comme le nouvel horizon de l'idéologie du Progrès et son corollaire, la croyance en la Raison :

> On peut dire que d'emblée, par son projet même, [cette démarche] ruine une certaine conception de la Raison, immuable, éternelle, absolue, qui règne encore, je crois, dans beaucoup de cercles « rationalistes » [...]. C'est l'idée, chère aux hommes de la Révolution française, d'une déesse Raison éclairant le chemin de l'humanité, dissipant les ténèbres de l'ignorance, les fantômes de la superstition religieuse ou les illusions du sentiment[273].

L'œuvre de Jean-Pierre Vernant peut ainsi s'interpréter comme une entreprise de déconstruction de ce que Pierre Bourdieu appellera la « vision scolastique », qui historiquement s'était imposée avec l'autonomisation des champs symboliques, impliquant dès lors « l'ignorance (active ou passive) non seulement de ce qui se passe dans le monde de la pratique [...], et, plus précisément, dans l'ordre de la *polis* et de la politique, mais aussi de ce que c'est que d'exister, tout simplement, dans ce monde », « [impliquant] aussi et surtout l'ignorance, plus ou moins triomphante,

272 M. Détienne et J.-P. Vernant, *Les Ruses de l'intelligence. La mètis des Grecs*, Paris, Flammarion, 1974, p. 11, 302.

273 J.-P. Vernant, « Raison d'hier et d'aujourd'hui », *Cahiers rationalistes*, février 1966, p. 61-67, p. 62.

de cette ignorance et des conditions économiques et sociales qui la rendent possible[274] ».

À travers les réflexions menées par Georges Friedmann, Georges Canguilhem et Jean-Pierre Vernant, se lit donc, en filigrane, ce que l'expérience de la lutte antifasciste et de la guerre a défait dans l'ordre du discours des sciences sociales républicaines, empêchant que le retour à la normale après-guerre ne soit qu'un retour enchanté aux certitudes rationalistes du passé. Certes, le combat contre les fascismes a pu engendrer « un phénomène d'hystérésis », en incitant les intellectuels « à défendre un bon sens scientifique qui les conduit à se ranger, en dépit de leurs incertitudes, sous la bannière de la raison classique[275] ». Le rationalisme marxiste, dont le philosophe communiste et résistant Georges Politzer donna la formulation la plus tranchée[276], en opposant radicalement l'obscurantisme à la Raison, les mythes à la vérité, le spiritualisme au rationalisme, le fascisme aux Lumières, en fut une des illustrations les plus manifestes. Pourtant, c'est bien dans la situation d'incertitude des années de lutte antifasciste que la réflexion des sciences sociales républicaines bascula vers une interrogation sur les ambiguïtés et les limites de la Raison. Engagement antifasciste et inquiétudes rationalistes furent en ce sens étroitement entremêlés, comme le soulignera Michel Foucault dans son célèbre article « La vie : l'expérience et la science », où, analysant la « ligne de partage qui sépare [dans l'histoire de la pensée française] une philosophie de l'expérience, du sens, du sujet, et une philosophie du savoir, de la rationalité et du concept », il visait à éclairer ce paradoxe :

> En apparence, la seconde est restée à la fois la plus théoricienne, la plus réglée sur les tâches spéculatives, la plus éloignée des interrogations politiques immédiates. Et pourtant, c'est elle qui pendant la guerre a pris part, et de façon très directe au combat, comme si la question du fondement de la rationalité ne pouvait pas être dissociée de l'interrogation sur les conditions actuelles de son existence[277].

274 P. Bourdieu, *Méditations pascaliennes*, Paris, Seuil, 1997, p. 26-27.

275 J.-L. Fabiani, *Qu'est-ce qu'un philosophe français ?*, *op. cit.*, p. 254-255.

276 G. Politzer (1903-1942), après un engagement à l'avant-garde culturelle dans les années 1920, opta pour un engagement communiste total et s'affirma de plus en plus comme un intellectuel de parti. Au sein du Parti communiste, alors en voie de stalinisation, il joua un rôle majeur dans la mise en forme doctrinale du marxisme, qu'il présentait comme étant la version moderne du rationalisme. Voir le recueil d'articles *Écrits 1. La philosophie et les mythes*, Paris, Éditions sociales, 1973.

277 M. Foucault, « La vie : l'expérience et la science », *Revue de métaphysique et de morale*, janvier-mars 1985, p. 3-14, p. 4.

« Que peut-on faire aujourd'hui pour la cause du progrès ? », s'interrogeait le philosophe Jacques Bouveresse, en réponse au « bavardage post-moderne » et aux attaques qu'il porte contre la science[278]. Comment reformuler l'héritage des Lumières, en dehors d'une vision mythique de la raison illimitée ? Ces questions travaillent encore les sciences sociales françaises, soucieuses d'élaborer ce que Pierre Bourdieu appela un « rationalisme élargi[279] » face à l'écho social que rencontrent les conceptions relativistes[280]. Elles furent aussi au cœur des réflexions des sciences sociales en guerre ; et c'est au moins en cela que ce colloque de 1941, moment de mobilisation collective des sciences républicaines, garde pour le lecteur d'aujourd'hui une actualité.

Après l'effondrement de la France républicaine, la « crise de la Raison », qui avait déjà tant marqué les années 1920-1930, s'est incarnée dans une guerre contre les fascismes. Menée au nom de la défense des « droits de l'intelligence », mais par le biais d'une lutte politique et armée, cette guerre, par la situation d'incertitude extrême qu'elle ouvrit, par la mise en suspens de « la situation scolastique d'apesanteur sociale[281] », la redéfinition des rapports sociaux d'autorité, l'oubli de soi dans l'action qu'elle impliqua, fut aussi une expérience concrète des limites de la Raison, de son ambivalence et de l'arbitraire de ses hiérarchies. « Lorsque la raison mord sur le réel, [elle] est obligée de remettre en question ses principes directeurs, [elle] doit faire sa mue », écrira Jean-Pierre Vernant[282]. C'est bien, en effet, parce que les conditions sociales et les bases institutionnelles de l'exercice de la raison avaient vacillé et étaient à défendre que « l'obscurantisme de la Raison[283] » s'est trouvé questionné.

« Continuer l'effort » durant ces années terribles signifiait ainsi maintenir, malgré les violentes attaques dont elles faisaient l'objet, « la présence intacte des valeurs scientifiques et spirituelles[284] » que portaient les sciences sociales françaises – les valeurs d'autonomie des champs intellectuels et de l'universalisme républicain. « Au cœur du

278 J. Bouveresse, « Le mythe du progrès selon Wittgenstein et von Wright », *Mouvements*, 19, janvier-février 2002, p. 126-141.

279 P. Bourdieu, *Sociologie générale, volume 2. Cours au collège de France, 1983-1986*, Paris, Raisons d'agir / Seuil, 2016, p. 992 et suiv.

280 Voir, à ce sujet, Y. Gingras, *L'impossible dialogue. Sciences et religions*, Paris, PUF, 2016.

281 P. Bourdieu, *Méditations pascaliennes*, *op. cit.*, p. 25.

282 J.-P. Vernant, « Raison d'hier et d'aujourd'hui », art. cité, p. 64.

283 Selon la formule de P. Bourdieu dans *Méditations pascaliennes*, *op. cit.*, p. 94.

284 Lettre de G. Friedmann à L. Febvre, 18 avril 1942 (Fonds L. Febvre/AN).

cataclysme et des ombres qu'il portait sur l'avenir[285] », furent réaffirmées leur vocation politique et leurs affinités avec un projet de réformes sociales, mais sans que les inquiétudes sur la modernité scientifique et technique soient tues.

Ces réflexions de juin 1941, bien qu'elles soient ancrées dans ces années noires, ont donc en ce sens encore à nous apprendre sur ce que les sciences sociales et la philosophie peuvent dire quand l'idée de progrès a besoin d'être défendue, sans pour autant renoncer aux exigences de réflexivité sur les fondements et les ambiguïtés de la raison.

Isabelle GOUARNÉ

Mes vifs remerciements à Raphaële Andrault, Paul Boulland, Arnauld Chandivert, Yves Cohen, Wolf Feuerhahn, Anne-Françoise Garçon, Jean Lecuir, Francine Muel-Dreyfus, Yann Potin et Bernard Pudal pour leurs relectures et leurs conseils. Ma reconnaissance va également à Liliane et Laurent Boccon-Gibod pour l'accueil chaleureux avec lequel ils m'ont laissée consulter les archives de Georges Friedmann.

Février 2019

285 Lettre de G. Friedmann à L. Febvre, 5 avril 1942 (Fonds L. Febvre/AN).

NOTE SUR L'ÉDITION

La première édition des actes de la Journée de Psychologie et d'Histoire du Travail et des Techniques du 23 juin 1941 est parue dans le numéro 1 (janvier-mars) de 1948 du *Journal de psychologie normale et pathologique.* Elle fut reprise sous la forme d'un ouvrage publié aux Presses universitaires de France la même année. La présente édition reprend, sans modification ni ajout de notes, celle de 1948.

LE TRAVAIL ET LES TECHNIQUES

LISTE DES COLLABORATEURS

A. AYMARD, professeur à la Sorbonne.
MARC BLOCH †, professeur à la Sorbonne.
CH. CAMICHEL, membre de l'Institut, directeur honoraire de l'Institut Électrotechnique de Toulouse.
ÉT. DELARUELLE, docteur ès lettres, directeur du Petit Séminaire de Toulouse.
D. FAUCHER, doyen de la Faculté des Lettres de Toulouse.
L. FEBVRE, professeur au Collège de France.
G. FRIEDMANN, professeur au Conservatoire National des Arts et Métiers.
A. LALANDE, membre de l'Institut, professeur honoraire à la Sorbonne.
M. MAUSS, professeur honoraire au Collège de France.
I. MEYERSON, professeur à la Faculté des Lettres de Toulouse.
P. VIGNAUX, directeur d'études à l'École des Hautes Études.

TABLE DES MATIÈRES

AVANT-PROPOS

I. – HISTOIRE DE L'IDÉE DE TRAVAIL

II. – TECHNIQUES ET ESPRIT

AVANT-PROPOS

Le travail : une conduite

[7] Les textes qui composent ce recueil sont les communications qui ont été présentées et les discussions qui ont eu lieu le 23 juin 1941 dans la *Journée de Psychologie et d'Histoire du Travail et des Techniques* organisée par la *Société d'Études Psychologiques* de Toulouse.

La *Société d'Études Psychologiques* de Toulouse s'est fondée en mai 1941[1]. Elle s'est assigné un but comparatiste : essayer de saisir le mieux possible la plénitude des conduites, spécialement des actes, des tâches et des œuvres complexes de l'homme, et par là comprendre l'homme total. Si chez l'animal un comportement partiel ne se comprend bien que par l'ensemble biologique vie et milieu, une conduite humaine, une œuvre humaine, qui joue à l'intérieur d'une marge biologique fort large pour elle, ne se comprend que par sa signification et par sa place dans l'ensemble des conduites. Elle doit être vue chaque fois avec les séries auxquelles elle appartient et les groupes humains dont elle traduit les besoins, les habitudes et les innovations, les normes.

La première réunion de la nouvelle Société a eu lieu le 15 mai 1941. C'était une séance d'étude de méthode générale, mais qui devait [8] servir de préface et de préparation à la séance sur le Travail. Voici comment, dans l'appel adressé aux futurs membres, je résumais notre programme :

---

1 Disons ici notre reconnaissance, celle de la psychologie aussi, à nos amis et camarades de travail de Toulouse de ce temps. Ils ont répondu à notre appel avec une grâce et un empressement que nous ne pourrons oublier. Constituée dans des conditions difficiles et anormales, la *Société d'Études Psychologiques* de Toulouse a groupé des universitaires et savants nombreux de Toulouse (et parmi eux le recteur de l'Université, les doyens des Facultés des Lettres et de Droit, le recteur de l'Institut catholique) et aussi des savants d'autres villes de la zone sud.

« L'effort scientifique en psychologie fait une place très grande, aujourd'hui, aux recherches comparées. L'étude des conduites, des sentiments, de la pensée s'appuie de plus en plus sur le concret. Elle s'applique à analyser les produits de l'activité, de la pensée humaines, l'histoire de l'effort spirituel et matériel ; de façon plus générale, l'histoire naturelle et sociale de l'homme, celle aussi des animaux, vues à travers un nombre aussi grand que possible de manifestations. Ces recherches, dont les résultats s'avèrent importants, impliquent la convergence de techniques diverses : le psychologue doit faire appel au concours des anthropologistes, des ethnologues, des géographes ; des linguistes et des philologues ; des historiens, des historiens des lettres, des arts, des religions ; des juristes, – autant qu'à celui, plus anciennement acquis, des philosophes, des biologistes, des physiciens. »

L'ordre du jour de la réunion était le suivant :

I. – MEYERSON : Quelle aide la recherche objective en psychologie demande aux disciplines voisines.

II. – MM. H. VALLOIS, D. FAUCHER, V. MAGNIEN, A. AYMARD, R. NAVES, J. MAURY, Mgr B. DE SOLAGES : Ce que l'Anthropologie, la Géographie, la Philologie et la Linguistique, l'Histoire, les Études littéraires, les Sciences juridiques, les Études religieuses offrent, ce qu'elles demandent à la Psychologie.

Résumons en quelques lignes les parties des exposés de cette séance les plus directement utiles aux recherches sur le Travail : l'analyse des apports faits à la psychologie par les disciplines voisines.

L'objet de l'Anthropologie, disait M. Vallois, est, en même temps que la morphologie de l'homme, l'étude de la place de l'homme dans la nature, de l'origine de la forme Homo, et de son esprit, et d'autre part, celle des rapports des groupes humains entre eux.

La Géographie, par son étude des rapports de l'homme avec le milieu physique, apporte à la psychologie comparée une contribution [9] évidente, observait M. Faucher. Les phénomènes de température, de pluviosité, etc., sont un facteur déterminant du genre de vie et par là de la mentalité. L'étude du relief comporte celle de la double vie : ainsi dans les Pyrénées, les villages des vallées avec la propriété individuelle, les estives entre 1 600 et 2 600 m. propriété collective. La mentalité du montagnard pyrénéen est liée à un double régime de droit et aux usages qui en dépendent. La conservation de certaines coutumes et d'une langue originale dans un pays cependant ouvert à la pénétration comme le Pays Basque pose le problème des conditions du maintien des spécificités locales, etc.

La Philologie et la Linguistique, indiquait M. Magnien, appellent souvent l'analyse psychologique. Des faits psychologiques agissent sur les lois de la phonétique générale et de la phonétique particulière à chaque langue. Des conditions psychologiques (en plus des conditions sociales, des conditions de lieu et de temps) déterminent la dissociation des groupes linguistiques ou la formation de langues nouvelles. Un état d'esprit collectif forme, dirige, maintient, embellit chaque langue particulière. Dans une langue donnée, telle langue particulière, comme la langue poétique, relève de conditions qu'il faut étudier en psychologue. L'emploi de tel vocabulaire, l'expression claire ou voilée, l'expression directe ou l'expression imagée traduisent de même des faits psychologiques complexes, à analyser.

L'Histoire, soulignait M. Aymard, fournit à la psychologie d'innombrables exemples de faits humains, individuels ou collectifs. Elle apporte la méthode critique permettant d'utiliser les témoignages. Elle pose et elle permet d'éclairer deux problèmes auxquels se heurte nécessairement la psychologie : celui des rapports entre l'individu et la collectivité, sous ses divers aspects ; celui des causes, accidentelles ou permanentes, particulières ou générales.

Les Études Littéraires, exposait Raymond Naves, touchent à plusieurs domaines : à l'histoire, quand elles débrouillent les alentours de l'auteur et de l'œuvre ; à l'exégèse, quand elles essaient d'expliquer le fait littéraire ; à l'esthétique et à la critique ; à la philologie, quand le verbe en soi est leur objet ; à la poétique, quand il s'agit de remonter aux sources mêmes du « faire » littéraire. Dans toutes ces directions, elles rencontrent la psychologie.

[10] Pour M. Maury, l'analyse des règles du Droit et la recherche de leur raison d'être, par le droit comparé et l'histoire du droit, permet de découvrir, sous les institutions, les tendances psychologiques, de préciser des « cercles de culture », des types de civilisation. Certains concepts utilisés par la science juridique, tel celui de personne, de sujet de droit, correspondent à des concepts psychologiques. Les problèmes de sociologie juridique et de philosophie du droit touchent à

la psychologie. Les lois formulées par les Sciences Économiques, dans la mesure où leur existence est démontrée, sont significatives des tendances principales de l'homme.

Le Fait religieux, pour Mgr de Solages, est avant tout un fait psychologique et secondairement un fait sociologique. Il s'étend à tous les domaines de la vie psychique. Il touche à l'intelligence par la partie doctrinale des religions, à l'affectivité par le sentiment religieux, à la volonté par ce que toute religion exige de ses fidèles et par les motifs d'action qu'elle leur offre.

Nous espérons pouvoir publier quelque jour ces communications. Elles montraient des aspects d'une étude objective des fonctions supérieures de l'homme conduite par des recherches convergentes et comparées. Une contribution manquera à ce recueil s'il peut être constitué : celle de Raymond Naves, professeur de littérature française à la Faculté des Lettres de Toulouse, l'un des chefs de la Résistance toulousaine, mort en déportation.

La seconde réunion de la Société a été la *Journée de Psychologie et d'Histoire du Travail et des Techniques.* La convocation disait :

« Désirant mettre en évidence à la fois la valeur psychologique des études d'histoire comparée de l'effort humain, spirituel et matériel, et les résultats des recherches concertées, appliquées à un problème, la *Société d'Études Psychologiques* de Toulouse a décidé de faire, de sa première séance de travail, une réunion exceptionnelle, une "Journée", consacrée tout entière à l'examen d'un seul problème et d'un problème concret. Elle organise le lundi 23 juin 1941 à la Faculté des Lettres, amphithéâtre Marsan, une Journée de Psychologie et d'Histoire du Travail et des Techniques. »

L'ordre du jour était l'ordre même de ce numéro.

Outre les savants toulousains ou résidant temporairement à [11] Toulouse, plusieurs savants extérieurs à Toulouse avaient tenu à envoyer leur contribution. M. André Lalande, qui séjournait à Albi et à qui son état de santé avait interdit le déplacement, envoyait l'importante lettre qu'on va lire. MM. Lucien Febvre et Marcel Mauss rédigeaient les communications d'introduction aux deux symposia, que des amis dévoués réussissaient à faire passer à travers la ligne de démarcation. Enfin, Marc Bloch, dont le dévouement et le courage ont toujours été sans limites, faisait de Clermont-Ferrand à Toulouse ce qu'il a appelé un voyage d'amitié intellectuelle. Sa communication, sa participation aux discussions ont donné à cette journée un éclat incomparable. La mort de Marc Bloch, chef de la Résistance à Lyon, fusillé par les Allemands après torture, perte irréparable pour la science historique, est un deuil aussi pour la psychologie : il était, parmi les historiens, l'un de ceux qui avaient le plus senti la nécessité de la convergence des deux disciplines et de la recherche du psychologique concret dans l'histoire par les efforts combinés des historiens, des ethnologues et des psychologues.

Avant la séance, les auteurs des communications présents à Toulouse s'étaient réunis à deux reprises pour coordonner leurs exposés et préparer leurs interventions dans la discussion. Ils ont pu ainsi connaître chacun à l'avance les diverses perspectives des problèmes considérés. La « Journée » a par là gagné en concentration et en unité. On sentira cette unité à travers la diversité de la matière traitée.

[12] L'étude du travail[2] a été faite, au début, de façon quelque peu fragmentaire et dispersée.

Ce sont les physiologistes qui les premiers ont abordé les problèmes de l'effort musculaire et de la fatigue, puis ceux, plus complexes, du fonctionnement du moteur humain. Ils ont noté les divers aspects de la participation de tout l'organisme au travail d'un groupe de muscles. L'étude de la fatigue et de ses diverses formes a montré plus encore ces actions d'ensemble, ainsi que les retentissements étendus et souvent à longue échéance d'états qui au premier abord pouvaient sembler limités. L'étude des courbes de travail et de fatigue a de plus révélé des variations individuelles et, chez le même individu, des différences de réaction selon la nature et les conditions du travail. La physiologie conduisait ainsi à la psychologie.

Des questions pratiques de rendement du travail ont suscité une autre série d'études et d'applications, que tout le monde connaît bien : ceux qu'on groupe sous les noms un peu présomptueux d'organisation scientifique du travail et de rationalisation. Là encore, on a cru pouvoir, au début, s'en tenir à des faits localisés et parcellaires. Par l'étude des

2 Les pages qui suivent résument l'exposé qui introduisait les deux séances d'étude.

temps des divers mouvements partiels du travail, par le chronométrage, par l'élimination des temps morts, on pensait apporter au problème du travail des solutions valables au triple point de vue scientifique, économique et social. Elles ne l'étaient pas. Les représentants les plus avertis des groupements ouvriers et, en même temps qu'eux, des physiologistes et des psychologues ont pu montrer que le système Taylor et ses dérivés avaient mal analysé et mal compris le travail. L'homme au travail n'est pas que la somme des mouvements et des temps partiels, et l'homme n'est pas que l'homme au travail. Ce qui échappe au chronomètre, en tout ou partie, n'est pas moins important que ce qui est [13] mesuré. Comme la physiologie, l'organisation du travail était peu à peu orientée vers l'homme total.

La psychotechnique, discipline d'application certes, mais tout de même discipline psychologique, l'a mieux compris d'emblée. L'objet de ces investigations était, en principe, le même que celui du « scientific management », mais son personnel était de formation différente et avait une perspective différente. Les organisateurs étaient des techniciens, des ingénieurs. Dans le moteur humain, ils considéraient surtout le moteur, ils oubliaient souvent l'homme. Les psychotechniciens pensaient davantage au facteur humain, même quand ils recherchaient le meilleur rendement et des formules économiquement satisfaisantes. Les tests d'aptitude qu'ils ont élaborés ont certes souvent été des tests de détail, mais ils ont aussi souvent recherché des épreuves décelant la participation des diverses grandes fonctions au travail parcellaire et le retentissement du travail et de la fatigue sur ces fonctions.

La sélection et l'orientation professionnelles, qui devaient seulement appliquer et systématiser les données de la psychotechnique et avaient en apparence le même domaine qu'elle, ont en fait donné aux problèmes du travail un éclairement nouveau. L'adaptation de l'homme au métier et du métier à l'homme, les rapports de l'homme et de l'outil, de l'homme et de la machine, de l'homme et du travail en général, la distribution des hommes dans les métiers étaient examinés cette fois non plus de façon fragmentaire et abstraite, mais dans des groupes humains réels, complexes, qui comprenaient des individus nombreux, vivant dans des conditions sociales, économiques, techniques contraignantes. Le social, le politique, le psychologique : la vie sous toutes les formes transparaissait derrière ces problèmes de détermination professionnelle. L'étude des aptitudes a montré aux orienteurs qu'il fallait considérer moins l'organique, le préformé, que l'adaptation et l'adaptabilité. La disposition est sans doute organique à l'origine, mais elle dépasse très vite ce niveau organique, elle devient adaptation progressive, technique et sociale. Au surplus, elle n'est pas seulement une habileté localisée, mais le plus souvent le « faire » de tout l'homme, de toute la personne.

Qui dit psychotechnique et orientation professionnelle dit [14] aussi technique en général et organisation sociale du travail. L'une et l'autre sont à considérer dans leur contexte concret, dans leur histoire. L'homme au travail se comprend mieux par l'histoire du travail et des techniques : histoire matérielle et en même temps histoire sociale, morale et psychologique.

L'histoire matérielle du travail, c'est celle du passage de ses premières formes artisanales et rurales au machinisme contemporain. Elle se sépare mal de l'histoire psychologique et sociale, car elle est l'histoire des inventions techniques successives et de leur retentissement sur l'homme : sur les conditions de son existence et sur sa vie mentale. Elle est aussi l'histoire des formes du travail adaptées aux divers instruments successivement inventés. À chaque moment il y a à considérer l'outil et l'homme devant l'outil. L'instrument, la machine posent de multiples problèmes au psychologue ; pour prendre quelques exemples : les formes de la pensée engagée dans l'invention ; les rapports et les influences réciproques de la recherche pure et de la science appliquée dans l'invention ; les raisons de l'acceptation et de la non-acceptation d'une innovation, etc. La nouvelle technique agit sur l'homme, le forme. L'homme devant l'outil peut être maître ou rouage ; il peut se sentir plus ou moins dépendant ; il peut participer plus ou moins et de façons diverses à la machine.

L'histoire des premières formes de la technique est très mal connue. Nous ne savons à peu près rien des premières grandes inventions. Nous ne connaissons ni les conditions des découvertes, ni les procédés mis en jeu, ni le retentissement des innovations sur l'esprit de l'homme ; et nous savons mal aussi quelle place cette activité de transformation de la matière tenait dans les préoccupations et dans l'échelle des valeurs des hommes. Chose singulière : des populations archaïques, nous connaissons les faits de vie sociale et religieuse : ce qui pendant de longues périodes a relativement peu changé, et a fini par passer au second plan sans marquer de son empreinte le progrès ultérieur. Et ce qui a été à l'origine de ce progrès commence seulement à être étudié.

Le travail des hommes a été accompli au sein de sociétés diversement organisées par des hommes diversement groupés. La division du travail a toujours été subordonnée à la structure sociale et [15] économique, et à la division du travail a été liée la distribution des hommes dans les métiers. Les formes de communauté de travail ont varié, et avec elles l'atmosphère sociale, source de souci ou d'excitation, source des jugements aussi : sur le travail, sur sa perfection matérielle, sur sa valeur religieuse et morale.

L'histoire de l'idée de travail, souvent traitée à part, nous apparaît ainsi dans le prolongement de l'histoire sociale du travail. Les diverses conceptions du travail élaborées par les religions et les morales sont liées à la structure des sociétés qui avaient ces pensées religieuses et morales. On le sait pour certains cas, on le pressent pour tous, mais on voudrait pouvoir dégager mieux ce lien. Ces conceptions sont liées aussi à la civilisation technique de ces sociétés et au régime de sa progression. Là encore des problèmes se posent pour le psychologue. Y a-t-il une relation entre le progrès technique et la valorisation du travail ? On l'a dit quelquefois. Si cela est, – ce qui devrait pouvoir être élucidé, – comment la pensée technique a-t-elle agi sur la pensée morale ?

Il y a une histoire, une carrière psychologique de l'idée de travail.

Les problèmes moraux peuvent être psychologiques de plusieurs façons. Il y a une psychologie génétique de l'origine des idées morales : leur surgissement à tel moment, l'acceptation ou le refus, l'expansion posent des questions voisines de celles que présentent les inventions : une nouvelle pensée morale est bien une invention et elle peut conduire également à des applications. Il y a aussi et surtout une psychologie de la transformation de la vie intérieure par les idées morales : ce qui à un moment était une idée abstraite, une norme plus ou moins imposée, une convention, peut à un autre moment être devenu la nature, un besoin, une condition de vie. Qu'en est-il pour le travail ? On a dit quelquefois qu'il était devenu à la fois un but et un besoin, et on a beaucoup parlé de la joie du travail. Mais on n'a cessé de dire aussi qu'il restait encore, par un côté, une peine. On a écrit enfin que, depuis quelque temps, il y avait des signes d'une crise de la « religion du travail ». Tout cela semble exact et point contradictoire, et sans doute bien d'autres facteurs encore entrent-ils dans la motivation du travail et dans son retentissement sur l'homme.

[16] Nous sommes ainsi une fois de plus amenés à considérer l'homme total et à envisager le travail non seulement comme une technique, mais comme une conduite, à en rechercher les composantes et les couches de signification. Il est à la fois une activité forcée, une action organisée et continue, un effort producteur, une activité créatrice d'objets et de valeurs ayant une utilité dans un groupe, une conduite dont le motif peut être personnel – gain, ambition, goût, plaisir, devoir – mais dont l'effet concerne les autres hommes. Tout cela est diversement dosé et coloré selon les circonstances. Il n'y a pas eu *un* travail et *une* morale et *une* psychologie du travail, mais une histoire où chaque moment a eu sa propre complexité psychologique. Lorsque cette histoire sera mieux connue, peut-être le travail nous apparaîtra-t-il comme une fonction psychologique qui se forme à un moment et se transforme ensuite.

I. MEYERSON

I.

HISTOIRE DE L'IDÉE DE TRAVAIL

TRAVAIL : ÉVOLUTION D'UN MOT ET D'UNE IDÉE

[19] Depuis qu'il y a des hommes, le travail n'a cessé de remplir la vie de la plupart d'entre eux. Je ne sais pas si, comme le dit le *Livre de Job* (V, 7) dans la traduction de Saci, « ils sont nés pour le travail comme l'oiseau pour voler », mais tout se passe bien comme si le vieux poème avait raison. Or, des façons successives et contradictoires dont les peuples – et, tout particulièrement, les peuples modernes – ont apprécié, suivant les temps, les lieux et les circonstances, le travail qui s'imposait à eux, ou qu'ils s'imposaient, nous ne savons encore que des choses fragmentaires, incertaines et sans liens. Nous ne connaissons même pas l'étonnante aventure du mot que nous employons maintenant pour désigner l'ensemble de nos activités de conquête quotidienne.

Car c'est, en vérité, une étrange aventure, celle du mot qui partant du sens de torture – *tripaliare*, torturer avec le *tripalium*, la machine à trois pieux – s'est substitué au cours du XVIe siècle, dans notre vocabulaire français, aux deux vieux mots précédemment utilisés : l'un, *labourer*, que les *laboureurs* accaparaient de plus en plus (en attendant que les « *travailleurs de laboratoire* » lui redonnent quelque prestige intellectuel) ; l'autre, *ouvrer*, qui ne servirait plus qu'aux dames patronesses dans leurs *ouvroirs*, si nos *ouvriers* ne procédaient toujours de lui. Mais de ses origines, le travail, au XVIIe siècle, gardait encore la marque. Il continuait à impliquer, parfois, gêne, accablement, souffrance, – humiliation, aussi[1].

---

1 Le mot *travail* est encore employé en plein XVIIe siècle et par de bons auteurs, avec le sens de *fatigue :* « Calamus était monté sur un cheval…, mais n'en pouvant supporter le travail, il se fit mettre dans une litière. » Ou encore (chez Bossuet) : « l'Église par le pieux travail qu'elle ressentait pour les mourants… » Le sens est, ici, inquiétude, sollicitude. *Cf.* Brunot, *Histoire de la langue française*, t. VI, IIe partie, fasc. 1, p. 1349.

[20] Quand les Solitaires de Port-Royal, reprenant à leur compte la tradition des Ordres monastiques, se mirent en quête de quelque moyen de pénitence vraiment efficace, qui pût leur apporter toute la mortification requise, – c'est au travail manuel qu'ils pensèrent aussitôt. Et l'on vit M. Le Maître, « ne sachant qu'inventer pour se mater lui-même », recourir aux labeurs des champs, bêcher la terre, scier les blés, faire les foins sous la chaleur de midi – puis se replonger, au sortir de ces travaux manuels qu'il jugeait, qu'on jugeait autour de lui plus mortifiants encore que pénibles, dans l'étude opiniâtre de l'hébreu qu'il dévorait[2] ; mais ce travail de l'esprit, si dur qu'il fût, n'était pas pénitence. M. Le Maître n'avait pas à en rougir. Les Solitaires rougissaient par contre (et puis s'accusaient d'avoir rougi) lorsqu'on les traitait de « sabotiers » parce que quelques-uns d'entre eux s'étaient avisés, pour se mieux humilier, de faire des souliers. Et Boileau jugeait nécessaire de les venger de ces sarcasmes par des mots d'esprit[3]. N'était-on pas d'ailleurs au temps où le travail dégradait, au sens précis du mot – le noble de campagne perdant sa noblesse s'il empoignait lui-même la bêche du jardinier ou le mancheron du laboureur ?

L'optimiste XVIIIe siècle tenta bien de réagir – et sinon d'ennoblir, du moins de justifier le travail. Mais ici encore, nous sommes démunis. Aucun travail n'existe, à ma connaissance, qui étudie les vicissitudes de l'idée de travail au siècle des Physiocrates et des Économistes. Et pourtant, que de recherches à conduire, et quelle évolution à reconstituer ? Le travail, cette souffrance : c'est encore la notion de Charles-Louis de Secondat de Montesquieu, Président au Parlement de Bordeaux, ravi de libérer sa conscience en se persuadant qu'au prix de menus avantages, de « petits privilèges » comme il dit, « quelque pénibles que soient les travaux que la Société exige, on peut tout faire avec des hommes libres[4] ». – [21] Le travail, cette créance : c'est déjà le sentiment de Denis

2 *Cf.* Sainte-Beuve, *Port Royal*, I, p. 392. *Cf.* également III, p. 322.

3 Sainte-Beuve, *ibid.*, t. I, p. 500. À un Jésuite qui soutenait que Pascal lui-même avait fait des souliers : « Je ne sais... Mais convenez, mon R. P., qu'il vous a porté de fameuses bottes. »

4 *Esprit des Lois*, liv. XV, chap. 8. Le chapitre s'intitule : Inutilité de l'Esclavage parmi nous : « On peut par la commodité des machines suppléer au travail forcé qu'ailleurs on fait faire aux esclaves. » Mais sur ces machines précisément, voir un curieux texte du même Montesquieu, à joindre à l'excellente esquisse de Marc Bloch sur *Le Moulin à Eau*, dans les *Annales d'Histoire Économique et Sociale* (t. VII, p. 538) : « Si les moulins à eau n'étaient pas partout établis, je ne les croirais pas aussi utiles qu'on le dit, parce qu'ils

Diderot, fils du maître coutelier de Langres : « les fortunes seront légitimement réparties lorsque la répartition sera proportionnée à l'industrie et aux travaux de chacun » (aux *travaux*, et non encore au *travail*) : la formule n'est pas trouvée, mais elle commence déjà à se chercher, que tous les « réformateurs » du XIXe siècle vont proposer à leurs adeptes pour résoudre le problème capital, le problème de la répartition des produits entre Travail, Capital et Talent. Mais, *Capital*, le mot n'est pas du XVIIIe siècle encore. Le travail dont parlaient les hommes de ce temps, c'est le travail du laboureur, ou celui de l'artisan ; le travail qui procure le pain quotidien et le vêtement, mais ne vise pas à procurer la richesse ; le travail qui d'ailleurs sauve le travailleur du plus grand des vices, du vice qui engendre tous les autres d'après la vieille tradition chrétienne : l'oisiveté. La grande révolution n'est point accomplie, celle que signale Michelet dans l'admirable (et si peu connue) Préface de son *Histoire du XIXe siècle* lorsqu'il nous montre la Vieille Angleterre, celle des campagnards, s'évanouissant en un quart de siècle, pour faire place « à un peuple d'ouvriers enfermé aux manufactures ». Travailleurs du XVIIIe siècle, travailleurs des métiers – de ces métiers sur quoi, curieusement, se penchent les Encyclopédistes et dont ils font revivre, dans leurs planches admirables, l'ingénieux outillage et le libre labeur. Et il faut le noter, car on ne fait pas, on ne peut pas faire une Histoire du Travail sans faire, en même temps, l'Histoire des moyens de travail, l'histoire des outils, l'histoire des techniques. Sans dire, dès qu'on aborde le XIXe siècle, la marche conquérante de la machine et de la « fabrique[5] » associées. Avec toutes ses conséquences, toutes ses répercussions humaines…

De fait, aussitôt qu'au début du XIXe siècle toute une littérature historique, économique et sociale commença à s'inquiéter de ce [22] que nous nommons aujourd'hui les problèmes du travail – ce fut toujours à l'idée de pauvreté, de misère, d'exploitation que les hommes de ce temps associèrent, dans leurs livres à la fois et dans leurs préoccupations, l'idée de travail. Qu'il s'agisse de Buret s'inquiétant en 1840, *De la Misère des Classes Laborieuses en Angleterre et en France* – de Boyer traitant en 1841

---

ont fait reposer une infinité de bras, qu'ils ont privé bien des gens de l'usage des eaux et ont fait perdre la fécondité à beaucoup de terres » (*Esprit des Lois*, XXIII, chap. 15). De Montesquieu encore, cette note (*Esprit*, XXIII, chap. 28) : « Le clergé, le prince, les villes, les grands, quelques citoyens principaux sont devenus insensiblement propriétaires de toute la contrée ; … *l'homme de travail* n'a rien. »

5 Il y aurait lieu de faire l'histoire de cette expression.

De l'État des Ouvriers et de son amélioration par l'organisation du travail – de Michel Chevalier écrivant en 1848 ses *Lettres sur l'organisation du travail ou études sur les principales causes de la misère* – ou de vingt autres écrivains publiant en ce temps, sous des titres pareils, des livres analogues : travail et paupérisme, « Classes laborieuses » et « Classes souffrantes » (c'est le titre de deux articles successifs de Cochut dans la *Revue des Deux Mondes*, de 1842) : toujours, partout, misère, travail, organisation et charité se trouvent associés sous les plumes des enquêteurs sociaux les plus divers et les plus opposés.

Cependant que les théoriciens réagissaient – et s'efforçaient de remettre le travail à l'honneur. De lui rendre ses droits et de les définir. Mais d'abord, de le transformer de malédiction qui accable les malheureux, et les malheureux seuls, en véritable devoir social, obligatoire pour tous : en devoir aimable, ce qui le réhabilite non moins que cette première promotion. Le travail « est odieux en civilisation par l'insuffisance du salaire, l'inquiétude d'en manquer, l'injustice des maîtres, la tristesse des ateliers, la longue durée et l'uniformité des fonctions ». Ainsi Fourier, à qui Cabet donne bientôt la réplique : « Chacun a le *devoir* de travailler le même nombre d'heures par jour, suivant ses moyens – et le *droit* de recevoir une part égale suivant ses besoins, de tous les produits. » Ceci posé, « il est général et obligatoire pour tous ». Il se hausse à la dignité de « fonction publique ». Il s'accomplit dans de grands ateliers – et il s'y fait le plus possible attrayant, court et facilité par les machines.

Rien d'étonnant dès lors à ce que, finalement, les classes laborieuses aient conquis le *droit à l'Histoire*, parce qu'elles étaient ouvrières, et non plus parce qu'elles étaient misérables. Une dignité leur vint, qu'on commença à leur envier de toutes parts. Jadis, l'épithète de l'artisan, l'épithète du laboureur, c'était « vil ». « Les [23] artisans – écrivait le vieux Loyseau dans son *Traité des Ordres*, en 1613, – les artisans sont « proprement méchaniques et réputéz viles personnes » ; et de fait, ajoutait-il, « nous appelons communément mécanique ce qui est vil et abject. » Les laboureurs ? certes, « il n'y a pas de vie plus innocente que la leur, ni de gain plus selon nature » ; mais quoi ? En France, « ils sont tant rabaissez, voire opprimez, ils sont tellement tenus pour personnes viles, qu'on s'étonne de voir qu'il y en a encore pour nous nourrir. » 1613. Mais trois siècles plus tard, c'est à qui se pare du titre de travailleurs. Il y a ceux de la plume, s'il y a ceux du rabot. Et les gars aux forts biceps qui tiennent le mancheron de la charrue, poussent le sillon, fauchent, fanent, ou dans leurs vignes, sur la pente abrupte des coteaux, ne cessent de remonter la terre qui toujours redescend – ceux-là s'étonnent d'entendre l'écrivain en vacances, ou le pédagogue, ou le musicien, le chanteur, le comédien parler de son « travail », voire des revendications des Travailleurs Intellectuels ; ou des Travailleurs du Spectacle, au Syndicat desquels il appartient : tel un travailleur du fond, dans les mines. C'est un beau mot de 1901, ce mot que rapporte Jules Renard, dans son *Journal* (p. 690) : « Elle est bien heureuse, elle – dit un mari de sa femme – de faire un travail qui se voit. Moi, je travaille plus qu'elle, et ça ne se voit pas ! »

Cependant, le Collège de France, fidèle à sa mission quatre fois séculaire, créait en 1907 la première chaire d'*Histoire du Travail* qu'on ait vu fonctionner en France ; il la confiera tour à tour à Georges Renard et à François Simiand[6] ; et la difficulté sera, pour ces maîtres, de définir le sens d'un mot, *travail*, qui menaçait de recouvrir tous les hommes – et toutes les femmes – de nos sociétés contemporaines. Car un homme de mon âge a vu, de ses yeux vu, entre 1880 et 1940, s'accomplir la grande déchéance de l'homme qui ne fait rien, de l'homme qui ne travaille pas, de l'oisif rentier et s'amorcer – (avec le retard convenable) – le discrédit de la femme « sans profession ». Des rentiers, aujourd'hui, je veux dire des hommes qui ont le courage civique de se qualifier ainsi – on n'en compte plus guère que deux, sur cent Français. Pas beaucoup [24] plus qu'on ne compte, dans notre pays, de nomades, de détenus, d'hospitalisés.

Ainsi s'achève le cycle. On part du travail-torture, pour arriver (à en croire du moins les vocables optimistes) au travail dans la joie – ce fils du « travail-attrayant », rêvé et décrit par notre vieux Fourier. On part – ou plus modestement on devrait partir, car rien de tout cela n'est fait. Toute cette évolution est à préciser, à fixer dans le détail. Quand on aura accompli cette besogne nécessaire, on pourra se vanter d'avoir réalisé, à l'aide d'un seul mot, une belle coupe d'histoire psychologique et sociale à travers quatre siècles d'histoire française.

De cette coupe précise et détaillée, nous ne pouvons donc donner, aujourd'hui, en l'absence d'études sérieuses et poussées, qu'un schéma brutalement simplifié. Au tracé en dents de scie tel qu'il résulterait

6 La chaire existe toujours ; son titulaire actuel est M. Émile Coornaert.

directement des faits, nous devons substituer, pour l'instant, le gros trait courant et régulier d'une moyenne toute approximative. L'économiste s'en console. L'historien, son frère ennemi, s'en déclare, naturellement, navré.

C'est que, rien n'est simple de ce qui touche à l'homme. Et pour prendre un seul exemple, mais qui nous soit familier, si nous regardons tout spécialement de près l'évolution des idées engendrées par l'activité laborieuse des hommes, au temps précis où *travail* commence à échanger son sens mal famé de torture contre le sens, tout de même plus relevé, d'occupation laborieuse, – nous constatons qu'alors les hommes du XVIe siècle, les hommes de la Renaissance, ces précurseurs, tentaient précisément une réhabilitation vigoureuse du travail manuel, une exaltation de l'homme qui gagne son pain à la sueur de son front[7]. À Rabelais, enlevant prestement le croquis de Frère Jean, le moine paradoxal qui jamais n'est oisif, qui toujours travaille de ses mains, et même au chœur, pendant la psalmodie, occupe ses doigts à fabriquer des cordes [25] d'arbalète, à polir des traits, à faire des rets et des pièges à lapins (*Gargantua*, XI) – répond le Ronsard des *Odes* (III, IV) :

Je hais les mains qui sont oisives ;
Qu'on se depesche vitement !
Là doncq, ami, de corde neuve
Ranime ton luc endormi…

À pousser la recherche, on s'apercevrait d'étranges choses – et par exemple que le bourgeois laborieux de ce temps ne se dresse pas seulement, au nom de son labeur, contre l'oisiveté monacale – mais encore contre l'oisiveté nobiliaire. Il y eut là toute une offensive, qu'il serait tentant de retracer, si on en avait le loisir. Derrière les porte-parole lyriques du siècle – c'est un signe, en tout cas, que de voir paraître, mobilisés pour la même entreprise, les théologiens, ces chefs, ces guides, ces amplificateurs.

C'est que, de même qu'est laborieux et non oisif à la façon du Dieu d'Aristote, le Dieu de la tradition judéo-chrétienne – de même sont laborieux, et laborieux de leurs mains, ces héros des Deux Testaments dont on sait, en ce temps, la constante valeur d'exemple et de référence.

7 Bonnes réflexions à ce sujet dans le livre de Victor Monod, *Le problème de Dieu et la Théologie chrétienne depuis la Réforme, Étude historique* (Thèse, Fac. libre de Théologie, Montauban), 1910. – Je cueille dans la *Dédicace* de Jacques Peletier à *L'Art Poétique* de 1557 ce texte significatif : « Un homme bien né doit avoir plusieurs occupations qui secondent les unes aux autres ».

Jésus lui-même n'était-il pas un « manuel » maçon ou charpentier, comme son père Joseph ? et quant à ses disciples les apôtres, mêmes s'ils n'approuvaient pas l'amer propos de l'*Écclésiaste* (IX, 10) : « Tout ce que ta main trouve à faire, avec ta force, fais-le, car il n'y a ni œuvre, ni pensée, ni science, ni sagesse dans le séjour des morts, où tu vas », ils n'en accomplissaient pas moins avec résignation leur dure vie de pêcheurs ou d'artisans. Pour l'exemple d'hommes qui, plus que jamais, se référaient à eux, et à leurs enseignements.

Tout ceci repris, redit par la voix qui, de toutes, eut sans doute, – avec celle de Platon – la plus grande audience parmi les Français de la Renaissance : la voix de l'apôtre Paul, enseignant aux Thessaloniciens que seul le travail assure à l'ouvrier sa dignité et son indépendance – que la louange supérieure, c'est de « n'avoir mangé gratuitement le pain de personne », et finalement, que celui qui ne travaille pas ne doit pas non plus manger (*IIe Thess.*, II, 8 et 10). Mais Platon, de son côté, l'autre grande lumière du siècle, le Platon de la *République*, ne concevait pas de citoyen [26] sans fonction ni travail[8]. Et quand Jean Calvin venu s'établir à Strasbourg dut s'inscrire sur les registres de la corporation des tailleurs – il se félicita sans doute de cet accord entre la loi de la Ville et celle de la Cité platonicienne, interprétée à travers les enseignements de Paul[9].

Ainsi s'explique qu'au XVIe siècle une sorte de vague de fond ait ramené au jour le culte, la glorification du travail manuel. Rappelons-nous le vieux Platter, autodidacte de génie, que ses disciples devaient aller quérir, à Bâle, dans son atelier de cordier pour qu'il vînt, avec son grand tablier et ses rudes mains calleuses, leur enseigner l'hébreu : mais il n'était pas seul, en ce temps héroïque, à accomplir le vœu que formule dans la *Vérité cachée devant cent ans* (1533), Dame Vérité elle-même :

---

8 Nous parlons du Platon de la *République*. Mais nous n'oublions pas que Plutarque, dans la *Vie de Marcellus*, XIV, 5, relatant la condamnation qu'opposait Platon aux hommes comme Eudoxe ou Archytas, qui prétendaient construire des instruments pour résoudre des problèmes difficiles de géométrie, écrit que Platon s'indignait de leur prétention de venir à bout de difficultés intellectuelles en recourant à des objets « façonnés laborieusement et servilement par la main ».

9 D'où le chapitre *De artificiis* de Thomas More (*Liber Secundus*, éd. Marie Delcourt, Paris, Droz, 1936, p. 112 *sqq.*) – chapitre dans lequel More parle de magistrats chargés de veiller à ce que personne ne reste sans travailler, exerce consciencieusement son métier et y consacre trois heures le matin et trois heures l'après-midi. Avec liberté de travailler encore dans leurs heures de liberté s'ils en ont le goût.

Peuple, laboures loyaument
De tes mains, vivant justement...
Ainsi l'apostre nous instruict
Qui besognoit et jour et nuict...

Saint Paul, Platon : il y avait bien autre chose encore et que l'historien de la notion de travail devrait mettre ici en pleine lumière : la voix de tout un siècle, pieux encore et profondément chrétien, profondément anxieux de vérité chrétienne – mais qui ne s'en remet plus à la Providence du soin d'assurer sa nourriture, et qui, tournant délibérément le dos à la leçon franciscaine et au Pauvre d'Assise, se laissant dans sa masse prendre aux séductions du capitalisme naissant – pose le travail comme la loi suprême de l'homme, luttant pour maîtriser la chance et capter la richesse : le travail qui fait vivre, qui fait gagner, qui fait dominer.

[27] Seulement, point d'action sans réaction. Dans le mythe du *Politique* – le mythe que Platon reprendra au livre IV des *Lois* – la sphère du monde se meut alternativement dans un sens ou dans l'autre. Ici, et c'est l'âge d'or, l'âge de Chronos : ni cité, ni famille, ni agriculture, ni travail : mais la contemplation rapproche l'homme des Dieux. Là, et c'est l'âge de Zeus : des lois, des inventions, tout l'effort d'un labeur patient et douloureux. Au XVIe siècle, il y a ceux qui suivent Zeus. Mais il y a aussi, en face d'eux, des Saturniens attardés, et qui protestent, et qui n'entendent pas – d'accord avec la tradition grecque et romaine – qu'un labeur importun et grossier les trouble dans leur sérénité de contemplatifs. Ces aristocrates, détenteurs du savoir grec et latin, reproduisent en eux la morgue des vieux maîtres, oisifs de leurs mains parce que l'esclave travaillait pour eux. Et ce sont eux qui inaugurent le mépris des artisans, des ouvriers, des mécaniques comme ils disent. Eux, du haut de leur *Thesaurus* et de leur *Conciones*. Ils auront une longue progéniture. D'Érasme, par les Collèges des Jésuites, ils atteindront les Collèges de l'Université Impériale, puis les Collèges Royaux de la Restauration. Les derniers d'entre ces hommes ne meurent guère avant la fin même du XIXe siècle.

On voit, par un seul exemple, combien en réalité la courbe trop sommaire des moyennes, telle que nous l'avons reproduite et commentée, peut et doit être compliquée par le labeur patient de l'historien s'il veut atteindre ce qui, seul, importe : les mille nuances changeantes, les mille variations de la vie historique – les mille rencontres de courants distincts. Ce labeur, l'historien jusqu'à présent ne l'a point accompli. Cet admirable sujet – l'histoire moderne de l'idée de travail, l'histoire de l'idée de travail depuis qu'en France le mot *Travail* sert à la désigner – personne ne s'est encore soucié de le traiter. Et nous devons provisoirement nous contenter de faire à peu près ce que dut faire Simiand pour construire les courbes de son histoire des prix : utiliser les données, souvent inexactes, toujours insuffisantes de recueils sans exigences critiques. La courbe aisée, facile et sans rigueur dont nous sommes réduits à nous contenter traduit du moins la tendance – le *trend* [28] comme disent, d'un mot anglais, nos économistes. Et la tendance est nette. Travail, dure loi. Mais rien n'empêchera l'homme de peiner, de lutter pour qu'il devienne, un jour, la douce loi du monde. Déjà il y prend peine. Et s'aide, précisément, des techniques qu'il invente. Des techniques – qu'on a bien raison, on le voit, d'unir pour l'étude et pour les discussions, à la notion même de travail – et à son histoire.

LUCIEN FEBVRE

L'IDÉE DE TRAVAIL DANS LA GRÈCE ARCHAÏQUE[1]

[29] Il m'est réservé, par le programme de cette Journée, de parler de « l'idée de travail dans l'Antiquité ». Le sujet serait immense, disproportionné avec le court délai imparti comme avec le résultat actuel de mes recherches et réflexions personnelles. Plus modeste, mon propos est de m'en tenir à un aspect de ce sujet passionnant. Aspect fort important, d'ailleurs, puisqu'il pose, avec celui des origines de l'idée classique de travail, le problème des formes premières qu'elle revêtit lorsque ceux qu'on peut appeler, par convention, les Indo-Européens donnèrent à la Grèce et au bassin oriental de la Méditerranée leur figure historique, y apportèrent ou y créèrent les bases d'une civilisation dont nous sommes aujourd'hui encore, dans une très large mesure, les héritiers.

Avant leur arrivée, la civilisation dite égéenne avait eu pour centre principal la Crète. Elle s'est développée très brillamment, de façon presque paradoxale, dans une île pauvre, rocheuse, fort peu favorisée par le climat comme par la nature du sol. Les Crétois n'ont pu lui donner cette prospérité et cet éclat qu'en rachetant les désavantages originels de leur pays par l'ingéniosité et l'intensité de leur travail. Tout nous les montre adonnés avec ardeur et succès à l'activité industrielle et commerciale. Les fouilles ont mis au jour, sur de petits îlots parfaitement stériles, comme Mochlos [30] et Pseira, des objets de grand art en matériaux rares et précieux. Leur présence suggère l'existence de populations riches dans des sites déshérités de la nature : cette richesse

---

1 Mon travail de mise au point s'est borné à la rédaction des notes cursives dont je m'étais servi pour ma communication du 23 juin 1941 et à l'adjonction des références lorsque j'évoquais des textes précis. J'ai tenu à ne modifier ni l'organisation générale de mon exposé ni la marque de chaque développement. Il m'a, d'ailleurs, été possible entre temps de reprendre en rendant mon argumentation plus stricte et en l'appuyant sur des textes plus nombreux ; je me permets donc de renvoyer à mon mémoire, intitulé *Hiérarchie du travail et autarcie individuelle dans la Grèce archaïque*, paru dans la *Revue d'histoire de la philosophie et d'histoire générale de la civilisation*, 1943, p. 124-146.

ne pouvait provenir que de l'industrie et du commerce. L'impression est identique à Gournia où, sur un espace très étroit, à l'extrémité d'un éperon rocheux, maisons et ateliers – ceux-ci reconnaissables grâce aux outils et produits divers découverts en place – se pressaient en un extraordinaire entassement. Gournia n'a pas pu vivre de l'exploitation rurale : elle a été un centre industriel ou, plus précisément, en raison de la multiplicité des ateliers, un centre d'industrie artisanale. Il serait aisé de fournir d'autres exemples.

Ces faits conduisent à penser que les Égéens n'ont porté aucune condamnation de principe contre aucune forme du travail humain. Leur civilisation eût difficilement été ce qu'elle fut, s'ils avaient jugé peu honorables pour ceux qui s'y adonnaient l'activité industrielle ou l'activité commerciale. Si cette conclusion n'est pas certaine, puisque, faute de textes, elle s'appuie seulement sur un raisonnement théorique, elle est à coup sûr vraisemblable.

Or, la conception que paraissent impliquer de telles observations ne survit pas, dans le bassin oriental de la Méditerranée, à la civilisation égéenne. À partir de 2000 à peu près et jusqu'aux environs de 1000 avant J.-C., des vagues successives de peuples nouveaux venus du Nord déferlent sur les régions méridionales de la péninsule balkanique, puis, de proche en proche, sur les îles de l'Égée et sur le littoral d'Asie Mineure. Tout d'abord, ces immigrants s'adaptent et ils imitent. Puis, leur nombre croissant, et avec lui le trouble causé par leur passage et leur installation, ils détruisent ou ils transforment profondément. Ainsi disparaissent la civilisation des siècles précédents et certains au moins des principes moraux qui lui servaient de base. Ainsi s'effacent les anciennes idées sur le travail, dont d'autres prennent la place, qui en sont presque l'exact contrepied.

Ce sont ces nouvelles idées, qu'il est légitime de considérer comme l'apport ou la création propre des nouveaux arrivants, que je voudrais tenter de rechercher et de préciser.

[31] Pour cette enquête, nous n'en sommes plus réduits aux données archéologiques, au demeurant peu suggestives en l'occurrence : tombes, châteaux forts, acropoles ceintes d'épaisses murailles, rien là qui trahisse les idées de ces hommes sur le travail. Heureusement, nous possédons

des textes littéraires : avant tout, les poèmes homériques et *Les travaux et les jours* d'Hésiode. On peut discuter sur l'époque exacte où ils ont été rédigés comme sur leur valeur historique. Impossible, au moins dans le principe, de contester l'authenticité des données à la fois sociales et psychologiques qu'ils fournissent. Un poète, quelle que soit sa fantaisie, n'invente pas plus une société qu'une psychologie collective. Il ne modifie ni les cadres humains ni les sentiments qui en sont tout ensemble la cause et l'effet. Les uns et les autres lui apparaissent si intimement liés à la vie quotidienne qu'il a pris l'habitude de les considérer comme liés à l'homme même, à l'homme de tous les temps, et indispensables à l'existence de l'individu et de la collectivité. Suspects en ce qui concerne le récit et l'enchaînement des faits, les agissements et le caractère des personnages individuels, toutes choses où l'imagination déformatrice et créatrice du poète peut s'exercer librement, ces poèmes constituent, pour l'organisation et la psychologie sociales, des documents auxquels l'esprit le plus critique ne peut refuser sa confiance.

Dans les poèmes homériques, il est remarquable et il a été remarqué depuis longtemps que le travail ne se trouve jamais condamné en soi et qu'il n'entraîne jamais la moindre dégradation sociale. Au contraire, les plus grands personnages de la société homérique travaillent de leurs mains, hommes ou femmes, dieux ou mortels. Les textes à cet égard caractéristiques surabondent, bien connus, et il suffira de rappeler brièvement quelques exemples.

Pénélope file et tisse de sa main sa toile interminable ; les déesses Athéna et Circé, la nymphe Calypso ne sont pas moins actives[2]. [32] Nausicaa va laver le linge familial[3] et la plus jeune fille de Nestor sert l'étranger dans le bain qui délasse ses membres[4]. Les prétendants, tout grands seigneurs qu'ils sont, tuent le bétail et fendent le bois[5]. Les fils des chefs surveillent les troupeaux[6]. Laërte, père d'Ulysse, bêche et soigne en personne son jardin[7]. Lorsqu'un prétendant le raille sous

---

2 Pénélope : *Od.*, II, 94 et suiv. ; Athéna : *Il.*, V, 734-735 ; XIV, 178-179 ; Circé : *Od.*, X, 222-223 ; Calypso : *Od.*, V, 61-62 ; il en est de même pour Hélène (*Od.*, IV, 125 et suiv.), Arétè, mère de Nausicaa (VI, 305 et suiv.), etc.

3 *Od.*, VI, 58 et suiv.

4 *Od.*, III, 464-467.

5 *Od.*, I, 108 ; XX, 160-161.

6 *Od.*, XIII, 222-223.

7 *Od.*, XXIV, 226, 242 et suiv. Ulysse feint de le prendre pour un esclave, mais parce qu'il est mal habillé (248 et suiv.), non pas parce qu'il se livre à ces occupations.

sa défroque de mendiant, Ulysse répond par un défi : il faucherait au moins aussi longtemps que lui[8].

Ce sont là, il est vrai, besognes domestiques ou rurales. Mais les tâches artisanales, qui impliquent le maniement expert des outils de l'ouvrier, ne sont pas davantage méprisées. Le forgeron divin Héphaïstos construit la porte de la chambre de sa mère Hèra et forge des trépieds comme les armes d'Achille[9]. En compagnie des meilleurs ouvriers de la Troade, Paris construit sa maison[10]. Ulysse termine en quatre jours son radeau dans l'île de Calypso[11], de même qu'à Ithaque, siège de sa royauté, il avait en personne édifié les murs, posé le toit et la porte de sa chambre conjugale, taillé l'olivier qui sert de montant à son lit, incrusté d'or, d'argent et d'ivoire le cadre sur lequel il avait tendu les courroies de cuir qui donnaient à sa couche la souplesse nécessaire[12]. Assurément, son isolement dans le premier cas et un sentiment de pudeur dans le second expliquent qu'il s'abstienne de toute aide étrangère. Mais l'important, ici comme là, est sa parfaite réussite et l'habileté consommée qu'elle atteste : le poète, manifestement, estime qu'il le rehausse en le montrant excellent bûcheron, charpentier, maçon, tapissier et orfèvre, après l'avoir si souvent montré excellent conseiller et guerrier.

Les preuves sont donc multiples autant qu'irréfutables : le travail manuel sous toutes ses formes, travail du berger, du cultivateur, [33] du jardinier, de l'homme de peine ou de l'artisan, n'a rien de dégradant pour celui ou ceux à qui nous devons l'*Iliade* et l'*Odyssée.*

Pourtant, dans ces mêmes poèmes, les classes socialement inférieures, hiérarchiquement placées très loin de celles des rois, des héros et des guerriers, sont par essence des classes laborieuses. La plus basse, la plus méprisable et méprisée n'est peut-être pas celle des esclaves. Lorsque, dans l'*Odyssée*, Ulysse évoque l'ombre d'Achille, celui-ci déclare[13] que la vie d'un simple *thète* chez le plus indigent laboureur lui paraîtrait préférable à la royauté chez les morts. Ainsi, cherchant le niveau social le plus humble afin de le prendre comme point de comparaison, Achille ne songe pas à l'esclave, mais au thète : c'est dire que celui-ci a un sort

8 *Od.*, XVIII, 366 et suiv.
9 *Il.*, XIV, 166 et suiv. ; XVIII, 373 et suiv. ; 469 et suiv.
10 *Il.*, VI, 313-315.
11 *Od.*, V, 243 et suiv.
12 *Od.*, XXIII, 189 et suiv.
13 *Od.*, XI, 489-490.

plus misérable[14] et un rang plus dégradé. Or, le thète est le mercenaire libre qui loue ses bras à un propriétaire pour une période déterminée[15], par conséquent un type bien défini de travailleur manuel, exactement le travailleur agricole apte à toutes les besognes de la terre, ignorant de tout métier spécialisé.

Au-dessus des thètes et des esclaves se trouvent les *démiurges*, dont les plus nombreux sont les artisans proprement dits. Certains acquièrent parfois une réputation considérable : le poète donne leurs noms, loue leur habileté et signale que les commandes affluent de fort loin à tel ciseleur de boucliers ; il en est qu'il qualifie de « divin », parce qu'il les juge inspirés par les dieux[16]. Il existe donc, dans les classes laborieuses, d'honorables exceptions. Mais ceux-là mêmes qui en bénéficient demeurent situés, dans l'échelle sociale, largement au-dessous des guerriers ; ils vivent en subalternes dans la maison du roi ou du noble à l'appel duquel ils répondent en apportant leurs outils, qui leur confie la matière première et dont ils exécutent les commandes[17]. Tous les membres des classes laborieuses sont donc frappés de dégradation sociale.

[34] Pourquoi ? Les explications les plus simples, auxquelles on est porté à songer aussitôt, se heurtent aux observations faites précédemment sur la vie des protagonistes de la société homérique. Cette dégradation n'a évidemment pas pour origine le fait même du travail, puisque dieux et déesses, rois et grands ainsi que leurs femmes et leurs filles travaillent à l'occasion. Elle ne provient pas davantage de la nature des travaux accomplis, puisqu'aucune des besognes manuelles du paysan ou de l'artisan n'apparaît indigne de ces grands personnages. Il faut donc rechercher une distinction plus subtile et, à cette fin, pousser plus avant l'étude des vieux textes.

Que disent les poèmes homériques du commerce, forme du travail humain qu'un moderne ne saurait négliger, et que pensent-ils du commerçant ? L'enquête, à cet égard, demeure vaine pour l'*Iliade*, ce qui ne cause aucune surprise étant donné l'action et le genre du poème. La lecture de l'*Odyssée* se révèle plus instructive.

---

14 Au moins certains esclaves atteignent à l'aisance : ainsi, Eumée (*Od.*, XIV, 22 et suiv., 63 et suiv., 373-374, 452, etc.).

15 *Il.*, V, 500 ; XVIII, 550 ; XXI, 257, 313-314, 444 ; XXIII, 835 ; *Od.*, X, 84 ; XVIII, 357 et suiv.

16 *Il.*, V, 59-61 ; VII, 220 et suiv. ; XV, 411 et suiv. ; XXIII, 85 ; *Od.*, III, 425 ; VI, 232-234 ; VIII, 373 ; XVII, 382-386 ; XIX, 56-57.

17 Par exemple, le doreur Laerkès chez Nestor : *Od.*, III, 425 et suiv.

Dès l'abord, il est digne de remarque que l'activité commerciale tienne une très faible place dans la vie grecque proprement dite. Sans doute, le poète en comprend l'utilité : il la juge indispensable pour que les hommes mettent en valeur les ressources naturelles du pays qu'ils occupent[18]. Mais les villes homériques sont dépourvues de marché ; leur place publique ou *agora* sert à des fins uniquement politiques, pour la réunion des assemblées, et non pas mercantiles. Les vrais commerçants sont des étrangers, des Phéniciens[19]. Eux-mêmes saisissent, dès qu'ils le peuvent, l'occasion d'un enlèvement afin de se procurer des esclaves[20] et leur honnêteté n'est mentionnée que de façon exceptionnelle[21]. Quant aux Grecs, ils pratiquent principalement, sur mer, la violence, c'est-à-dire la piraterie. Le sage Nestor et le Cyclope Polyphème demandent très naturellement à des inconnus débarqués de leurs vaisseaux s'ils sont des pirates[22] ; Thucydide, déjà, en tire très justement la conclusion que, dans l'esprit du poète, « ceux qu'on interroge ne considèrent pas cette [35] profession comme indigne et ceux qui marquent cette curiosité ne les insultent pas[23] ». Les Phéaciens de Schérie sont présentés par excellence comme des marins pacifiques[24]. Or, ils procèdent à des razzias en pays grec et leur souverain Alkinoos possède une esclave qu'il a reçue pour sa part du butin fait en Épire[25]. Bien plus, si on les voit cultiver leurs champs et soigner leurs arbres fruitiers[26], aucune mention ne se rencontre jamais de leur activité commerciale ; leurs navires ne servent, semble-t-il, qu'à ces raids en territoire étranger et au rapatriement des naufragés[27]. Dans toute l'*Odyssée*, des Grecs quels qu'ils soient ne se livrent que très rarement à des actes proprement commerciaux et jamais ils ne se consacrent entièrement ni durablement à ces opérations[28].

18 IX, 125 et suiv.
19 XV, 415-416 ; *cf.* XIII, 272 ; XIV, 287 et suiv.
20 XIV, 297 ; XV, 445 et suiv.
21 XIII, 272 et suiv.
22 III, 72-74 ; IX, 252-254.
23 Thuc., I, 5, 2.
24 Surtout, VI, 270-272.
25 VII, 8 et suiv.
26 VI, 259 ; 292-293 ; VII, 113 et suiv.
27 VII, 190 et suiv. ; VIII, 556 et suiv. ; XIII, 151, 173 et suiv.
28 I, 180 et suiv. (mais *cf.* XIV, 452 ; XV, 427 ; XVI, 426) ; IV, 125 et suiv., 351 (mais *cf.* 81 et suiv., surtout 90) ; XIV, 334-335 (bien peu clair).

Mais le commerce ne représente pas seulement, pour les marins grecs de l'épopée, une activité secondaire, accidentelle, étroitement limitée dans l'espace et dans le temps comme dans l'attention qu'ils lui accordent. Il est en outre – et ces deux caractères allant de pair s'expliquent évidemment l'un par l'autre – une activité méprisée. Dans cette île paisible de Schérie qu'on voudrait particulièrement adonnée à la vie maritime, voici en quels termes un Phéacien apostrophe Ulysse qui hésite à participer aux jeux : « Si jamais, sur les bancs d'un vaisseau, tu montas, ce fut pour commander des marins au commerce, noter la cargaison ou surveiller le fret et vos gains de voleurs... Mais un athlète, toi[29] ! » La phrase est prononcée et reçue comme une injure. Elle implique l'indignité du commerçant, auquel on reproche, comme un signe de bassesse d'âme, une avidité qui paraîtrait normale et légitime chez un chef de pirates. L'idéal du poète et de ses contemporains est assurément autre.

Ouvrons maintenant Hésiode, qui compose *Les travaux et les jours* plus tard que n'ont été composés les poèmes homériques, contemporain par conséquent et pour nous témoin révélateur d'une [36] civilisation plus évoluée que la civilisation homérique. Sur certains points, il rend un son nouveau ; sur l'essentiel, pourtant, les opinions concordent.

Il prêche la nécessité du travail avec une insistance, une obstination inlassables[30]. Il affirme avec force qu'« il n'y a pas d'opprobre à travailler ; l'opprobre est de ne rien faire[31] ». Mais le travail ne possède à ses yeux aucune vertu intrinsèque. Son unique mérite, qui le rend indispensable, est que seul il peut assurer la nourriture de l'homme depuis que les dieux irrités ont privé celui-ci de leurs anciennes faveurs[32]. À l'âge d'or, les hommes en étaient dispensés ; les hommes actuels, à l'âge de fer, doivent travailler s'ils veulent vivre[33]. Le travail est donc simplement un mal inévitable aux yeux d'Hésiode, qui n'ajoute en l'espèce à Homère aucune idée nouvelle réellement riche d'un sens moral profond.

29 VIII, 161-164 (trad. V. Bérard).

30 *Tr.*, 42-44, 299 et suiv., 382, 396-397, 411, 498-499.

31 311 (trad. P. Mazon, coll. Budé).

32 C'est le mythe de Pandore, créée sur l'ordre de Zeus irrité des bienfaits de Prométhée aux hommes : 42 et suiv.

33 Sur le mythe des âges, qui explique la décadence progressive de l'humanité, *cf.* 106 et suiv.

Au reste, en prêchant le travail, c'est principalement à son frère Persès[34], paresseux et chicanier qui veut vivre aux dépens d'autrui, qu'il s'adresse[35]. Il entend le conseiller pour lui permettre de vivre honorablement, en évitant la misère. Aussi les conseils qu'il lui donne présentent-ils un intérêt particulier pour notre enquête : le degré d'honorabilité qu'il reconnaît à telle ou telle activité laborieuse détermine à coup sûr l'ardeur plus ou moins grande qu'il apporte à guider vers elle le malheureux proche de la déchéance.

Comment, dans ces conditions, ne pas être frappé du fait qu'il ne lui parle jamais de l'exercice permanent d'une profession artisanale ? Abstention certainement volontaire, car des artisans existent de son temps[36] comme dans la société homérique. Les besognes qu'ils accomplissent ne sont pas en soi dégradantes, puisque le paysan-propriétaire doit savoir, comme eux, manier les outils, abattre les arbres où tailler le mortier et le pilon qui [37] serviront au broyage du grain, découper un maillet, les morceaux d'une roue, les pièces d'une charrue[37]. L'unique différence se trouve dans la permanence ou au moins la durée de ces tâches : voilà pourquoi Hésiode ne recommande pas à Persès de se faire artisan.

Il parle, au contraire, du commerce maritime avec une relative abondance ; le commerce n'est point, comme l'artisanat, noté d'infamie *a priori* et par prétérition. Reste à préciser quel commerce. Uniquement celui que peut exercer le paysan-propriétaire dans l'intervalle des périodes de gros travaux agricoles. La période la plus favorable à la navigation correspond, pendant les mois d'août et septembre, à l'accalmie du labeur rural entre le dépiquage du blé et les vendanges[38]. Il faut rentrer chez soi au plus tard pour la fin d'octobre, à la veille des semailles : « C'est le moment où bouillonnent les souffles de tous les vents ; c'est donc le moment aussi, souviens-t-en, de ne plus diriger de vaisseaux sur la mer vineuse, mais de travailler la terre, ainsi que je t'y engage[39]. » Non moins significative apparaît la nature de la cargaison : « Ne mets pas dans un vaisseau creux tout ce qui te fait vivre ; laisse à terre la plus

34 10, 27, 213, etc.
35 33 et suiv., 396 et suiv.
36 25, 430, 493, 807.
37 422 et suiv.
38 663 et suiv., rapprochés de 598-611.
39 621-623 (trad. P. Mazon).

grande part, embarque la plus petite[40]. » Nulle part, d'ailleurs, ne se rencontre la moindre allusion à l'achat de cette cargaison. Elle ne s'achète point, parce qu'elle est évidemment faite du surcroît de sa récolte dont le paysan, commerçant d'occasion, n'a point besoin pour se nourrir ainsi que ceux qui vivent sous son toit. Aucune trace, nulle part, d'un trafic moins rudimentaire[41]. Ce commerce est par conséquent le seul qui puisse sauvegarder la dignité de l'homme qui s'y livre.

Même sous cette forme, pourtant, il bénéficie seulement d'une tolérance réticente. Hésiode déclare expressément que, s'il a traversé le bras de mer qui sépare la Béotie de l'Eubée, il n'a jamais fait la moindre navigation importante[42]. Ces opérations, si limitées, [38] de vente ou de troc, il les laisse à d'autres et ne prend pas sur lui de les recommander à Persès. Libre à celui-ci d'y recourir, s'il n'a plus, par sa faute, d'autre ressource : « Si tu veux tourner vers le commerce ton cœur léger, échapper aux dettes et à la faim amère, je t'enseignerai les lois de la mer retentissante[43]. » Voilà qui ne respire pas l'enthousiasme. De fait, seul le courroux de la divinité contraint les hommes à naviguer, ce que peuvent éviter les peuples justes : « Ils s'épanouissent en prospérités, sans fin ; et ils ne partent point en mer, le sol fertile leur offrant des moissons[44]. »

Tous ces textes le montrent sans conteste : l'idéal d'Hésiode est la vie agricole. Non pas celle du grand propriétaire, dont il ne parle jamais parce que ce serait narguer son frère endetté. Mais celle du paysan moyen qui ne ménage pas sa peine sur son domaine et mène une existence économe, aidé d'une esclave et d'un bœuf de labour[45]. Le rêve de ce sage est de n'avoir à faire appel à personne. Il fabriquera donc lui-même tout ce dont il a besoin et qu'il est en mesure de fabriquer. Il vivra de ses récoltes, soigneusement conservées[46] : solliciter autrui risque de faire éprouver

---

40 689-690 ; le sens du mot βίοτος n'est pas douteux : *cf.* 301, 307, 476, 499 ; *cf.* aussi βίος en 31, 42, 232, 501, 577, 601, 634.

41 Les vers 643-645 constituent une amplification dont on ne peut rien tirer. Le père d'Hésiode n'a pas possédé plusieurs navires : le pluriel du vers 634 équivaut à celui du vers 689 (*contra*, P. Mazon, p. VII et n. 2).

42 650-651.

43 646-648 (trad. P. Mazon). De même, c'est « faute d'aisance » que leur père naviguait (634).

44 236-237 (trad. P. Mazon).

45 Avec une maison et les instruments nécessaires au travail, c'est là, pour lui, l'indispensable : 405-407.

46 363-365, 475-477.

des rebuffades[47]. Ce qu'il n'utilise point, il conviendra, si sa prudence lui a fait éviter les dettes qui le contraindraient à en commercer, de le donner à ses voisins et à ses amis, dont l'obligeance pourra un jour lui être utile[48].

Qu'est-ce à dire sinon que, pour Hésiode, la supériorité, la prééminente dignité de la vie agricole proviennent de ce que, seule, elle peut assurer l'indépendance à l'homme ?

Sans doute n'est-il pas trop hardi de penser que cette préférence d'Hésiode fournit aisément l'unique explication acceptable de toutes les observations précédentes sur l'idée de travail et ses [39] effets sociaux dans la Grèce archaïque. Il arrive que le travail provoque le mépris. Mais celui-ci ne découle ni du fait, ni de la nature du travail. Il existe seulement si, à l'occasion et à cause du travail accompli, l'exécutant se trouve dépendre, momentanément ou de façon permanente, du bénéficiaire. Confrontons cette interprétation avec les faits : nous l'y trouverons parfaitement adéquate.

Que les esclaves constituent une classe socialement inférieure, nul n'en sera surpris : l'esclave, chose de son maître, n'est pas libre. Que les thètes rivalisent d'indignité avec eux, la chose va également de soi : eux non plus ne sont pas libres, puisqu'ils aliènent leur liberté pendant le temps pour lequel ils louent leurs services ; bien plus – et voici qui rend compte de la parole d'Achille –, c'est volontairement qu'ils agissent de la sorte, alors que les hasards de la naissance, du rapt ou de la guerre expliquent l'asservissement de l'esclave.

Le cas des démiurges n'est un peu moins simple qu'en apparence. Car les médecins, les devins, les chanteurs, les hérauts sont classés parmi les démiurges, en même temps que les artisans[49]. Le nom signifie étymologiquement « qui travaillent pour le dèmos », c'est-à-dire pour le public. Psychologiquement, la notion de travail ne semble pas être demeurée la notion fondamentale. Les mendiants doivent sans doute, eux aussi, être rangés parmi les démiurges[50]. De toute façon, même réduits aux artisans et à ceux qui exercent ce que nous appellerions aujourd'hui des professions libérales, le seul trait commun des démiurges est de devoir

47 394-395, 399 et suiv., 408-409, 477-478.

48 342 et suiv., 361 et suiv., 477-478.

49 *Od.*, XVII, 383 ; XIX, 135 ; Hés., *Tr.*, 25-26.

50 Hés., *Tr.*, 25-26 ; *Od.*, XIX, 134-135 ; mais *cf.* *Od.*, XVII, 387.

à autrui leurs moyens d'existence, de recevoir d'autrui nourriture, vêtements ou objets mobiliers, donc de vivre grâce aux dons d'autrui, dus à la reconnaissance, sinon à la pitié, éprouvée par autrui ou obtenus en compensation du travail accompli pour le compte et sur l'ordre d'autrui.

Ainsi, esclaves, thètes et démiurges peuvent fort bien mener une vie moins pénible et même souvent plus confortable que le petit propriétaire. Celui-ci, du moins, demeure son propre maître, libre de ses mouvements et de son travail, tandis que, pour la [40] satisfaction des besoins essentiels de leur existence matérielle, ils se trouvent placés sous la dépendance d'autres hommes, soumis à leurs caprices et à leurs bonnes grâces.

Ainsi, de même, rois, nobles et propriétaires libres peuvent accomplir des besognes manuelles, de pasteur, de cultivateur, de manœuvre ou d'artisan. L'important, qui les différencie des membres des classes inférieures, est qu'ils réalisent ces tâches soit pour leur usage personnel, soit pour se distraire ou affirmer leur habileté, soit pour obliger gratuitement autrui, donc sans pensée de vente ou de troc, sans discussion préalable ou postérieure d'une compensation attendue. Ce qu'ils ont fait volontairement un jour, nul besoin ou nulle fantaisie d'un autre qu'eux-mêmes ne pourra les amener à le refaire.

Ainsi, enfin, le vrai commerce, en réalité l'activité maritime dans la mesure où elle n'est pas piraterie, c'est-à-dire acte de violence et de guerre, n'attire personne de son plein gré, n'éveille que mépris ou au moins ne rencontre jamais approbation spontanée ni entière. L'essence du commerce est, en effet, de placer le vendeur en face de l'acheteur et de faire dépendre le gain de celui-là des besoins ou des caprices de celui-ci. Le petit paysan d'Hésiode, contraint par le malheur, négocie le surplus de sa récolte : du moins ne se livre-t-il qu'à des transactions peu nombreuses, sinon à une transaction unique ; du moins, aussi, ne tire-t-il d'elles que des ressources d'appoint et n'a-t-il affaire qu'avec lui-même dans son activité principale.

La société grecque archaïque est donc construite en fonction d'un idéal d'autarcie individuelle ou familiale : dans la mesure où un groupe professionnel atteint cet idéal ou simplement s'en approche, il occupe un degré plus élevé de la hiérarchie sociale.

Puisqu'une telle conception ne semble pas avoir pu être celle des Égéens, il convient de se demander quelles sont ses origines.

On pourrait être tenté de parler d'origines raciales, en enlevant d'ailleurs à l'épithète toute valeur systématique. Impossible, en effet, de ne pas mettre l'apparition de cette idée en relation [41] avec l'arrivée des Indo-Européens en pays hellénique : elle constitue un de leurs apports, au même titre que l'emploi du fer ou que le type architectural du *mégaron*. Mais cette constatation ne mène à rien. L'apport du fer implique le séjour antérieur dans une région dotée de minerai ; celui du *mégaron*, l'habitude prise d'un climat autre que le climat méditerranéen. Au contraire, l'idéal d'autarcie individuelle échappe à d'analogues explications matérielles, faute de précisions sur le berceau originel et les conditions de vie antérieures des Indo-Européens.

Bornons-nous donc aux seules origines saisissables, sinon avec certitude, du moins avec vraisemblance, les origines psychologiques : quelle conception de l'homme dans ses relations avec les autres hommes cet idéal postule-t-il ?

Il a pour base, partiellement, un souci de moralité : dépendre d'autrui pour la satisfaction des besoins essentiels de la vie entraîne à peu près fatalement le désir de ruser, de tromper et de voler. L'esclave et le thète volent leur maître ou leur patron en paressant, c'est-à-dire en lui dérobant une part de leur force physique. Le mendiant exploite la pitié et en profite pour vivre dans l'oisiveté. Le démiurge est tenté de détourner une partie de la matière première qui lui est remise pour accomplir la besogne commandée ou d'estimer à trop haut prix sa peine, son habileté et sa réputation. Le commerçant cherche presque fatalement à tromper celui auquel il achète ou revend. Tout travailleur vivant de son travail doit conserver une singulière force d'âme pour demeurer entièrement et constamment honnête ; son intérêt personnel livre à son sens moral un assaut incessant. Certes on n'exagérera pas l'efficacité pratique de tels scrupules ; la tromperie n'apparaît pas dégradante aux Grecs de l'épopée homérique et on sait assez qu'Ulysse « aux mille tours » tire gloire de ses mensonges et de ses ruses. Mais en tirer gloire, victoire et salut se situe sur un plan autre et plus honorable qu'en tirer profit matériel. Le désir de sauvegarder un minimum de dignité morale a donc dû conduire les Grecs archaïques à un idéal qui les soustrayait à toute tentation.

La plus sérieuse explication psychologique se trouve pourtant, à coup sûr, dans un souci de véritable et entière liberté. Les Grecs de cette époque ont eu la conviction que, pour se sentir totalement [42] seul maître de soi-même, l'homme doit être capable, à tout instant et en toute circonstance, d'échapper au bon plaisir d'autrui. L'indépendance économique, conçue à l'échelle de l'individu et de sa famille, leur est apparue comme une condition de l'indépendance personnelle et l'autarcie individuelle comme l'unique base solide, le fondement indispensable d'une liberté qui conserve à l'homme toute sa dignité. Réduite au plan individuel, cette notion présente assurément des analogies avec celle d'autarcie nationale que le monde contemporain nous a rendue familière. Mais des analogies plus apparentes que réelles. Il ne s'agit pas, en effet, comme pour les États d'aujourd'hui, de sauvegarder une liberté d'action politique et militaire qui, *mutatis mutandis*, trouverait son équivalent dans la liberté, que possédait incontestablement le démiurge homérique même dépourvu de large réputation[51], de se déplacer à sa guise, de défendre ses intérêts et de résister aux mauvais traitements. Ce qui se trouve en cause, bien plutôt, c'est la liberté morale, avec le sentiment de plénitude et la confiance intime qu'elle procure, la saine fierté qu'inspire à l'égard de tous la certitude de ne jamais avoir à faire figure d'inférieur.

Cet idéal n'a pas entièrement disparu chez certains penseurs grecs de l'époque classique. Aristote écrit encore : « La cité organisée au mieux ne fera pas de l'artisan un citoyen… La qualité de citoyen n'appartient pas à tous les hommes libres, du seul fait qu'ils sont libres ; elle appartient à ceux qui ne travaillent pas nécessairement pour vivre. Ceux qui travaillent nécessairement pour un seul homme sont esclaves ; pour le public, ouvriers et thètes[52]. » Et ailleurs : « On doit considérer comme occupations d'ouvrier même un art ou une science, du moment qu'ils sont complètement inutiles pour former le corps, l'âme ou l'esprit des hommes libres aux actes et à la pratique de la vertu. Nous appelons aussi de ce nom… [43] toutes les tâches rétribuées, car elles ne laissent à la pensée ni liberté ni élévation… La grande différence consiste dans l'intention qui guide le travail… Il n'est pas indigne d'un homme libre de faire une chose pour soi ou pour ses amis ou par vertu ; celui qui ferait

51 Il suffit de songer à la liberté d'allures et de paroles d'Ulysse travesti en mendiant devant les prétendants, indépendamment même de la protection que lui assure Télémaque.

52 *Pol.*, III, 3, 2-3.

souvent la même besogne pour des étrangers paraîtrait agir en thète ou en esclave[53]. » La persistance de l'idéal ancien ne saurait donc être niée.

Néanmoins, dans la Grèce classique et à Rome, un autre critérium sert couramment à distinguer le travail honorable du travail méprisé : les éloges sont réservés au travail agricole, alors qu'une condamnation à peu près unanime frappe le travail artisanal ou commercial.

L'évolution militaire et sociale explique partiellement cette évolution morale. L'art de la guerre s'est perfectionné et, en plusieurs régions du monde grec, les forts, c'est-à-dire les guerriers, ont accru leur domination sur les faibles : grâce à leur lance et à leur épée[54], ils les ont contraints à travailler pour eux, se consacrant eux-mêmes uniquement aux exercices physiques et aux combats. Il s'ensuivit que le travail fut méprisé en soi, mais aussi que le travail agricole, dans une certaine mesure du moins, et surtout la direction d'une exploitation agricole échappèrent à cette condamnation sommaire, parce que la propriété foncière permet seule d'élever les chevaux indispensables à l'homme de guerre à un certain stade de l'évolution militaire. À un autre stade, la primauté passe, il est vrai, au fantassin. Mais c'est alors un lieu commun évidemment fondé sur l'expérience, en Grèce comme dans la Rome républicaine, que la classe des paysans-propriétaires fournit les meilleurs fantassins. L'exercice habituel des travaux agricoles entretient leur vigueur physique. Ils sont, en outre, des soldats plus tenaces et prêts à affronter plus virilement les périls, parce qu'ils ont conscience de défendre, avec les intérêts de leur patrie, leurs biens propres qu'ils chercheraient vainement à dérober à la rapacité ou à la rage destructrice de l'ennemi. À l'appui de ce raisonnement, deux citations suffiront. L'une, de Xénophon, [44] aussi formelle qu'on peut le souhaiter : « Ces biens si abondants qu'offre la terre, elle ne permet pas à la mollesse de les prendre, mais elle accoutume à endurer les froids de l'hiver et les chaleurs de l'été. En exerçant ceux qui travaillent de leurs mains, elle augmente leur vigueur ; quant à ceux qui surveillent les travaux, elle les trempe virilement, en les éveillant de bon matin et en leur faisant faire de longues marches… La terre pousse aussi les cultivateurs à défendre leur pays les armes à la main, parce que ses fruits, poussant en pleins champs, sont à la disposition du plus fort[55]. » L'autre,

53 *Pol.*, V (VIII), 2, 1-2.

54 *Cf.* les vers d'Hybrias de Crète dans Athénée, XV, 50.

55 Xén., *Écon.*, V, 4 et 7 (trad. P. Chambry, coll. Garnier) ; *cf.* également VI, 6.

de Caton l'Ancien, qui affirme : « Les paysans engendrent les hommes les plus courageux et les soldats les plus actifs[56]. » Cette évolution n'a donc abouti qu'à renforcer la primauté morale du propriétaire agricole.

Mais, en réalité, l'opposition entre la conception archaïque et la conception classique se résout en une harmonie profonde si, sous les adaptations pratiques, variables avec le temps et les conditions économiques, on recherche l'idéal sous-jacent qu'elles se bornent à traduire. Au vrai, cet idéal n'a pas changé ; il demeure celui de l'autarcie individuelle, fondement de la liberté personnelle. En effet, la vie agricole permet plus que tout autre de l'atteindre ou de l'approcher. En combien de régions, de nos jours encore, le paysan ne rêve-t-il pas de satisfaire lui-même, sur son domaine et par son seul travail, à tous ses besoins essentiels ? Ce rêve va directement à l'encontre de l'évolution de la technique moderne. Il n'importe. Même lorsqu'une crise violente, comme celle que nous subissons actuellement, ne lui rend pas sa force en faisant de lui une dure nécessité, il subsiste, latent, aspiration immuable de l'âme paysanne en ce qu'elle a d'éternel. Il faut bien, pour demeurer aussi vivace, qu'il n'apparaisse pas illusoire : de fait, il s'est avéré pendant longtemps, il s'avère encore, en certains lieux et quelques produits industriels mis à part, réalisable avec le minimum de concessions.

Au contraire, les progrès de la technique ont de plus en plus réservé à l'ouvrier expert les besognes que la femme accomplissait [45] dans la paix du gynécée ou pour lesquelles l'homme simplement habile rivalisait avec l'artisan. Le travail non-négocié, primitivement pratiqué dans le cadre autonome de la maison familiale, est à la fois devenu et apparu trop long, trop malaisé, économiquement trop coûteux pour un résultat médiocre. Il a donc disparu, absorbé par le travail artisanal, et le discrédit unanime, dont celui-ci était atteint conjointement avec l'activité commerciale, a frappé non plus les conditions, mais tous les objets de ce travail.

Si donc la conception de l'époque classique, moulée sur une réalité différente, revêt un aspect nouveau, elle dérive du même idéal que la conception de l'époque archaïque.

Il faudra attendre la diffusion de certaines doctrines philosophiques, dont la plus importante, en l'espèce, serait le stoïcisme, ainsi que les progrès du christianisme et son triomphe final pour constater l'apport

56 Caton, *De agri cult.*, *Pr.*, 4.

d'idées vraiment nouvelles. Mais l'antique idéal ne semble pas avoir, pour autant, jamais été entièrement oublié : ne pourrait-on en retrouver une survivance ou, si l'on préfère, une renaissance dans la notion de « dérogeance » qui commandait l'activité de la noblesse dans l'ancienne France ?

André Aymard

DISCUSSION

[46] M. le comte Bégouën. – J'ai été profondément intéressé par le bel exposé de M. Aymard. Je lui ferai simplement un petit reproche : dans la conception de la Journée d'aujourd'hui, ne s'occupe-t-on pas plus du métier que du travail lui-même ?

L'idée de travail qui a pris naissance dès le début de la préhistoire a été, je crois, une idée tout à fait différente, parce qu'il y avait le travail domestique, comme actuellement la ménagère n'est pas à proprement parler une travailleuse ; elle n'a pas de *métier*, mais elle fait un travail utile, indispensable même.

J'aurais voulu qu'il y eût, dans cette Journée, une étude ayant trait à la psychologie de la période où l'homme a commencé à se rendre compte qu'il n'était pas uniquement nu sur la terre, qu'il fallait qu'il se vête, se nourrisse, et par conséquent discipline son travail personnel, et non pas un travail de métier.

Mais cela dit, je remercie encore une fois M. Aymard de ce qu'il a fort bien dit sur une époque où le travail avait en quelque sorte cessé d'être un fait individuel pour devenir social.

M. Friedmann. – En terminant son exposé, M. Aymard a recherché quelles pouvaient être les origines de la dévalorisation du travail, qu'il a d'ailleurs nuancée, et il les a trouvées dans une explication de caractère psychologique et moral : la conception que l'Antiquité se faisait de l'homme libre.

Loin de moi la pensée, dans ces problèmes infiniment complexes, de méconnaître les inter-relations, et singulièrement la part des idées philosophiques et morales. Il n'est pas douteux que celle-ci, dans l'Antiquité, est considérable. On pourrait, à ce qui vient d'en être dit, ajouter l'opposition faite par tant de philosophes entre l'esprit et la matière ; chez Platon, par exemple, l'esprit, c'est l'idée, c'est ce qui est achevé ; la matière, c'est ce qui n'est pas achevé, et qui est mis au bas de l'échelle des valeurs.

Impossible de méconnaître cette orientation intellectuelle. Mais la question qu'on peut se poser est de savoir si on peut séparer des conditions sociales l'étude de cette dévalorisation du travail dans l'Antiquité.

Je veux signaler quelques exemples :

L'un est celui que M. Marc Bloch a développé dans son bel article sur *Le moulin à eau.* M. Marc Bloch a montré, en s'appuyant sur une documentation solide, que le moulin à eau, en tant qu'invention, était à la disposition du monde gréco-romain dès le début de l'ère chrétienne. Les civilisations gréco-romaines, grandes mangeuses de farine, avaient à leur disposition cette remarquable machine, et cependant l'expansion proprement dite de [47] cette technique est médiévale, et c'est seulement vers le Xe siècle qu'elle se répand effectivement. On ne trouve, avant le VIe siècle, que de très rares mentions, dans les inscriptions, de cette invention.

Pourquoi ce « décalage » ? Parce que la main-d'œuvre servile était extrêmement abondante, parce que l'Antiquité est une économie servile. Certains mots sont révélateurs, comme celui de Vespasien à un inventeur qui lui proposait une machine qui aurait permis de monter les pierres de taille au Capitole : « Laissez-moi, dit l'Empereur en refusant l'invention, nourrir le petit peuple. »

Cette parole implique que la nécessité sociale de ces inventions ne se faisait pas sentir. C'est seulement vers la fin de l'Empire, alors que la main-d'œuvre servile avait diminué, qu'on essaya de suppléer aux esclaves d'abord par les condamnés – c'est ce que fit Constantin – puis par des machines telles que le moulin à eau.

J'ai voulu simplement rappeler un exemple de « décalage », et me demander si, dans une économie servile où le travail est tellement abondant et où il est accompli par les esclaves, il n'y a pas un retentissement de ces conditions sur la valeur morale elle-même du travail. La question est : en étudiant la valeur de l'idée de travail dans l'Antiquité, ne doit-on pas mettre en relation la valeur accordée au travail par la société avec la place que le travail occupe concrètement dans la société ?

Qu'on m'excuse de sauter dix-sept siècles : à la fin du XVIIe siècle, il s'est produit un décalage très remarquable, dont les historiens ont amorcé l'étude détaillée.

À cette époque, en Europe occidentale, on observe l'apparition d'un ensemble d'inventions (considérées par les techniciens comme déjà tout à fait pratiques) concernant la machine à vapeur : telles que celles de Ramsay, de Savery, du marquis de Worcester, de Papin, etc.

Ces inventions tombent dans un milieu qui n'est pas préparé, pour toutes sortes de raisons, à les recevoir : absence de débouchés, développement économique encore insuffisant, multiplication des barrières douanières, etc. Ces inventions ne sont appliquées pratiquement, ne prennent une extension réelle dans l'économie qu'un siècle plus tard en Angleterre et même (comme l'ont montré Paul Mantoux et Charles Ballot) cent vingt-cinq années plus tard, en France.

Voilà un autre exemple de « décalage » qui va dans le même sens que le précédent.

Il semble donc légitime de se demander si à la fois le développement de la technique et les idées sur la technique (la valeur morale du travail) ne sont pas à mettre en relation, à une époque donnée, avec les conditions sociales.

M. Aymard. – Il est certain que la présence des esclaves a créé pour le travail des conditions générales très différentes de celles que nous pouvons imaginer.

[48] Le cas du moulin à eau n'est pas le seul qu'on puisse citer : bien d'autres exemples peuvent être invoqués dans le même sens.

Je suis d'autant plus enclin à le reconnaître que la première forme que j'ai donnée aux idées exposées aujourd'hui, l'avait été dans une séance de la Société de Philosophie à la suite d'une communication de M. Schuhl qui venait de publier son livre sur *Le Machinisme*. Il avait posé la question : pourquoi l'Antiquité n'a-t-elle pas développé le machinisme qu'elle avait, semble-t-il, à portée de sa main ? Il cite, en effet, dans son petit livre, de nombreux principes découverts par les philosophes et les savants antiques et demeurés inutilisés : ainsi la machine de Héron que Jean-Jacques Rousseau, lorsqu'il eut quitté Genève, allait montrant dans les villages et qui est une machine antique.

Indiscutablement, l'existence des esclaves contribue à expliquer cette renonciation au développement de certaines inventions ; mais elle n'est pas seule à l'expliquer et je le fis remarquer après la communication de M. Schuhl. Les causes sont évidemment très nombreuses et très complexes. Les observations que j'ai apportées me semblent contenir également une part d'explication.

Il y a eu dans l'Antiquité une dévalorisation de l'idée de travail. Certains auraient pu mettre au point les inventions dont on avait découvert le principe ; ils seraient parvenus, après une série de tâtonnements, à les adapter, à les réaliser sous une forme pratique. Ils ne l'ont pas fait.

Quand Archimède s'est servi de certaines inventions, ce fut pour défendre sa patrie et non pour produire plus avec un effort moindre.

Les philosophes et les savants – et c'étaient les mêmes hommes – ont été freinés dans la voie où ils auraient pu s'engager, parce que, ce faisant, ils se seraient adonnés à une activité non noble, dégradante ; ils auraient produit en plus grande quantité, et cette production plus abondante ne pouvait servir que pour la vente au public.

C'est une des explications qui, je crois, doivent se joindre à celle que vous avez apportée.

Les causes sont multiples ; l'existence de l'esclavage en est certainement une, mais seulement une.

M. Marc Bloch. – Une observation sur les derniers mots de M. Aymard.

Vous venez de nous dire qu'Archimède n'a pas développé ses inventions, ne les a pas rendues tout à fait pratiques, par une espèce d'honorable souci de ne pas gagner d'argent.

Oui. Mais était-il nécessaire que ce fût Archimède qui tirât lui-même parti de ce qu'il avait trouvé ? N'avons-nous pas connu, dans des sociétés plus proches de nous, des savants qui n'ont pas développé dans le sens technique leurs inventions, mais ont trouvé autour d'eux, pour les utiliser, des hommes moins au-dessus du gain ?

Or, dans le monde grec auquel appartenait Archimède – que je prends comme symbole – dans le monde grec d'Athènes, par exemple, de la période [49] postérieure à la guerre du Péloponnèse, est-ce qu'il n'y avait pas beaucoup de gens qui cherchaient à gagner de l'argent ? est-ce qu'il n'y avait pas des ateliers ? Je crois me souvenir du père de Démosthène. Son industrie n'était pas une bien grande industrie. C'était tout de même une entreprise qui travaillait pour le commerce.

L'explication que vous venez de donner est totale.

M. Aymard. – Je ne prétends nullement qu'elle soit totale. J'ai prétendu introduire une explication à côté des autres. Il manquait des débouchés à une production plus active. On satisfaisait tous les besoins, au moins pour l'époque classique de l'histoire grecque. À l'époque romaine, les besoins n'ont plus été satisfaits, surtout à partir d'un certain moment. On aurait pu faire appel aux machines, on ne l'a pas fait. Pourquoi ? Il faut chercher des explications dans des directions multiples, état de la technique, état de la société, idées généralement admises, etc.

M. MARC BLOCH. – Je suis persuadé que l'esclavage n'explique pas tout. Mais là on se heurte à des problèmes de psychologie collective qui nous paraissent encore assez obscurs, en particulier ceux d'interpénétration des différentes classes.

Est-ce que les gens qui spéculaient étaient en contact suffisant avec les gens qui fabriquaient pour que l'intérêt pratique de la spéculation leur apparût ?

Il y a là un problème de contact entre les groupes sociaux : problème qui me semble un des plus importants que pose l'histoire des inventions. J'en dirai un mot cet après-midi. Je me hâte donc de me taire.

M. RAPHAËL. – Dans l'explication qu'il a donnée de la dévalorisation du travail commercial à l'époque homérique par rapport à l'époque égéenne, M. Aymard a indiqué les causes raciales. Mais n'y aurait-il pas plus simplement l'idée suivante : c'est que, par suite des invasions, on a vu la substitution d'une civilisation, si j'ose m'exprimer ainsi, militaire, à une civilisation commerciale, et par conséquent, par suite de l'état social, ne faudrait-il pas chercher une explication en dehors des causes raciales ? N'y aurait-il pas cette raison d'ordre général qui entraîne toute civilisation militaire, tout état social militaire à tendre vers l'autarcie, et par conséquent vers une diminution de l'influence non seulement matérielle, mais morale de la classe commerçante ?

M. AYMARD. – C'est possible, c'est une raison qui peut se joindre à celle sur laquelle j'ai mis l'accent. Tout ce que j'ai prétendu faire est d'attirer l'attention sur une cause entre plusieurs.

M. VALLOIS. – Je ne ferai qu'une remarque, concernant un point d'ordre secondaire : l'idée, émise par divers historiens, que le changement de civilisation qui accompagne le développement de l'agriculture dans le monde égéen est dû à un facteur anthropologique.

Une telle hypothèse est loin d'être nouvelle ; elle a été énoncée bien des fois, et pour beaucoup de contrées. On a même l'impression que, lorsqu'on [50] ne peut mettre en évidence la cause d'un changement de civilisation, on fait intervenir, comme une sorte de *Deus ex machina*, une modification raciale. Que celle-ci ait eu lieu est sans doute possible ; encore faudrait-il qu'elle soit prouvée par l'examen des documents anthropologiques. Il ressort en effet des recherches actuelles : 1° qu'une modification culturelle peut se produire dans un pays sans que sa composition raciale soit modifiée (cas de la « romanisation » de la Gaule) ; 2° qu'un changement racial peut se produire, sans qu'il y ait apport d'une autre civilisation (cas du développement des éléments brachycéphales dans et autour du Massif central durant la fin du Moyen Âge). La constatation d'une civilisation nouvelle dans le monde égéen ne permet donc pas de conclure, *a posteriori*, qu'il y avait eu arrivée d'une autre race.

Je sais que ma remarque va à l'encontre de la thèse classique que la civilisation (essentiellement la famille linguistique) indo-européenne a été apportée par une race nouvelle, qu'on croit être nordique. Mais c'est là, en ce qui concerne l'Asie antérieure, une hypothèse gratuite, émise par généralisation des faits que l'on croit avoir constatés (encore sont-ils très discutés) en Europe. Non seulement elle ne repose sur aucun document squelettique, mais l'étude que j'ai faite de ceux-ci m'amène à la combattre.

Les anthropologistes sont très heureux que l'on fasse appel à la science qu'ils professent, car ceci montre qu'on en reconnaît la valeur. Mais ils doivent avouer, en toute humilité, que les résultats positifs auxquels ils sont arrivés sont encore peu nombreux ; il leur paraît prudent de ne pas anticiper sur des conclusions qu'ils ne se sentent pas actuellement en mesure d'émettre.

C'est ainsi, pour en revenir au point spécial qui fait l'objet de cette remarque, qu'aucun document squelettique n'ayant encore été étudié pour les îles de la mer Égée, l'hypothèse d'un changement de race se présente là comme une vue de l'esprit, dépourvue de base anthropologique, et dont la nécessité ne se fait même pas sentir.

M. NOUGAYROL. – Je remercie M. Aymard de la réserve qu'il a faite : il laisse de côté le proche Orient. Il y aurait des modalités différentes, sans doute, dans l'histoire du travail dans le proche Orient.

Je me borne à rappeler qu'en Babylonie, il y a nécessité de collectivité, par suite de la nécessité d'hydrographie collective (canaux). Ici, il n'y a plus d'autarcie limitée à une exploitation.

Je voudrais remarquer que le proche Orient ancien a une conception idéologique du travail assez nette. Le travail est une peine, une chose désagréable. Dans la Bible, c'est la suite d'un châtiment divin. En Mésopotamie, c'est la contrepartie du contrat passé entre les dieux et les hommes : l'homme a la vie à condition qu'il entretienne matériellement les dieux, c'est-à-dire qu'il *travaille* pour eux.

LE TRAVAIL DANS LES RÈGLES MONASTIQUES OCCIDENTALES DU QUATRIÈME AU NEUVIÈME SIÈCLE

[51] Je voudrais d'abord, en quelques mots, préciser la position du problème et les limites du sujet que j'ai la charge de traiter.

a) Je n'étudierai pas le travail monastique sous son aspect économique (l'organisation du travail dans les monastères occidentaux, rendement que les ateliers monastiques et les équipes agricoles pouvaient obtenir) ; et je n'étudierai pas non plus la place de ce travail dans les horaires monastiques. Parlant devant une Société de Psychologie, je me préoccuperai avant tout de *l'idée de travail* ;

b) J'étudierai ce travail uniquement dans les *règles monastiques*, c'est-à-dire dans des documents canoniques. Ces documents canoniques sont forcément très pauvres au point de vue psychologique. Il ne pouvait s'agir pour moi de dépouiller tous les documents que nous ont laissés l'Antiquité chrétienne et le Moyen Âge, comme les vies des saints et les sermons. Au premier abord, ces sources – vies de saints, sermons – sont plus riches en aperçus psychologiques que les règles monastiques. Mais un sermon n'engage que son auteur, et nous ne savons pas dans quelle mesure les auditeurs ont été sensibles aux arguments que le prédicateur a fait valoir devant eux, et se sont ralliés à sa conception du travail. Au contraire, une règle monastique est un document de caractère officiel, approuvé par l'Église, couvert par l'autorité des évêques. Nous avons affaire avec elle à un programme de vie mis en pratique par un très grand nombre de monastères, et je n'ai pas besoin de rappeler ici l'importance extraordinaire qu'a eue la vie monastique dans la civilisation du Moyen Âge.

c) Je m'en tiendrai à *l'Occident*. Dans la partie orientale de [52] l'Église, un certain nombre de problèmes spéciaux se posent, notamment celui de l'influence des idées de la philosophie grecque sur l'éthique monastique.

Nous avons affaire en Orient, avec les Pères du désert comme avec la règle de saint Basile ensuite, à un type original de monachisme, dans l'étude duquel je n'entrerai pas.

Il n'est pas question de méconnaître l'influence considérable de l'Orient sur l'Occident. C'est en Orient qu'est née la vie monastique, et les premiers docteurs de la vie monastique en Occident, un saint Jérôme par exemple, ne font que se rallier aux exemples laissés par les Pères du désert. Le plus célèbre de ces docteurs, ainsi disciple de ces docteurs de l'Orient et propageant en Occident le grand idéal des Pères du désert, sera, dans la période qui nous occupe, Cassien. Ne m'en tenant qu'à l'étude des règles monastiques occidentales, je le laisserai de côté ;

d) Comme *dates*, j'ai choisi la période du IVe au IXe siècle. Notre point de départ sera saint Augustin, que l'on appela à juste titre le Patriarche des Moines d'Occident. L'originalité de saint Augustin est de plus en plus universellement reconnue. Il constitue le point de départ de toute étude sur le monachisme en Occident non seulement par son vocabulaire, par ses capacités de penseur, mais encore par la Règle dite de saint Augustin. Notre point d'arrivée sera le IXe siècle, période de la Renaissance carolingienne, que nous étudierons en la personnalité de saint Benoît d'Aniane, second fondateur de l'ordre des Bénédictins.

Avant de commencer l'étude de ces règles monastiques, n'oublions pourtant pas, comme le rappelait M. Aymard, qu'entre la civilisation grecque et la civilisation monastique, il y a ce fait considérable qu'est l'Évangile et le Nouveau Testament, qui ont apporté une revalorisation de l'idée de travail et dont évidemment l'influence psychologique spirituelle considérable pèse sur toutes les règles monastiques que nous allons avoir à étudier. Non seulement influence psychologique, mais le vocabulaire même des moines que nous analyserons est emprunté au Nouveau Testament. Il est intéressant par exemple de constater que c'est du mot grec « ἔργον » que le Nouveau Testament se sert pour désigner le travail manuel en même temps que l'effort spirituel vers la perfection, les bonnes œuvres qui sont capables d'obtenir la vie éternelle au croyant.

[53] Du même coup, l'idée de travail manuel est-elle comme enrichie, reçoit-elle comme l'influx d'une mystique nouvelle, et est-elle enveloppée comme d'un halo spirituel.

I. – LE MONACHISME DE SAINT AUGUSTIN

Nous avons deux textes essentiels nous permettant de nous faire une idée de sa conception du travail dans la vie monastique : un de ces textes est la Lettre 211, improprement appelée la Règle de saint Augustin ; l'autre, le petit traité *De opere monachorum.*

La Lettre 211 est improprement appelée Règle : il n'y est en effet nullement question, pour saint Augustin, de donner à ses religieuses une règle comme nous l'entendons aujourd'hui, mais simplement, à l'occasion de conflits, d'incidents qui avaient éclaté dans un monastère, de rappeler à ses lectrices certaines idées essentielles au sujet de la vie monastique. Il s'agit d'une lettre chargée de recommandations morales, et non d'un canon fixant aux religieuses l'horaire monastique auquel elles doivent se conformer.

L'idéal de saint Augustin, quant à cette vie monastique pour laquelle il envoie des conseils à ces religieuses, c'est l'idéal de la vie commune, telle que les apôtres à Jérusalem au lendemain de la Pentecôte l'ont pratiquée. La vie monastique consiste essentiellement dans une vie commune fondée tout entière sur la charité, sur une charité qui oublie les différences de fortune.

Dès lors le travail ne sera pas pour les religieuses une pénalité, mais une loi de la nature. On vit en commun, comme dans une famille. C'est une loi de la nature que les membres de cette famille travaillent pour se procurer ce qui est nécessaire à leurs besoins ; non pas seulement aux besoins quotidiens de chacune de ces religieuses en particulier, mais de toute la communauté.

Saint Augustin rappelle que l'idéal des apôtres vivant de la vie commune à Jérusalem est un idéal de pauvreté. Les apôtres n'ont rien en propre : pareillement les religieuses doivent-elles renoncer à toute propriété personnelle, et chacune doit travailler, non pas avec un zèle moindre que si c'était pour elle, mais avec un zèle plus grand inspiré par la charité, pour subvenir aux besoins du monastère ; l'idée de charité s'appuie à l'idée de pauvreté.

[54] Ce travail sera avant tout le travail ménager, tel que peuvent l'assurer des femmes : travaux de couture, de nettoyage, de cuisine.

Il s'y joindra un certain travail intellectuel : il y a, dans ce IVe, une civilisation intellectuelle assez brillante ; saint Augustin s'adresse à des religieuses qui ont une culture acquise ; elles reçoivent des lettres du dehors, elles sont capables de profiter d'une lecture qu'on leur fait au réfectoire, elles doivent aller à la bibliothèque du monastère pour se procurer des livres dont elles feront, chacune pour son compte, une lecture profitable au point de vue spirituel. La Lettre ne fait pas allusion à un travail intellectuel proprement dit, mais elle prévoit l'entretien quotidien de la culture déjà acquise.

La plupart de ces idées de la Lettre 211 vont être reprises dans l'opuscule de saint Augustin sur le travail des moines.

Il y avait à Carthage un monastère dont les moines entendaient vivre uniquement de la charité publique, s'interdisant, pour leur compte, tout travail manuel, se réservant uniquement pour un apostolat spirituel que saint Augustin désigne sous le nom de « opera spiritalia ». Ces bons religieux de Carthage, que tout à l'heure saint Augustin couvrira de sarcasmes, avaient la prétention d'imiter les oiseaux du ciel.

Saint Augustin va passer méthodiquement en revue, et c'est ce qui fait le prix de cet opuscule, tous les arguments qu'invoquaient ces moines pour ne pas travailler. Ainsi, son ouvrage aura-t-il un caractère quasi exhaustif. Du même coup saint Augustin va-t-il être amené à préciser sa conception du travail, et à dire sur quels fondements le travail manuel des moines doit être établi.

C'est d'abord l'argument d'autorité : saint Paul avertit celui qui ne veut pas travailler qu'il ne mangera pas. Et non seulement saint Paul avait donné cette consigne aux chrétiens de son temps, mais il avait donné lui-même l'exemple du travail manuel. Et saint Augustin de rappeler aussi l'exemple des patriarches, des philosophes païens, de saint Joseph, et d'autres personnages de la sainte Écriture.

Second fondement du travail : c'est une loi de la nature que l'on se procure par le travail personnel et par le travail collectif de la communauté ce dont on a besoin pour sa vie. Ce serait tenter Dieu que se mettre en dehors de la règle commune, de la loi de Providence, pour compter uniquement sur la charité [55] publique. D'ailleurs saint Augustin pose ce principe : tout ce qui se fait avec innocence et sans aucun tort pour autrui ou tromperie est bon. Ainsi le travail manuel, quel qu'il soit, est bon.

Enfin, troisième fondement du travail : par le travail des moines le monastère est en mesure de pourvoir aux besoins des pauvres. Ainsi le travail est-il une forme de la charité.

Après avoir étudié ces deux opuscules de saint Augustin, jetons maintenant un coup d'œil sur le vocabulaire qui y est employé. Du même coup, je serai appelé à parler du vocabulaire que nous retrouverons dans toutes les œuvres monastiques postérieures.

Saint Augustin emploie les mots « opus », « opera », et tous les mots dérivés de la même racine, en même temps que le mot « labor », sans, me semble-t-il, faire la moindre différence entre l'un ou l'autre mot. C'est seulement dans quelques passages que le mot « labor » paraît plutôt réservé au travail des artisans, mais je n'ai fait ce dépouillement philologique que pour deux écrits relativement courts de saint Augustin, sans savoir ce que donnerait un recensement plus étendu. À ces mots « opus », « opera », « labor », qui sont enrichis d'un sens spirituel, saint Augustin oppose résolument le mot « otium », et cette remarque peut prendre la suite de celle que formulait M. Aymard au sujet du vocabulaire de Cicéron. « Otium » c'est la paresse. Il en sera ainsi dans toutes les règles monastiques postérieures. Seulement un certain nombre de mots ont une acception plus nuancée : ainsi, dans saint Benoît, le mot « opus » se présente très souvent accompagné du nom de Dieu : l'« opus Dei » c'est l'œuvre par excellence.

À cette étude lexicologique, il convient d'ajouter un mot de l'opposition, de la distinction que saint Augustin fait entre les différentes catégories de travaux. À l'occasion du travail des moines, saint Augustin est amené à préciser l'idée qu'il se fait du travail en général. Il y a trois sortes de métiers :

1° Les métiers infâmes : les métiers de voleur, de cocher, de gladiateur, de comédien, – tous ces métiers étaient déjà jugés infâmes à la période chrétienne antérieure ;

2° Les métiers peu honorables : les métiers de négociants. Le négociant ne pense qu'à l'argent. Ces métiers doivent être abandonnés pour les métiers honorables ;

[56] 3° Les métiers que « ne réprouve pas l'honestas ». Ce mot « honestas » est riche d'un sens très profond depuis saint Ambroise (*De Officiis*). Ces métiers que ne réprouve pas l'honestas se divisent eux-mêmes en deux catégories que saint Augustin estime également honorables, sans

faire entre l'une et l'autre aucune différence : ce sont le métier de paysan et celui d'artisan.

Ces deux métiers ont pour eux de laisser l'âme libre, puisqu'elle n'est pas enchaînée à la préoccupation d'un gain sordide, et aussi, n'obsédant pas par la préoccupation d'un gain à réaliser, de permettre aux religieux et à tout chrétien de vaquer à la contemplation, à la pensée de Dieu, en même temps que les mains travaillent. Et c'est ainsi que, chez saint Augustin, le travail, bien loin qu'il ait le caractère qu'il aura dans d'autres règles monastiques au Moyen Âge, a un caractère humaniste, et d'un humanisme surnaturel, en ce sens qu'il est une activité de l'homme qui lui permet en même temps de s'unir à Dieu. Saint Augustin montre, en effet, comment le travail est une prière et permet à l'âme qui se donne ainsi aux exigences providentielles, de se donner, en même temps, à la contemplation des choses divines.

Cette idée sera reprise par les successeurs de saint Augustin, et non parfois sans quelque poésie. Les siècles qui suivent sont en effet profondément marqués de l'empreinte augustinienne. Le VIe siècle, et surtout en la Gaule du Sud qui est une colonie augustinienne, grâce à saint Césaire, verra un pullulement de règles monastiques s'inspirant de la pensée de saint Augustin. Je n'entrerai pas dans les détails de ces règles et je me bornerai à donner une idée de leur richesse au point de vue psychologique.

Une de ces règles nous fait un tableau psychologique d'un moine qui ne veut pas travailler. La règle imagine, en effet, les objections faites au Père-Abbé qui veut envoyer les religieux au travail ; elle va jusqu'à mettre les religieux en scène. Un des religieux dira : « Je suis un pauvre vieillard invalide. » Un autre : « Je suis brisé par les infirmités. » Un troisième : « C'est mon assiduité au travail qui a brisé mes forces. » Mais, répond la règle, si quelques-uns ne peuvent pas s'adonner au travail manuel, qu'ils se consacrent à la vie de prière, à cette vie de prière et de méditation connue dans les monastères sous le nom de « Lectio divina ». Qu'ils cherchent [57] une occupation, comme, par exemple, de peindre des manuscrits. Qu'il travaille avec les doigts celui qui n'a pas la main assez robuste pour prendre le mancheron de la charrue. « Que personne donc ne nous apporte d'excuses ; on peut toujours au moins lire et au moins écrire, ce qui est le travail principal. »

Nous voyons donc ici qu'à côté du travail manuel, que la règle continue à recommander, l'idée d'un travail principalement intellectuel, comme par exemple la copie des manuscrits, trouve sa place. À côté de ce travail, le rédacteur de la règle en a prévu d'autres, qui peut-être, pour certains moines, avaient autant d'intérêt, comme aller à la pêche dans les viviers du monastère ou raccommoder les chaussures.

Le second texte, la « Regula Tarnatensis », montre comment, pour le religieux, la vie de prière s'associe intimement à la vie de travail manuel : « Lorsqu'on prie le Seigneur avec des psaumes et des cantiques, il faut que ce que nous disons de bouche soit profondément enfoncé dans le cœur ; et donc que le laboureur, en tenant le mancheron de la charrue, chante : "Alléluia", que le moissonneur en sueur se récrée par le chant des psaumes, et pendant que le vigneron émonde la vigne et ses rameaux courbés, qu'il chante lui aussi les psaumes de David. Voilà quels doivent être vos chants, vos chansons amoureuses, si l'on peut ainsi les nommer, voilà quelle doit être votre flûte rustique, voilà quels doivent être les instruments de votre travail agricole. »

II. – SAINT BENOÎT

À la même époque où de saint Augustin s'inspiraient les règles de saint Césaire, saint Benoît de Nursie, le second patriarche des moines d'Occident, rédigeait, de son côté, une règle qui devait être appelée à une extraordinaire fortune.

La règle de saint Benoît fait peu de place au travail intellectuel. Sans doute le rôle de l'abbé est-il avant tout d'instruire ses moines, mais saint Benoît ajoute aussitôt qu'il doit les instruire d'abord par son exemple. C'est que saint Benoît est un vieux Romain, un homme de sens pratique. Il ne pense donc pas du tout à une culture désintéressée de l'esprit, ni même à une culture exégétique profondément [58] poussée. Il demande aux moines de vaquer plusieurs heures par jour à la lecture des psaumes ou d'ouvrages des Pères, mais il ne fait même pas allusion à la copie des manuscrits, encore qu'elle soit requise par les besoins de la Sacristie et du Chœur.

Par contre, c'est au travail manuel qu'il consacrera un des chapitres les plus importants de sa règle. Quelle est la raison d'être de ce travail manuel et pourquoi les moines doivent-ils travailler ? Saint Benoît reprend les arguments déjà donnés par saint Augustin, mais il donne un certain nombre de considérations nouvelles qui vont spécifier sa règle.

Le fondement principal, c'est le souci que le moine doit avoir de sa perfection personnelle. Si le moine ne doit pas être somnolent, s'il ne doit pas être paresseux, c'est afin d'être fidèle aux commandements de l'Évangile. Le travail manuel, comme d'ailleurs la Lectio Divina, apparaît essentiellement comme un remède à l'oisiveté, et saint Benoît, dans le chapitre XLVIIIe de sa règle, consacré au travail manuel, explique en ces termes la paresse : « C'est l'ennemie de l'âme, et c'est pourquoi il faut qu'à certaines heures les Frères soient occupés au travail manuel, il faut qu'à d'autres heures ils soient occupés à la méditation des choses de Dieu. » Il ne faut qu'à aucun moment les moines aient de loisir. Il n'est pas question de cet *otium* que connaissaient les Romains. Il ne faut pas que l'esprit du moine soit libéré de la pensée de Dieu, car *l'otium* favorise les mauvaises pensées.

Si l'on veut entrer plus profondément dans cette conception bénédictine, il ne faut pas oublier que cette perfection à laquelle saint Benoît veut conduire ses moines est acquise avec la charité, mais la charité elle-même est obtenue par l'humilité, vertu spécifiquement bénédictine. Or qu'est-ce qu'être humble, sinon s'estimer au-dessous de tous les autres, et du même coup s'accommoder de toutes les tâches aussi difficiles soient-elles ? Par conséquent le moine ne doit pas se révolter si le Père-Abbé lui impose des travaux qui sont en apparence des travaux de serfs ou d'esclaves. Il doit au contraire se réjouir du moyen qui lui est donné d'entrer plus avant dans les voies de l'humilité chrétienne.

C'est ainsi que saint Benoît, appelé à parler du travail des moissons à une époque où déjà le monastère du Mont-Cassin [59] possédait des domaines assez étendus nécessitant la présence d'un grand nombre de travailleurs agricoles laïques, déclare que, vu l'urgence, il faudra que les moines aillent, à l'occasion, au secours de ces travailleurs, et qu'à ce moment-là ils ne devront pas prétendre que ces travaux sont au-dessous de leur condition. Au contraire, ils trouveront là un moyen de réaliser la perfection à laquelle ils sont appelés.

Seconde remarque à faire au sujet de cette idée du travail : tandis que nous voyions tout à l'heure que, pour saint Augustin, il ne saurait y avoir d'opposition entre le travail et la prière, et que le problème ne se pose même pas de répartir le temps donné au travail ou à la prière, au contraire saint Benoît essaie de partager les temps de travail manuel et les temps de prière, et, dans la mesure où il y aura concurrence entre les deux, il déclare que la tâche la plus louable est de vaquer à la contemplation. Le travail doit être subordonné à la prière, et c'est pourquoi on fera appel à des travailleurs agricoles pour les plus gros travaux des champs. « Rien, écrit-il dans sa règle, ne doit passer avant l'œuvre de Dieu. » Aucun *opus* ne doit passer avant cette occupation suprême : la louange de Dieu par l'office solennellement chanté au chœur.

III. – CASSIODORE

À la même époque – et je n'ai pas besoin de vous faire remarquer la richesse de ce Moyen Âge où nous voyons des règles monastiques si originales et si différentes – Cassiodore rédigeait une règle pour les moines de Viviers au sud de l'Italie.

Déjà saint Jérôme s'était fait de la vie monastique une idée assez particulière. Sans doute c'est une vie de pauvreté, de travail manuel, mais elle doit être avant tout, pour saint Jérôme, une vie de travail intellectuel. C'est ainsi qu'il l'entendait pour lui-même. S'étant retiré dans les solitudes de Palestine, il avait profité du recueillement que lui laissait son isolement pour vaquer à la pénitence, mais aussi pour travailler à la traduction de la Bible, nécessitant l'étude de la langue hébraïque qui était à elle seule la plus cruelle des mortifications.

C'est cette idée de saint Jérôme qui va être reprise et systématisée [60] par Cassiodore. Le monastère de Viviers va être, en effet, franchement orienté vers l'activité intellectuelle. Les lettres profanes ont, pour les enseigner, un certain nombre de maîtres publics. L'Écriture Sainte n'a pas encore trouvé ses maîtres publics, qui soient capables de l'étudier et de la donner aux autres. Les moines de Viviers vont essayer de remplir cette fonction. Ils vont essayer de se nourrir de l'Écriture Sainte, de se l'assimiler aussi intimement que possible, jusqu'à la savoir par cœur. Mais remarquons ici sur quel point Cassiodore apporte une nouveauté.

Jusqu'ici on avait bien dit que le moine devait se nourrir de l'Écriture Sainte, source essentielle de la prière. On avait bien dit aussi que le moine devait arriver à savoir par cœur les psaumes pour les chanter à l'office, mais il s'agissait simplement alors de recourir à un texte reçu, sans prétendre l'enrichir d'une étude personnelle. Au contraire Cassiodore donne à méditer à ses moines un texte soigneusement étudié par toutes les méthodes exégétiques mises à la mode par saint Jérôme. Cassiodore continue, en effet, en nous disant que les moines devront étudier l'Écriture Sainte dans des textes soigneusement purgés de toute faute. Il trace à ses moines tout un programme de travaux exégétiques. Il faudra d'abord qu'ils se livrent à la collation des plus anciens manuscrits ; qu'ils s'occupent ensuite de répartir les textes en un certain nombre de chapitres et de sections ; enfin qu'ils émondent ce texte de toutes ses fautes, qu'ils veillent même à l'orthographe.

On ne comprendra rien à l'Écriture Sainte si l'on n'a pas une culture ecclésiastique appropriée. Après avoir consacré un chapitre à ce que nous appellerions aujourd'hui la table des sigles, Cassiodore donne toute une bibliographie à ses moines, pour leur indiquer les lectures essentielles qui leur sont nécessaires : commentaires d'Écriture Sainte, livres sur l'Histoire de l'Église ou la cosmographie, livres profanes. Dans ce sens on a pu dire que le *De Institutione* a proclamé l'union de la science sacrée à la science profane. Cassiodore avait mis, en effet, dans la bibliothèque de Viviers, qui devait être transportée à Bobbio et dont nous avons le catalogue, un certain nombre d'écrits classiques qu'il faisait lire à ses moines pour leur permettre de mieux comprendre cette Écriture Sainte qu'ils devaient lire tous les jours. Il y avait des livres d'orthographe, [61] de dialectique, d'histoire profane, un certain nombre de livres proprement littéraires : Cicéron, Horace, Lucain, Virgile.

C'est cet idéal de Cassiodore qui sera repris, les siècles suivants, par les monastères anglo-saxons dans lesquels se préparera la renaissance carolingienne, qui viendra ensuite communiquer la flamme de la curiosité intellectuelle au continent qui l'avait pendant quelque temps perdue.

IV. – SAINT COLOMBAN

Au VIIe siècle, nous allons assister à la naissance d'un type monastique différent du précédent. C'est le type monastique représenté par la règle de saint Colomban.

Ici, nous avons une conception pénale du travail. Dès le début de sa règle, saint Colomban expose l'idée qu'il se fait de la vie monastique. La première perfection du moine, dit-il, c'est le mépris de toute richesse. Dans ces conditions, l'accent va être mis avant tout sur le travail manuel qui n'a de valeur et de place dans la règle monastique que dans la mesure où il est pénible. Il faut que le travail du moine soit un travail fatigant, il faut que le moine arrive au soir fatigué et qu'il se lève le matin avant de s'être parfaitement reposé.

Tandis que saint Augustin voyait dans le travail des monastères un moyen de satisfaire aux besoins de la communauté, et Cassiodore un effort intellectuel, saint Colomban y voit avant tout une action qui permet aux moines de réparer le péché.

Par ailleurs, tandis que saint Augustin essayait d'associer la prière et le travail, saint Colomban, avec ce caractère souvent formaliste qui marque ce qui vient d'Irlande à cette époque, les sépare : la prière aura lieu avant et après le travail. Mais le travail lui-même est avant tout pénitence plutôt qu'union à Dieu.

V. – SAINT BENOÎT D'ANIANE

Nous venons de voir, pendant les IVe, Ve et VIe siècles, se former un certain nombre de types monastiques. Au IXe siècle, l'intervention de saint Benoît d'Aniane et du roi Louis le Pieux va amener, [62] au moins pour quelque temps, l'Église à choisir entre ces différentes conceptions de la vie monastique.

Saint Benoît d'Aniane est un religieux bénédictin, second fondateur de l'Ordre. Par tous ses écrits, par son activité apostolique, il a essayé de renouveler la règle bénédictine qui s'était un peu adoucie. Le moine bénédictin doit être complètement séparé d'avec le monde. De tous les monastères, saint Benoît d'Aniane expulse toutes les écoles qui s'y étaient peu à peu insinuées, et dans lesquelles les moines faisaient fonction d'instituteurs, pour apprendre les lettres aux petits enfants des villages environnants.

Par ailleurs, saint Benoît d'Aniane pousse de plus en plus l'esprit bénédictin à être un esprit liturgique. L'office divin presque seul compte. Ainsi le monachisme bénédictin s'oriente-t-il de plus en plus vers le ritualisme, et, du même coup, l'activité intellectuelle et même le travail des mains auront-ils de moins en moins de place.

Grâce à l'influence de saint Benoît d'Aniane sur le roi Louis le Débonnaire, cette interprétation prévalut pour plusieurs siècles, et c'est dans le sens de cette interprétation de saint Benoît d'Aniane que s'orientèrent plus tard Cluny et le monachisme cistercien. Il faudra que l'on arrive à la réforme de saint Maur, au XVIIe siècle, pour qu'il y ait un nouvel infléchissement et que le monachisme des Bénédictins revienne à une autre tradition.

À la même époque, la règle de saint Augustin était imposée à tous les chapitres de chanoines, si nombreux à l'intérieur de l'Empire franc. Ainsi cette règle de saint Augustin, si souple, si aérée, si humaine, allait être appelée à une fortune singulière, puisque c'est cette règle qui sera adoptée par les chanoines des Prémontrés et, du même coup, au siècle suivant, par les Dominicains.

Ainsi, nous venons de voir au cours de cette période, vous le constatez, singulièrement riche, un certain nombre de types monastiques se former, se singulariser, s'orienter dans des voies diverses, et nous voyons la richesse de cette conception du travail, proposée à l'Occident chrétien par les moines du Moyen Âge.

Étienne Delaruelle

DISCUSSION

[63] M. Marc Bloch. – Je n'ai rien à ajouter d'essentiel à la très intéressante communication de M. l'abbé Delaruelle. Je voudrais simplement marquer une prolongation dans le sens même qu'il a indiqué.

Je serai pleinement d'accord avec lui pour penser que nous assistons, dans le monachisme des premiers siècles du Moyen Âge, comme, d'ailleurs, dans le monachisme médiéval tout entier, à une sorte d'oscillation, très émouvante, entre deux nécessités. Le moine était là, éminemment, pour accomplir l'œuvre de Dieu, comme disait saint Benoît. Entendez, avant tout, « pour prier, pour pleurer », dira saint Bernard, et pour acquérir des mérites dont profiteront les autres hommes. Cela posé, le problème demeurait de savoir en quelle mesure le travail matériel pouvait servir à cette tâche ou, au contraire, risquait à certains moments d'en détourner les religieux.

Le travail servira cette tâche en entretenant la santé morale du moine ; en outre, il peut être, selon la conception de saint Colomban, un élément d'ascétisme, parce que c'est un travail dur, une peine qui confine parfois à la souffrance. Mais voici le revers : pendant que le moine travaille de ses mains, il est, nécessairement, empêché de vaquer au service divin.

D'où le dilemme, l'« oscillation » dont je parlais tout à l'heure et qui donne aux contrastes entre les diverses règles leur valeur spirituellement dramatique.

Elle a eu naturellement ses prolongements dans l'ordre proprement technique.

Tout à l'heure, mon voisin rappelait l'histoire du moulin à eau. Il y a, si mes souvenirs sont exacts, un texte assez curieux où nous voyons saint Ours installer un moulin à eau, à Loches, pour que ses moines ne perdent pas trop de temps à se servir, comme on le faisait auparavant, de la meule à main. Ils ne doivent pas donner trop de temps au travail des mains, afin d'avoir plus de temps pour la *Lectio Divina*.

D'autre part, le besoin de ne pas occuper constamment les moines en dehors de la méditation ou du culte divin a abouti à l'existence, très tôt, d'un grand nombre de salariés autour des monastères. C'est, me semble-t-il, un fait notable dans les monastères carolingiens. Nous possédons sur eux plusieurs textes, fort instructifs, notamment les fameux statuts de Corbie ; de petits statuts, aussi, relatifs à des moniales de Soissons. En les lisant, il est impossible de ne pas être frappé par le grand nombre de serviteurs ou de servantes qu'employaient religieux ou religieuses. Au premier abord, cette abondance du personnel domestique évoque une idée de luxe. Rien ne serait moins exact. Il s'agissait d'éviter que les moines ou les moniales ne fussent détournés par le travail manuel d'un genre d'*opus* qui était leur raison [64] d'être même. Mais, par là, les monastères semblent avoir contribué, en quelque mesure, à répandre la pratique du salariat.

Nous retrouvons les mêmes faits au temps de Cîteaux. Lorsque les convers ne suffisent pas – et c'est très rapidement –, on voit apparaître dans toutes les grandes abbayes cisterciennes un assez grand nombre de mercenaires.

J'ai tenu à soulever ces problèmes pour marquer combien la communication de M. l'abbé Delaruelle nous met en présence de faits intéressants, en particulier de faits de contact entre l'idéal religieux et le retentissement qu'il peut avoir sur les phénomènes de structure sociale.

M. Delaruelle. – Je suis d'accord avec M. Marc Bloch. C'est déjà de cette utilisation de salariés que parle saint Benoît.

Je préciserai en disant qu'il ne s'agit pas seulement de réserver du temps aux moines en les dispensant du travail, mais aussi en les dispensant des allées et venues. Car un moine – surtout à une époque de culture extensive – qui doit travailler à une exploitation assez éloignée de la chapelle, ne pourra pas revenir pour célébrer l'office. Un des problèmes que pose la Règle de saint Benoît est de savoir dans quelles conditions un moine qui, au moment de la moisson, travaille loin du monastère, pourra dire « tierce » sur place, dans le champ lui-même, sans revenir à la chapelle.

On pourrait faire des observations analogues à propos de la civilisation carolingienne.

TRAVAIL ET THÉOLOGIE

Notes en marge de Proudhon[1]

[65] La présente note n'a, dans sa brièveté, d'autre but que de signaler une connexion d'idées et de suggérer un point de vue.

I.

L'Église, telle que Proudhon l'oppose à la Révolution, professe une conception « spiritualiste » de l'homme selon laquelle celui-ci « est composé de deux substances. Par son âme, il appartient à Dieu, son créateur, son souverain, son juge, sa fin ; par son corps, à la terre, séjour et instrument de ses épreuves[2] ».

De ce dualisme procède une *dévalorisation* du travail qui, dans la vie humaine, correspond à un mouvement vers le *bas*, et non vers le *haut* : « Tout ce qui détourne l'homme de Dieu, l'inclinant vers la terre, est [pour le spiritualiste] infériorité, misère[3] ».

Travailler, dans cette perspective, c'est se détourner de la contemplation : « Toute religion, en vertu du spiritualisme qui la constitue, qu'elle s'appelle christianisme, bouddhisme, druidisme, ou tout ce qu'on voudra, est anti-pratique ; elle pousse l'homme à la contemplation, à l'inaction, au quiétisme[4] ».

Le travail va donc se présenter comme une charge, d'autant plus lourde aux hommes qu'ils sont plus « spirituels ». D'où, selon notre auteur, l'idée de rejeter cette charge sur une masse esclave ou serve, dont se distingue l'élite « prédestinée » à la contemplation.

---

1 Proudhon, *De la Justice dans la Révolution et dans l'Église*, 6e étude : *Le Travail.*

2 Édition Bouglé-Moysset, Paris, Rivière, 1932, p. 21.

3 *Ibid.*

4 *Loc. cit.*, p. 25.

Suivant l'analyse de Proudhon, le « spiritualisme » implique [66] une certaine attitude à l'égard du monde, assez semblable à ce que le Moyen Âge appelait *contemptus saeculi.* Et *ce monde*, au sens religieux de *siècle*, c'est aussi le monde physique, « la terre, avons-nous dit, séjour et instrument de [nos] épreuves ».

« Le travail, écrit un "grand spiritualiste", est la conséquence du *défaut d'harmonie* qui existe par ORDONNANCE DIVINE entre l'organisation de l'homme et l'organisation de la terre[5] ». Ordonnance divine : la « malédiction », suite du péché d'Adam. Nous lisons dans *La Genèse* : « la terre sera maudite pour toi », puis : « tu te nourriras de ton pain à la sueur de ton visage[6] ».

Par cette idée de *chute*, la conception « spiritualiste » du travail se lie à l'idée d'un autre *état* de l'homme que sa condition présente, d'une *situation* différente du travailleur dans le monde : « Au commencement, dit la Genèse, alors que l'homme n'avait pas encore *corrompu* [c'est nous qui soulignons] sa nature par le péché, Dieu le plaça dans le jardin de plaisir pour qu'il lui donnât la façon et qu'il en prît soin, *ut operaretur et custodiret illum.* » Et Proudhon insiste : « Ceci se passait, ne l'oublions pas, AVANT LA CHUTE[7] ».

Selon son exégèse, « l'écrivain sacré » rejette dans « une époque antérieure » à la première faute « le point de vue subjectif (sur le travail), affirmé aujourd'hui par la Révolution », à savoir : « L'homme, en vertu de son activité propre et de ses relations avec le monde, est ouvrier ; son travail est spontané et libre, soumis par conséquent à une loi de justice et de morale dont la pratique assure son bonheur… » Au contraire, dans l'*état* présent, règne le seul « point de vue objectif », selon lequel « l'homme *ne* subsistera *que* [c'est nous qui soulignons] de ce qu'il aura produit, à l'aide de cet instrument inépuisable, qui est la Terre ». D'une part, spontanéité d'une activité qu'il sent émaner de lui, « parce qu'il est homme » ; d'autre part, nécessité, d'où peine[8].

À suivre les esprits religieux, ces deux « points de vue » s'opposeraient comme deux *états* (nous avons employé à dessein ce terme [67] théologique : notre condition actuelle, *homo pro statu isto*) de l'humanité, deux

5 *Loc. cit.*, p. 22.
6 *Loc. cit.*, p. 27.
7 *Loc. cit.*, p. 26.
8 *Loc. cit.*, p. 28.

moments de son destin : si le « point de vue subjectif » ne vaut pas pour son *état* présent, c'est, dans cette connexion d'idées, que l'homme – nous l'avons vu et souligné – a *corrompu* sa nature... Dans la perspective proudhonienne, « le christianisme est bien la religion de la condamnation » : « condamnation de l'homme dans sa personne, déclarée inique de naissance, *incapable même d'un bon mouvement*[9] ». Nous soulignons encore : nous touchons à une des plus grandes complexités de l'histoire de la théologie, de l'histoire même de l'attitude du chrétien à l'égard de la *nature* humaine qu'il trouve en lui.

II.

Les *anthropologies théologiques* qui règlent cette attitude peuvent se situer par rapport à deux pôles : d'un côté domine l'idée de nature *corrompue*, incapable d'aucun bon mouvement : telle est la dimension du péché ; de l'autre, on voit que la nature même de l'homme, œuvre divine, reste *intacte* dans le pécheur, incorruptible par un acte humain : *naturalia manent integra in peccatore*. Généralement moins connu, le second thème a eu dans l'histoire de la pensée chrétienne un rôle capital : son développement dans la Scolastique latine a provoqué, en réaction, la Réforme de Luther[10].

Quand on passe d'un point de vue à l'autre, on n'a plus la même perspective sur la chute originelle. Dans la deuxième perspective, il ne peut plus être question d'un *mal radical*, d'un bouleversement de tout l'être de l'homme ; entre l'humanité d'*avant* et d'*après* le péché, il n'y a plus la même discontinuité sans fond ; il subsiste au contraire une unité essentielle ; on tend même à penser que ce qui a été perdu n'était pas constitutif, mais *surajouté* : quelque chose qui nous faisait « plus qu'homme ». En conséquence, on n'envisagera pas, on n'appréciera pas de même ce qui reste. On rejettera par exemple ce pessimisme qui unit au XVIIe siècle des penseurs aussi différents que Malebranche et Jansénius : l'idée [68] qu'il y a en nous un désordre tellement profond et

---

9 *Loc. cit.*, p. 2.

10 *Cf.* notre livre sur *La pensée au Moyen Âge*, Paris, Armand Colin, 1938, p. 203-205.

tellement évident que la condition humaine peut seulement s'expliquer par une chute qui est venue rompre l'harmonie de la création. Dans cette perspective, exister en *ce* monde ne saurait être qu'un moyen d'« épreuve ». Une question se pose à l'historien : n'y aurait-il pas dans la tradition chrétienne les éléments d'une autre perspective ? En ce cas, Proudhon n'aurait envisagé qu'un aspect des rapports du travail avec l'esprit religieux.

Même si nous ne devons le suivre dans ses conclusions, le schéma qu'il a proposé du « spiritualisme » nous aide à comprendre comment en se référant à un autre *état*, à une « époque antérieure », les formules théologiques relatives au péché originel impliquent une analyse de la constitution de notre être présent, une attitude devant ses problèmes.

En revenant du passé vers le moment où nous vivons et devons juger, nous décider, nous retrouvons une idée proudhonienne : « c'est dans la question du travail que se révèle, sous son aspect le plus fier, l'âge qui commence[11] ». Cela admis, il faut dans le jugement d'une pensée religieuse contemporaine, de sa vitalité authentique, discerner si elle trouve *dans ses principes* de quoi reprendre victorieusement le dialogue ouvert par Proudhon.

PAUL VIGNAUX

11 *Loc. cit.*, p. 1.

II.

TECHNIQUES ET ESPRIT

LES TECHNIQUES ET LA TECHNOLOGIE

[71] Pour bien parler des techniques, il faut d'abord les connaître. Or il est une science qui les concerne, celle qu'on appelle la technologie, et qui n'a pas, en France, la place à laquelle elle a droit.

Il est utile de l'indiquer ici, surtout quand c'est la *Société d'Études Psychologiques* qui organise cette Journée de Psychologie et d'Histoire.

En ces matières de psychologie proprement dite, la France a, en fait, devancé les autres pays. Ceux de ma génération ont assisté à l'invention, – par Binet, Simon, Victor Henri, à qui s'adjoignirent tout de suite Piéron, puis Meyerson et Lahy, et que d'autres continuent avec efficacité, – des applications de la psychologie aux techniques, et plus particulièrement au recrutement des ouvriers et des techniciens.

Ce n'est qu'après la guerre de 1914 que, revenue perfectionnée d'Amérique, la psychotechnique, qui s'était développée partout, a pris son essor en France, à Paris surtout, et que des procédés considérables obtinrent des résultats non moins palpables, indispensables même.

Si cette partie de l'étude des techniques est de bonne origine française, il faut dire par contre que la science dont elle est un chapitre n'a pas eu de mêmes développements : je veux parler de la technologie.

Il est clair que la psychologie que l'on fait actuellement des techniques est celle d'un moment de l'histoire et de la nature de celles-ci.

La technologie est une science très largement développée ailleurs que chez nous. Elle prétend à juste titre étudier toutes les techniques, toute la vie technique des hommes depuis l'origine de l'humanité jusqu'à nos jours. Elle est à la base et aussi au sommet de toutes les recherches qui ont cet objet. La psychotechnique n'est [72] qu'une technique des techniques. Or elle suppose de profondes connaissances générales de l'objet général, les techniques.

Il faut donc avant tout marquer quelle est la place de la technologie, quels travaux elle a produits, quels résultats sont déjà acquis, combien elle est essentielle pour toute étude de l'homme, de sa psyché, des sociétés, de leur économie, de leur histoire, du sol même dont vivent les hommes, et, par conséquent, de leur mentalité. Ce n'est pas une raison parce qu'elle n'est pas en France l'objet d'enseignements réguliers pour que nous n'en parlions pas ici. (Je connais bien un enseignement, mais il est fort élémentaire, et, de plus, destiné à l'observation des techniques des peuples dits primitifs, ou exotiques, comme on veut, je n'en connais pas d'autre.)

Cette science a été en vérité fondée en Allemagne : pays d'élection de l'étude historique et scientifique des techniques, – qui, avec l'Amérique maintenant, reste en tête de tous les progrès techniques. En vérité, elle a été instituée par Reuleaux, le grand théoricien et mathématicien, mécanicien et technicien de la mécanique. Il trouva auprès des autorités prussiennes un écho immédiat. Sous sa direction fut ouverte la première des Écoles Supérieures Techniques (les *Technische Hochschulen*), celle de Berlin, qui a rang d'Université, et dont le diplôme (Dipl. Ing.) a rang de Doctorat. L'enseignement général de la technologie, théorie et histoire, y est obligatoire pour toutes les Sections Spéciales menant aux différents diplômes. C'est là la base naturelle de l'étude générale des techniques ; elle devrait être reconnue chez nous.

Or, ici, même dans nos plus honorables établissements scientifiques, même dans notre illustre et toujours glorieux Conservatoire des Arts et Métiers, la technologie n'a pas la place de théorie générale des métiers. À Saint-Germain, au Musée des Antiquités Nationales, mon regretté frère de travail Henri Hubert avait bien installé la Salle de Mars, consacrée à l'art et à l'ethnologie comparée de l'âge de pierre ; en ce moment, cette salle n'est même plus en usage. Au Musée de l'Homme, avec l'aide de l'Institut d'Ethnologie, on a réussi à faire quelque chose de vaste dès maintenant, mais encore modeste. Le Musée de Vienne, le Pitt-Rivers Museum, celui de Nordenskiöld à Göteborg sont, à bien des points de vue, mieux placés que nous.

[73] Quant à la théorie ou à la description historique, géographique, économique, politique des métiers, elle fut entamée à diverses reprises en France ; elle n'est pas faite. Nous n'avons même pas gardé la tradition de ces bonnes histoires de l'industrie telles que les faisaient les Becquerel et les Figuier, qui, même anecdotiques, instruisaient le jeune homme et même l'enfant. Mon oncle Durkheim me les fit lire. Un de ceux qui étaient sur la bonne voie, mon vieux maître Espinas, nous fit sur ces questions

un cours à Bordeaux dont je me souviens. (Son livre sur *Les origines de la technologie* a encore de la valeur.) Mais il n'a pas assez développé ses idées et n'a ni étendu, ni approfondi suffisamment ses recherches.

Quelques remarques vont indiquer les voies ouvertes déjà, et où elles conduisent.

Supposons connus un grand nombre de faits que plusieurs même d'entre nous ne connaissent peut-être pas. Au moment où la mode est à la technique et aux techniciens, – par opposition à la science dite pure et à la philosophie, accusées d'être dialectiques et vides, – il faudrait cependant, avant de prôner l'esprit technique, savoir ce qu'il est.

D'abord, voici une définition :

On appelle technique, un groupe de mouvements, d'actes, généralement et en majorité manuels, organisés et traditionnels, concourant à obtenir un but connu comme physique ou chimique ou organique. Cette définition a pour but d'éliminer de la considération des techniques celles de la religion ou de l'art, dont les actes sont aussi souvent traditionnels et même aussi souvent techniques, mais dont le but est toujours différent du but purement matériel, et dont les moyens, même quand ils sont superposés à une technique, sont toujours différents de celle-ci. Par exemple, les rituels du feu peuvent commander la technique du feu.

Cette façon de considérer les techniques permet de les classer, de donner un tableau comparé de ce qu'on appelle encore les Travaux, les Arts et les Métiers ; ainsi nous disons le métier du peintre, même du peintre d'art pur.

[74] Cette définition permet de classer les différents secteurs de la technologie.

Il y a d'abord la technologie descriptive. Ce sont des documents :

1° historiquement et géographiquement classés : outils, instruments, machines ; dans le cas de ces deux derniers, analysés et montés ;

2° physiologiquement et psychologiquement étudiés : manières de s'en servir, photographies, analyses, etc. ;

3° classés par systèmes d'industries dans chaque société étudiée ; exemples : alimentation, chasse, pêche, cuisson, conservation, vêtements, transports ; étude des utilités générales et particulières, etc.

À cette étude préalable du matériel des techniques, doit se superposer l'étude de la fonction de ces techniques, de leurs rapports, de leurs proportions, de leur place dans la vie sociale.

Ces dernières études mènent à d'autres. On arrive à déterminer alors la nature, les proportions, les variations, l'usage et l'effet de chaque industrie, ses valeurs dans le système social. Et toutes ces analyses précises permettent alors vraiment des considérations plus générales. Elles permettent d'abord diverses formes de classement des industries, mais, surtout, elles permettent de classer les sociétés par rapport à leurs industries.

De là un troisième ordre de considérations générales. Un nombre croissant de savants (ethnologues, anthropologues, sociologues, etc.) attachent une extrême importance aux comparaisons faites entre ces sociétés qui ont ces industries. Ils pensent pouvoir prouver les emprunts de celles-ci, les *aires de répartition* de celles-là, et même les *couches historiques de répartition*, comme ont fait déjà les préhistoriens. Les uns prudents, et même très prudents, comme les Américains, constatent les faits, et, de temps en temps, en déduisent l'histoire ; d'autres, moins prudents, ont reconstitué toute une histoire de l'humanité avec l'histoire des techniques. On en arrive à parler d'un âge de pierre au Congo, qui appartiendrait à l'époque de la civilisation où le droit d'héritage était en descendance utérine.

[75] Mais ces exagérations n'empêchent pas l'excellence de la méthode quand elle est bien menée.

Même à propos des sociétés les plus primitives connues, les techniques, leurs fonctions propagées, puis conservées par la tradition, sont, – depuis Boucher de Perthes, – le meilleur moyen de classer, même chronologiquement, les sociétés. *Sinanthropus*, l'homme des cavernes de Pékin, savait cuire au feu, ce qui prouve que cet être était sûrement un homme. Nous ne savons s'il parlait, c'est probable, puisqu'il pouvait garder une certaine façon de conserver le feu.

J'ai proposé moi-même quelques vues sur les techniques du corps et leurs fonctions[1]. Par exemple, la technique de la nage varie et permet de classer des civilisations entières.

Toutes sont spécifiques à chacune, outillage et maniement de l'outillage variant infiniment. Les techniques sont donc, en même temps qu'humaines par nature, caractéristiques de chaque état social.

---

1 « Les techniques du corps », *Journal de psychologie*, 32, 1935, p. 271-293.

Je sais que d'autres voient en ceci des mystères. « *Homo faber* », soit. Mais l'idée bergsonienne de la création est exactement l'idée contraire de la technicité, de la création à partir d'une matière que l'homme n'a pas créée, mais qu'il s'adapte, transforme, et qui est digérée par l'effort commun, cet effort étant alimenté à chaque instant et en chaque lieu par de nouveaux apports. À ce point de vue certain, qui est de rigueur, la définition : « Ars homo additus naturae » est vraie des Arts et des Métiers encore plus que de l'Art : c'est de la pénétration de la nature physique que résulte l'art, le métier, que vit l'artisan, l'industriel, et que se développent l'industrie et les civilisations, *la* civilisation.

À un autre point de vue, l'étude des techniques est encore plus importante. C'est celui des rapports qu'elle soutient avec les sciences, filles et mères des techniques. En fait, aujourd'hui, l'immense majorité des hommes est de plus en plus engagée dans ces occupations. La plus grande partie de leur temps est engrenée [76] dans ce travail dont la collectivité garde et augmente le trésor de traditions. Même la science, surtout la magnifique science de nos jours, est devenue un élément nécessaire de la technique, un moyen. Nous entendons ou voyons les électrons ou les ions par une technique, que tout « radio » connaît. Un mécanicien de précision opère des visées, lit des verniers, qui, autrefois, étaient le privilège des astronomes. Un pilote d'avion lit une carte comme nous n'en avions pas, en même temps qu'il voit les hauts des montagnes ou le fond de la mer, comme aucun de nous dans notre jeunesse ne pouvait rêver. L'hymne à la science et aux métiers du XIXe est au XXe siècle plus vrai que jamais. L'ivresse de la production n'est pas perdue. Il est de belles et bonnes machines, de belles automobiles. Il se fait, à la machine, du beau métier. Il y a la joie de l'œuvre, il y a celle du calcul sûr, de la réalisation parfaite et en masse, avec des machines inventées sur plans précis, sur épures précises, pour fabriquer en séries des machines encore plus précises et plus gigantesques, ou plus fines et qui en fabriquent elles-mêmes d'autres, dans une chaîne sans fin où chacune d'elles n'est qu'un maillon. Voilà ce que nous vivons. Et ce n'est pas fini.

Si nous ajoutons que, de nos jours, la technique la plus élémentaire, par exemple celle de l'alimentation (nous en savons quelque chose en ce moment), rentre dans ce grand engrenage des plans industriels ; si nous notons que l'« Économie Industrielle », celle qu'on continue indûment à ne considérer que comme une partie de l'Économie dite politique, devient un rouage essentiel de la vie de chaque société, même des rapports entre sociétés (ersatz, etc.), nous mesurons l'étendue de l'apport indéfini de la technique au développement même de l'esprit.

Ainsi, depuis le temps lointain, très lointain, où *Sinanthropus*, l'homme des cavernes de Chou-Kou-Tien, près de Pékin, le moins homme de tous les hommes qui nous sont connus, savait au moins conserver le feu, le signe certain de l'humanité, c'est l'existence des techniques et leur conservation traditionnelle. La classification certaine des humanités existe, c'est celle de leurs techniques, de leurs machines, de leurs industries, de leurs inventions. Dans ce progrès s'inscrit l'esprit, la science, la force, l'habileté, la grandeur de leur civilisation.

[77] Ne blâmons ni ne louons, il y a d'autres choses dans la vie collective que les techniques, mais la prédominance de telle ou telle technique dans tel ou tel âge de l'humanité, qualifie les nations. Dans un joli travail publié dans une Revue de Naturalistes, un de nos bons « comparants », M. Haudricourt, vient de montrer comment nos meilleures techniques d'attelage des bœufs ou du cheval sont venues toutes et bien lentement d'Asie. En ceci, l'Asie fut toujours supérieure et, en bien d'autres choses, reste encore un modèle.

On peut même parler de ces questions quantitativement. Le nombre de brevets pris et patentés en France, et dont les patentes ont été reconnues ailleurs, est hélas, bien inférieur à celui des brevets allemands, anglais, et surtout, américains. Ce sont ces derniers qui mènent le train, donnent la cadence.

Même la science devient de plus en plus technique et la technique agit de plus en plus sur elle. Les recherches les plus pures aboutissent à des résultats immédiats. Tout le monde connaît la radio-activité. On en est maintenant à conserver et à concentrer les neutrons. Bientôt peut-être on en connaîtra le harnachement. Les électrons, dans les microscopes à électrons, grossissent au millionième. On est tout près de photographier les atomes. On voit, on « essaie » avec eux. Le cercle des relations science-technique est de plus en plus vaste, mais en même temps, de mieux en mieux fermé.

Il n'y a qu'à maîtriser le démon déchaîné.

Mais on exagère son danger. Ne parlons ni de bien, ni de mal, ni de morale, ni de droit, ni de force, ni de monnaie, ni de réserve, ni de jeux de Bourse. Tout ceci est moins grand que ce qui se prépare.

À l'heure qu'il est, le destin appartient aux bureaux d'études comme ceux que les grandes fabriques savent monter, et ces bureaux d'études doivent avoir d'étroites relations avec ceux de statistique, d'économique, car une industrie n'est plus possible que par ses rapports avec quantité d'autres, avec quantité de sciences, quantité d'Économies dirigées, individuelles ou publiques, aussi fortes que possible. Les plans d'action sont plus qu'une mode ; ce sont des nécessités. Les techniques sont déjà indépendantes, mieux, [78] elles sont dans un ordre à elles, elles ont leur place à elles, elles ne sont plus seulement des crochets pendus à des chaînes d'heureux hasards, d'adaptations fortuites d'intérêts et d'inventions. Elles viennent se loger dans des plans prémédités à l'avance, où il faut établir les bâtiments gigantesques pour des machines gigantesques qui en fabriquent d'autres, lesquelles en fabriqueront encore d'autres, fines ou fortes, mais dépendant les unes des autres, et destinées à des produits aussi exacts, plus exacts quelquefois que tels produits de laboratoire d'antan.

Mais l'ensemble de ces plans eux-mêmes doit s'accorder autrement que par hasard. Les techniques s'enchevêtrent, les bases économiques, les forces de travail, les parties de la nature que les sociétés se sont appropriées, les droits de chacun et de tous, s'entrecroisent. Dès maintenant, au-dessus des plans, s'élève la silhouette du « plan », du planisme comme on dit, et comme dans certains pays on a déjà fait.

Je vois encore notre génial François Simiand, adjoint d'Albert Thomas au Ministère de l'Armement de l'autre guerre, calculer « les existences » mondiales et aussi les nécessités militaires ou civiles du pays, – décider du possible et de l'inutile. – Économie de guerre, dira-t-on, c'était vrai. Mais les méthodes instituées alors ont fait des progrès, non seulement dans la guerre, où elles sont nécessaires, mais dans la paix.

Et, qui dit plan, dit l'activité d'un peuple, d'une nation, d'une civilisation, dit, mieux que jamais, moralité, vérité, efficacité, utilité, bien.

Inutile d'opposer matière et esprit, industrie et idéal. De notre temps, la force de l'instrument, c'est la force de l'esprit, et son emploi implique la morale, comme l'intelligence.

Marcel Mauss

TECHNIQUE ET SCIENCE (LETTRE À I. MEYERSON)

Albi, le 10 juin 1941.

[79]… En essayant d'écrire quelques pages sur les rapports généraux de la technique et de la science, comme vous aviez bien voulu me le demander, je me suis vite rendu compte qu'il me manquait ici trop de matériaux pour mener à bien ce travail. Un rapport, même sommaire, dans les conditions où je devrais en ce moment le rédiger, serait très inégalement nourri, et surtout, très inégalement justifié. Sur certains points, je pourrais donner des preuves historiques ou des exemples : encore ne suis-je pas sûr que la mémoire, qui travaille toujours, ne les ait pas plus ou moins déformés ; – sur bien d'autres il faudrait dire : « Voilà ce qu'il m'a semblé voir quand j'ai fait des recherches à ce sujet ; croyez-moi de confiance. » Rien de moins philosophique.

Je me représente bien le dessein d'ensemble de la question, car c'est une matière sur laquelle j'ai fait plusieurs fois quelques leçons, lorsque le cycle de mon cours de méthodologie générale m'y ramenait : 1° La technique avant la science, quelquefois réellement efficace, quelquefois illusoire, comme certaines formes de magie ou de médecine ; ou la technique devançant la science dans telle ou telle branche de son développement, au point qu'on a déclaré parfois chimérique, au nom de la théorie, ce que l'industrie réalisait peu après : par exemple les locomotives, les avions monoplans. À cela se rattache la distinction des deux sens si différents de « l'explication mécanique » : l'une à la manière de la mécanique rationnelle, l'autre à la manière d'un ouvrier intelligent et qui connaît bien son outil ou sa machine. – 2° La technique à l'intérieur de la science elle-même, où les instruments et les méthodes jouent un si grand rôle qu'il se produit des phénomènes [80] de transfert, et que les moyens, comme il arrive dans tant de domaines, font négliger les fins ou même les font dévier. – 3° Enfin, la technique résultant de la science, l'art de l'ingénieur, qui est la partie la plus consciente de ces relations, et dont le retentissement sur la science elle-même soulève le problème délicat des éléments vrais et faux de pragmatisme et des différentes formes de cette théorie polymorphe. – Ces trois sortes d'action et de réaction n'existent pas seulement dans les sciences de la nature physique, mais dans les mathématiques et dans les sciences morales ; c'est même peut-être dans les unes et les autres que la technicalité (si l'on peut ainsi parler) transforme le plus les tendances originelles de l'intelligence.

Sans viser à être complet, j'ajouterai sur ces divers points quelques remarques complémentaires.

En parlant d'une explication mécanique analogue à la connaissance raisonnée d'un ouvrier comprenant bien sa machine, j'entends une forme de pensée concrète, qui est plus qu'un sentiment ou un jeu de l'imagination, et qui s'apparente à l'expérimentation mentale décrite par Mach et Rignano. Il est assez difficile de la suggérer à ceux qui ne l'ont pas naturellement : combien peu d'intellectuels saisissent d'eux-mêmes que pour ouvrir une porte sans fatiguer la serrure, il faut d'abord la pousser ou la tirer en sens inverse de celui où elle s'ouvre, et dégager ainsi le pêne ! – Cette pensée mécanique se représente la manière de « travailler » d'un outil ou d'une pièce de machine comme si c'était une partie de notre corps, et leurs rapports entre eux comme ceux de nos mains, par exemple quand l'une tient un boulon dont l'autre visse l'écrou ; elle sent si la cohésion moléculaire d'une tige, à tel endroit, est soumise à une légère distension seulement, ou à un effort énergique ; si une modification dans le mouvement d'une pièce produira sur d'autres une modification petite ou grande. On peut retrouver cette mécanique concrète, essentielle pour l'invention matérielle, dans ce que Schopenhauer disait si justement des effets de l'architecture, pour lesquels il faut se représenter, d'une manière qui n'a rien d'abstrait, la résistance verticale de la colonne, et la poussée latérale qu'exerce la voûte. Mais il y a là quelque chose de *sui generis*, pour lequel on ne peut guère [81] que faire appel à l'expérience de ceux qui le perçoivent, soit spontanément, soit après qu'on a appelé leur attention sur ce point.

En ce qui concerne l'effet intérieur de la technique dans la science, et la substitution des moyens aux fins, je pensais, par exemple, à la quantité de mesures psychologiques comme celles des temps de réaction, etc., prises sans aucune question posée d'avance et à laquelle il s'agirait de répondre. Le culte de la mesure, indispensable dans certains cas, donne aisément lieu à des déviations de ce genre. – Je pensais également aux abus décrits par Pierre Boutroux, dans *L'idéal scientifique des mathématiciens*, en parlant de l'analyse et des constructions algébriques du XIXe siècle. Et il me revient aussi ce mot d'un mathématicien, à l'Académie des Sciences, exposant une idée nouvelle, et ajoutant avec malice : « Notre confrère X. nous généralisera cela. » (Vous voyez bien, soit dit en passant, que tout ceci ne pourrait être présenté d'une façon suivie qu'après un travail de recherche et de vérification qui m'est tout à fait impossible en ce moment.)

On pourrait, je crois, utiliser encore sur ce point des remarques judicieuses de Poinsot sur les défauts de la physique mathématique, dans son *Mémoire sur la rotation des corps*. La thèse que certains problèmes de physique n'ont de sens qu'en langage mathématique me paraît « historiquement » exacte, mais philosophiquement très suspecte. Il est bien vrai que nous ne comprenons que ce que nous refaisons ; mais nous ne le comprenons pas réellement quand nous le refaisons par des procédés tout différents de ceux qui l'ont produit. Le four de l'émailleur ne nous instruit pas sur la genèse de l'émail des dents ; et de même le calcul intégral, qui nous permet de prévoir le fléchissement d'un pont métallique, ne dit rien sur le vrai mécanisme des actions dont il résulte.

Je ne mets pas en doute, naturellement, la célèbre remarque de Condorcet sur les théorèmes purement spéculatifs d'Apollonius, appliqués, des siècles plus tard, à diriger la navigation. Je me rappelle aussi la formule heureuse du mathématicien Jacobi, citée par M. Émile Meyerson sur les recherches « qui n'ont pour objet que l'honneur de l'esprit humain ». Mais il faut que ce soit vraiment une recherche qui fasse cet honneur à l'esprit, et non le déploiement d'une virtuosité professionnelle, ou l'application en série [82] de procédés acquis une fois pour toutes. En utilisant ici la méthode du « parallélisme des sciences normatives » (*Congrès de Bologne*, 1911), on pourrait dire que le premier cas est à la science comme les airs de bravoure sont à la musique, et le second comme une versification correcte est à la poésie.

Pour le pragmatisme, je crois qu'il faut distinguer tout d'abord, le succès matériel du succès intellectuel constaté expérimentalement, ce que Peirce appelait le *pragmaticisme*. La technique n'est probante qu'en présence de deux expérimentateurs « en chair et en os », comme il dit ; mais surtout de deux expérimentateurs qui pensent, et qui prévoient deux faits différents, contradictoires, à constater l'un ou l'autre dans un contexte bien défini d'avance. – Il faut distinguer ensuite, pour l'écarter, du moins à mon sens, la limitation de la science à la connaissance de formules suffisantes à la technique, et qui énoncent simplement la liaison constante de telles données initiales à tel résultat final, perceptibles et mesurables l'un et l'autre, alors qu'un degré supérieur de rationalisation peut être conçu (ce qui n'arrive pas toujours, il faut le reconnaître). J'ai dans mes papiers, mais non pas malheureusement avec moi, une étude caractéristique publiée autrefois par la maison Zeiss, de Iéna, sur la transformation radicale de la fabrication des lentilles opérée, non sans difficulté, par le physicien Abbe. Il y a là, je crois me le rappeler, des documents fort instructifs sur l'opposition entre les recherches de simple généralisation expérimentale, les *lois* au sens le plus étroit défini par Aug. Comte (lui-même y apporte bien des réserves, mais certains écrivains ultérieurs, notamment dans l'École de Vienne, ont poussé la thèse à l'extrême), et les *explications*, c'est-à-dire les structures, et par suite les déductions à partir de phénomènes plus élémentaires, et plus rapprochés l'un de l'autre, qui « rendent raison *a priori* pourquoi cela est ainsi plutôt que de toute autre façon ». Vous savez qu'on en trouverait bien d'autres exemples dans l'excellent ouvrage de M. Émile Meyerson, *De l'explication dans les sciences*, où cette même critique du pur légalisme est soutenue par un vigoureux ensemble de faits et d'arguments.

Il n'est même pas nécessaire que ce désintéressement, pour être justifié, puisse être éventuellement une cause de progrès [83] dans la technique elle-même. Certaines découvertes ont provoqué un enthousiasme général et durable sans faire espérer aucune application pratique : par exemple, la gravitation universelle. Elles montrent bien que la science repose sur des tendances, des exigences, des *Aufgaben* fondamentales (on peut exprimer cette vérité de bien des façons) qui en définissent le succès ou l'échec indépendamment de leur aptitude à « nous rendre maîtres et possesseurs de la nature ». Bacon lui-même, à qui l'on prête souvent la thèse pragmatiste, a nettement placé l'intérêt de l'industrie au-dessous de l'intérêt de la raison. D'ailleurs, que d'erreurs ne lui prête-t-on pas contre lesquelles il a été le premier à protester ?

Ces tendances, ou ces exigences, qui ressortent de l'histoire et de l'observation des sciences, on pourrait les appeler, d'un terme à la fois plus général et plus précis, les *normes* de la raison. Elles se résument bien, me semble-t-il, dans la triple formule : assimilation des choses entre elles, assimilation entre les choses et l'esprit, assimilation des esprits entre eux.

La première exprime d'abord le rôle de premier ordre que joue dans la science la réunion des objets de pensée en classes, et des cas individuels en lois. Mais ceci pourrait à la rigueur n'être que l'effet de nécessités pratiques, un moyen en vue de l'action technique intelligente. Que cette recherche de l'assimilation aille en réalité beaucoup plus loin, c'est ce que montre déjà l'exemple de Newton que je rappelais plus haut ; et c'est ce qui a été mis en lumière, avec une admirable richesse de faits et d'analyses, par *Identité et Réalité*, par *L'Explication dans les sciences*, par *Le Cheminement de la Pensée*. Je n'ai pas besoin de le souligner davantage.

La seconde de ces normes exprime plus spécialement le progrès de la « raison constituée », par un double mouvement inverse de rationalisation de l'expérience, et de développement orienté de l'intelligence humaine. Il ne se borne pas à cet assouplissement graduel, déjà noté par M. Brunschvicg, et sur lequel M. Bachelard insiste avec raison dans son dernier ouvrage, qui consiste purement et simplement à abandonner des principes, ou des postulats, auxquels on s'était plus ou moins longtemps assujetti ; un pareil [84] renoncement, sans plus, ne se justifierait que dans l'hypothèse où l'esprit n'aurait d'autre rôle que de refléter passivement les lois d'une nature qui penserait pour lui. Il y a quelque chose de tout différent ; une vection, une transformation dirigée en un sens constant, par lequel la raison satisfait de mieux en mieux à une idée interne, qui n'est pas elle-même un « principe rationnel », mais à la lumière de laquelle tout changement, toute négation, et même toute adaptation, n'apparaissent pas nécessairement comme des progrès.

Enfin et surtout, la troisième de ces normes – si simple et si évidente qu'elle soit quand elle signifie qu'il n'y a point de science tant que les chercheurs ne sont pas tombés d'accord sur le résultat de leurs recherches – est peut-être celle qui porte le plus loin, et qui exprime le mieux une grande directive de l'esprit humain ; car on la retrouve aussi dans cette partie de la morale qui n'est pas une simple discipline de l'organisation sociale, et dans cette partie de l'art qui vise, non pas à produire un agrément momentané, mais à créer une communication profonde et durable entre tous ceux qui peuvent y participer. Cette assimilation des esprits entre eux par la science est nettement différente du caractère *collectif* des techniques, bien qu'elle s'y superpose, de même que la « société de religion », comme l'appelait Malebranche, est différente de la société d'utilisation réciproque décrite avec un attendrissement un peu irréfléchi dans le célèbre sonnet de Sully Prudhomme. La participation commune à une vérité devenue objective me paraît dépasser, et de beaucoup, l'intérêt technologique, voire même introduire à un ordre de valeurs incomparable à celui-ci.

Je vous dis tout cela pour que vous puissiez, si vous le voulez bien, faire part de cette petite esquisse, dépourvue de bien des choses qui seraient nécessaires pour la remplir et l'appuyer, aux collaborateurs de votre enquête si intéressante sur les techniques. Elle servira du moins à témoigner auprès d'eux et auprès de vous de mon regret de n'y pas prendre part d'une manière plus directe.

André Lalande

DISCUSSION

[85] M. HADAMARD. – Je voudrais attirer l'attention sur un point de psychologie auquel M. Lalande fait allusion : celui de l'importance donnée à l'explication. Mais la première question qu'il faut se poser à cet égard est celle-ci : qu'est-ce qu'une explication ? Le fait de l'explication consiste en ceci : expliquer une chose, c'est la ramener à une chose plus claire. Mais, dans l'application, il y a un malentendu, qui commence à peine à se dissiper dans la pensée contemporaine. Pendant des siècles on a confondu – et il était naturel de confondre – idées claires avec idées courantes. C'est le contraire qui est vrai la plupart du temps.

Quand les alchimistes du Moyen Âge se livraient à des opérations qu'eux-mêmes jugeaient presque diaboliques, pour obtenir une transmutation, la pierre philosophale, qu'ils n'ont jamais obtenue et que même aujourd'hui on ne croit pas pouvoir obtenir dans des conditions analogues à celles qu'ils recherchaient, ils ne se doutaient guère que leurs recherches, leurs travaux de sorcellerie serviraient d'abord à expliquer de quoi sont faits l'air que nous respirons et le pain que nous mangeons.

Quand pendant des siècles on s'est émerveillé sur les phénomènes que présentait l'ambre jaune, on aurait bien étonné tous les philosophes et les savants de l'Antiquité et du Moyen Âge en leur disant que c'est dans l'étude de ce phénomène bizarre, un peu miraculeux et mystérieux, que se trouvait l'explication du fait que le jour éclaire et que nos muscles nous meuvent.

Si on veut expliquer à des enfants ou à des simples ce qu'est une onde, le phénomène des ondulations, on jette un caillou dans l'eau et on voit des cercles qui se propagent. Voilà comment on explique les choses au profane. Pour le physicien, l'ordre est inverse. Les ondes qui se propagent dans l'éther ou dans l'air prêtent à une étude mathématique et à une interprétation assez simples, alors que les ondes de surface à partir des liquides sont très difficiles à analyser.

J'ai entendu des profanes me dire : « Vous ne nous expliquez pas ce que c'est que l'électricité. » Expliquer l'électricité, cela voudrait dire : la ramener à des phénomènes qui nous paraissent clairs. William Thomson (lord Kelvin) disait : « Il faudrait un modèle mécanique, ramener cela au fait que tel objet en pousse tel autre. » Les physiciens d'aujourd'hui voient la question sous un jour différent. Si j'appuie sur cette table, si je peux la déplacer, l'explication doit en être cherchée dans les phénomènes électriques. C'est l'électricité qui nous explique le fait que les corps se dilatent par la chaleur, l'impénétrabilité de la matière, etc.

Par conséquent, le sens du mot « explication », à la lumière de l'évolution de la science, devrait être reconsidéré.

M. Camichel. – J'ai écouté avec intérêt la réflexion de M. Hadamard. Je pensais également à lord Kelvin qui disait : « Je ne comprends que ce qui [86] est mécanique. » Jusqu'en ces dernières années, le mot comprendre n'avait pas le même sens que maintenant. Les mots changent de sens. Le mot atome par exemple a perdu toute signification étymologique. Le mot comprendre il y a 50 ans correspondait à la représentation mécanique. Il n'a plus maintenant cette signification.

Il y a un point sur lequel je ne suis pas tout à fait de l'avis de M. Lalande. Il dit que certaines techniques ont précédé la science, je crois que ce n'est presque toujours qu'une apparence. Il a cité l'aviation. La découverte de l'aviation n'a été que la conséquence des progrès réalisés dans la construction des moteurs (qui sont devenus plus légers) et de la connaissance des lois de la résistance de l'air.

M. Hadamard. – Est-ce que M. Camichel me permettra de me citer moi-même ? J'ai dit un jour que l'application est à la théorie ce que la feuille est à l'arbre. L'arbre soutient la feuille, lui est indispensable, mais la feuille nourrit l'arbre. Il y a une foule de choses que nous n'aurions pas comprises, de problèmes que nous ne nous serions pas posés, si la technique ne nous les avait pas indiqués.

M. Meyerson. – Un point m'a frappé dans l'exposé de M. Lalande : le passage où il dit : « La thèse que certains problèmes de physique n'ont de sens qu'en langage mathématique me paraît historiquement exacte, mais philosophiquement suspecte. » Ma génération, et plus encore la génération suivante ont vécu sur l'idée qu'il n'était plus possible de présenter des problèmes de physique autrement qu'en langage mathématique, et, quand les formules mathématiques étaient mal adaptées, c'est qu'elles n'étaient pas « à la mesure » des faits, qu'il fallait préciser davantage, mais par une formulation mathématique meilleure. Bien entendu, qui dit formulation, dit traduction ; cela ne préjuge rien de la nature du fait qu'on formule.

Si j'ai bien compris M. Lalande, il pense à une espèce de recours, de retour au concret. Ses réflexions sur ce point semblent liées à une autre considération, importante également, celle des domaines séparés de l'expérience, qu'illustre l'exemple du four de l'émailleur. M. Lalande nous dit, en somme : Il y a des domaines de l'expérience, et les vérités que nous découvrons dans ces domaines sont en quelque sorte indépendantes. Il y a, dans le domaine de la mécanique et de la technique, des résultats auxquels la mathématique ne peut pas atteindre, non plus seulement parce que langage inadéquat, mais encore parce que domaine différent du savoir. On aurait été heureux de connaître plus en détail la pensée de M. Lalande sur ces questions. À défaut, on aimerait savoir ce qu'en pensent les mathématiciens de l'assemblée.

M. Hadamard. – Les mathématiques sont un langage qui s'avère de jour en jour plus indispensable pour exprimer des vérités précises. Mais les mathématiques par elles-mêmes ne créent rien, c'est évident.

LETTRE DE M. LALANDE À M. HADAMARD (3 JUILLET 1941)

[87]... J'ai appris par Ignace Meyerson que tu étais à Toulouse. Si j'étais plus valide, je serais allé à sa « Journée » philosophique, et le plaisir de causer avec toi y aurait été pour beaucoup. Il vient de m'envoyer ce que tu as dit à cette séance, en dactylographie. Je suis bien d'accord que « l'explication mécanique », soit sous sa forme musculaire, soit sous sa forme mathématique, n'est qu'une des manières d'expliquer (ou de *comprendre*, ce qui revient au même). Je pense comme Émile Meyerson qu'expliquer, d'une manière générale, consiste à découvrir ce qui dans un phénomène (même un « phénomène géométrique », comme disait Comte) peut être identifié à ce qu'il y avait dans ses antécédents, logiques ou chronologiques : c'est la part de l'assimilation des choses entre elles ; – mais il faut aussi qu'il y ait assimilation des choses et de l'esprit : c'est-à-dire que la chaîne de ces identifications soit la même de part et d'autre, que notre pensée logique saisisse, de l'un à l'autre, les mêmes intermédiaires que l'expérience découvre, ou pourrait découvrir dans les objets. C'est pourquoi je trouve par exemple que la démonstration classique du théorème : « La suite des nombres premiers est illimitée », bien que probante, est une « ficelle » qui n'a rien d'explicatif. Une démonstration réellement explicative ne serait donnée que par une formule permettant de construire le $n+1^e$ nombre premier en partant du n^e.

À plus forte raison pour les prévisions physiques, lorsque le jeu des phénomènes qui produisent un certain résultat est évidemment tout différent des phases du calcul qui permet de le prévoir.

L'explication la plus superficielle et la moins explicative consiste à assimiler ce qu'on explique à un cas particulier d'une règle générale : quand on lâche une pierre, elle tombe « en vertu de la gravitation ». C'est presque la *virtus dormitiva*. – Ce contre quoi je voulais marquer mon désaccord est le néo-positivisme tel qu'on le trouve par exemple chez certains membres du *Wiener Kreis*, qui tiennent que la science a pour unique objet d'établir des formules annonçant une liaison constante d'un fait perçu à un autre fait perçu, sans se préoccuper de comprendre comment se fait cette liaison, d'y trouver les intermédiaires, non perceptibles peut-être, qui nous feraient progresser vers une identification plus fine. Les hypothèses de structure ont été très fécondes dans la science, par exemple dans le mécanisme du son, dans l'anatomie et la physiologie microscopiques, dans la stéréochimie, dans la constitution de l'atome, etc. On a été souvent trop vite ; mais ceux qui, périodiquement, ont voulu les proscrire n'ont fait que mettre des bâtons dans les roues. Ils confondaient d'ailleurs souvent la proscription des hypothèses de structure avec la proscription, très légitime, des hypothèses « en l'air », simple jeu d'imagination qu'on ne se donne pas la peine, ou même qu'on n'a aucun désir de vérifier réellement. Je crois avoir montré tout cela [88] d'une façon certaine dans mon petit livre sur *Les théories de l'induction et de l'expérimentation*, dont la majeure partie est historique.

En relisant et en complétant la sténographie de ce que tu as répondu à I. Meyerson, il serait très utile d'accentuer et de développer ta remarque finale, que les mathématiques ne rendent que ce qui était dans leurs données. Il y a de nos jours chez beaucoup de philosophes un grand préjugé « idéaliste », en vertu duquel on imagine que des nombres ou des fonctions peuvent fabriquer de la réalité. J'en vois bien le principe, si flatteur pour l'assimilation des choses à l'esprit. Mais c'est sauter à la limite, et recommencer, d'une manière plus formelle et plus technique, l'illusion spinoziste ou leibnizienne de l'intelligibilité absolue. Dans une formule d'optique, réduite à elle-même, rien n'implique que *i* et *r* s'appliquent aux angles formés par une normale et par un rayon lumineux ; c'est compris dans des présuppositions et des conventions, chargées de matériaux épais et opaques, présuppositions *que l'on n'écrit pas*, mais sans lesquelles on n'aboutirait à rien. Vingt sacs de 50 kilos de blé font une tonne de blé, mais 20 X 50 ne font pas un gramme de quoi que ce soit. Il y a là une illusion qu'il serait bien utile de dissiper : un mathématicien de premier rang comme toi serait admirablement placé pour le dire à des philosophes…

ROUTINE ET INNOVATION DANS LA VIE PAYSANNE

[89] Je dois m'excuser d'aborder un sujet que je crois immense en ne disposant que d'un temps trop court pour développer les éléments historiques du problème, trop court aussi pour tenter une analyse un peu serrée des phénomènes mentaux qui constituent la routine paysanne.

Parler de la routine paysanne, c'est s'exposer d'emblée à des banalités. La définition qu'on en donne et que nous accepterons en gros est une définition essentiellement négative. Elle vise la résistance des travailleurs de la terre aux nouveautés qui leur sont offertes, que ces nouveautés touchent aux cultures, aux techniques, à l'économie agricole, à tout ce qui est susceptible d'influencer la vie rurale et de la faire sortir de son déroulement traditionnel. C'est une sorte de résistance passive qui s'obstine dans les pratiques habituelles, quelle que soit la force des arguments qu'on puisse leur opposer. Elle est un refus d'accueillir, une sorte d'occlusion de l'esprit. Le paysan routinier ne discute ni sa pratique ni celle qu'on lui propose pour la remplacer.

On peut observer qu'aucun groupe de travailleurs indépendants, en état de choisir la nature et la technique de son travail, n'a une telle puissance de fidélité à ce qui s'est fait avant lui, à ce qu'il fait lui-même. Dans aucune forme d'activité productive, les transformations suggérées par les faits ou par la science n'ont pareille lenteur de pénétration. Les artisans, même les ouvriers d'usine, ont souvent une souplesse d'adaptation très remarquable, sans être plus instruits que les paysans. Ils sont presque toujours à la recherche du tour de main qui leur permet d'exécuter plus vite et mieux leur travail ; ils sont très souvent capables d'adopter un outillage nouveau et d'apprendre très rapidement à s'en servir. Il semble que la pénétration d'outils comme les perceuses, les [90] coupeuses, les étampeuses, les raboteuses, dans les plus petits ateliers d'artisans, de serruriers, de forgerons, pourrait marquer, par exemple, le caractère de rapidité de la transformation artisanale du travail du fer. Mêmes observations en ce qui concerne le travail du bois : les menuisiers du village ont presque tous des scies et des raboteuses mécaniques. On a pu, ces trente dernières années, voir avec quelle étonnante faculté des forgerons de village, des maréchaux ferrants, des carrossiers, se sont institués garagistes. Leurs connaissances, évidemment, ne vont pas loin en ce qui concerne l'automobile ; ils n'en comprennent presque rien, scientifiquement parlant, et cependant ils sont devenus capables de découvrir la raison de l'arrêt d'un moteur ou d'une défectuosité de sa marche. Enfin on ne peut pas ne pas rappeler qu'une foule de perfectionnements techniques de l'outillage industriel ont été réalisés par des ouvriers. Le nombre des artisans inventeurs est considérable, et je suis persuadé que si l'on dépouillait à ce point de vue les demandes de brevets d'inventions, on aurait des surprises singulières.

Ainsi, dans l'ensemble des groupes de travailleurs, la collectivité paysanne s'affirme ou paraît s'affirmer comme particulièrement inapte à ces transformations que nous englobons dans ce terme à la fois très large et très vague de progrès. Il y a donc à cet égard un état d'esprit, un comportement spécifiquement paysan, qui ne relève pas seulement de l'ignorance, d'une sorte d'insuffisance de développement intellectuel et de savoir, qui est au contraire lié en quelque sorte à la vie paysanne, aux modes et au but du travail paysan. C'est dans ce sens que je désire présenter quelques réflexions et tenter une manière d'interprétation de la routine paysanne.

Dans l'évolution des cultures et des pratiques agricoles dans un milieu géographique donné, on peut distinguer une période d'élaboration du système de culture sur lequel repose par la suite toute l'activité rurale. La naissance des systèmes agricoles anciens par le choix des plantes à cultiver est entourée, il faut le reconnaître [91] tout de suite, d'un véritable mystère. Nous savons à peu près comment se sont créés ici ou là les systèmes agricoles modernes, à tout le moins nous pouvons savoir à quel moment tel ou tel système, c'est-à-dire tel ou tel groupe de cultures a été adopté en un lieu donné. Il n'en est pas de même lorsqu'il s'agit d'évoquer les origines des cultures pratiquées dans un passé assez éloigné de nous.

On a beaucoup écrit ces dernières années, et spécialement depuis le très beau livre de M. Bloch, *Les caractères originaux de l'histoire rurale française*, sur les systèmes céréaliers. L'un d'eux, a-t-on noté, comporte une jachère tous les trois ans, deux autres soles étant cultivées en même temps en céréales ; on l'appelle pour cette raison l'assolement triennal. Il a été pratiqué dans toute l'Europe du Nord et du Nord-Est. Un autre système, celui de l'Europe du Midi, faisait alterner année par année la culture du blé et la jachère, il constituait l'assolement biennal que M. Marc Bloch appelle le « cycle à deux temps ».

Pour rendre intelligible l'antithèse qui résultait de l'emploi de ces deux types d'assolement sur le territoire français et dans une grande partie de l'Europe, il suffit peut-être de constater que le système triennal repose sur l'emploi de céréales semées à l'automne – des céréales d'hiver – et d'autres semées au printemps. L'assolement biennal, au contraire, n'utilise que des céréales d'hiver, l'Europe méridionale ne pouvant, en effet, semer des céréales printanières que très exceptionnellement : l'apparition de la sécheresse dès le début de l'été arrête leur développement et soumet les grains à de graves accidents qui compromettent les récoltes.

L'origine de ces systèmes culturaux est encore pour nous assez obscure. Le problème de leur naissance est celui de l'entrée des céréales dans le cycle des cultures. Sans remonter jusqu'au moment où s'est réalisé le passage de la plante sauvage à la plante cultivée, il nous est à peu près impossible de déterminer à quelle époque telle ou telle céréale s'est introduite dans le système cultural. Mais nous pouvons affirmer qu'il y a eu un moment, dans la vie rurale, où le problème essentiel a été posé par le choix des plantes susceptibles de s'adapter au milieu géographique. C'est [92] un problème de biologie végétale, et je proposerai d'appeler cette période de création du type de culture *la période biologique du système agricole.*

La recherche des éléments constitutifs d'un cycle agricole me paraît nécessairement entourée de tâtonnements, d'expériences plus ou moins ordonnées, d'observations variées, coordonnées peu à peu. L'effort pour l'implantation des cultures adaptées aux conditions géographiques dans un milieu donné s'accompagne en outre de la connaissance progressive de ce milieu même. Le paysan, presque à son insu, doit se faire météorologue. Il a à connaître ce qu'il peut attendre du rythme ordinaire des saisons, des promesses et des menaces du ciel. Il a à prédire le temps qu'il va faire, au moins à brève échéance. Il faut qu'il se fasse de même géologue à sa manière. Il doit apprendre les qualités du sol, ses propriétés physiques et chimiques, celles du moins auxquelles réagissent les plantes qu'il cultive. Il doit être jusqu'à un certain point botaniste ; il a à vivre avec tout un cortège de végétaux qui, peu à peu, entrent dans la familiarité de sa vie. Pour sommaires qu'elles soient, ces acquisitions supposent des observations prolongées, longtemps corrigées les unes par les autres.

Dans le même temps, le paysan a, sinon à découvrir, du moins à adapter les techniques élémentaires grâce auxquelles il sait préparer le sol, ensemencer, soigner les cultures, les recueillir, conserver et transformer les produits. À faire l'inventaire détaillé des travaux à accomplir tout au long de l'année, on serait surpris de constater leur variété, leur complexité même dans leurs nécessaires interférences.

Ainsi la période de formation d'une société agricole, fixée dans son habitat et dans ses caractères, paraît reposer sur la liaison des faits biologiques, géologiques, géographiques, technologiques en fonction desquels s'organise le système agricole.

Ce système poursuit un but bien déterminé – on y a déjà fait allusion[1] – : c'est la satisfaction des besoins immédiats du groupe auquel le paysan consacre son effort.

Le groupe élémentaire dont il s'agit d'entretenir la vie est [93] le groupe familial. Sans préjuger de l'organisation sociale dans laquelle peut s'insérer la famille paysanne et qui peut retentir, cela va de soi, sur les formes de son activité, la constitution du système agricole, dans ses éléments originels, doit tendre à la mise en œuvre des moyens nécessaires et suffisants, pour assurer la vie matérielle du groupe familial. Elle vise donc à organiser, à son bénéfice, une *autarcie économique*. Le système agricole établit ou cherche à établir un équilibre entre la production et les besoins vitaux du groupe producteur. Cet équilibre est obtenu lorsque le choix des plantes de cultures susceptibles de répondre à ces besoins autarciques est réalisé. Bien entendu, il peut s'y adjoindre et il s'y adjoint souvent l'élevage des animaux, et il suffit de le mentionner sans qu'il soit nécessaire d'insister sur ce point. En tout état de cause, le système agricole doit répondre à ce que nous considérons comme *l'équilibre vital* du groupe producteur.

1 Voir la communication de M. André Aymard.

La recherche de cet équilibre nous paraît donc correspondre à une période de singulière activité mentale de la part de ceux qui doivent y parvenir. C'est une période d'instabilité matérielle, d'inquiétude intellectuelle, d'excitation de toutes les puissances de l'esprit. Mais dès que le système agricole répond à son but, tout conspire à en assurer la stabilité et tout se conjugue pour apaiser les efforts par où le paysan cherche à obtenir la sécurité de son existence. Il y a pour ainsi dire cristallisation du système agricole ; il est entré dans une phase de son existence que j'appellerai *la période endémique*. Tous ces éléments forment un bloc qui se transmet par tradition d'une génération à l'autre. Chacune d'elles le reçoit sans discussion avec son appareil de justifications élémentaires. Il y a donc, le système agricole étant constitué, une sorte d'ankylose des esprits. *Le système est clos, l'intelligence paysanne est close, tout y devient tradition, c'est-à-dire routine.*

Tous les systèmes agricoles sont néanmoins susceptibles de subir des modifications. Ils sont attaqués du dehors et les chocs qu'ils reçoivent peuvent aboutir à leur destruction.

L'un de ces chocs peut venir de la pénétration dans un milieu [94] paysan déterminé d'éléments allogènes. Les périodes d'invasions et de conquêtes ou tout simplement d'immigrations consécutives à des chutes démographiques entraînent des brassages de populations favorables aux transformations des habitudes, des techniques, ou des systèmes agricoles eux-mêmes. Mais ces transformations ont des limites souvent infranchissables.

Le Midi de la France se prête facilement à l'étude de ces migrations humaines et de leurs incidences sur les systèmes agricoles. On peut rappeler, par exemple, que des populations germaniques y ont pénétré en grand nombre au moment des Grandes Invasions et s'y sont installées. La structure politique et sociale de cette portion de l'ancienne Gaule a été, par cette installation même, profondément bouleversée ; mais le système agricole n'a pas, pour autant, subi de changements profonds. On sait qu'une grande partie de la Germanie pratiquait l'assolement triennal, dont je rappelais tout à l'heure les caractéristiques essentielles. Il est vraisemblable que les Germains, installés dans le Midi de la France, ont pu comparer leur assolement triennal à l'assolement biennal en usage alors dans toute l'Europe méridionale. Or l'assolement triennal a sur le biennal une supériorité manifeste ; il donne deux récoltes tous les trois ans contre deux récoltes tous les quatre ans. On peut donc croire que la première réaction des Germains a été d'essayer leur assolement. Ce qu'on peut affirmer en revanche, c'est que l'agriculture du Midi de la France s'est retrouvée, à la fin de cette période de colonisation germanique, à peu près semblable à ce qu'elle était auparavant. Le système biennal a subsisté ; il s'est révélé à peu près inébranlable.

Voici un autre exemple de cette résistance des systèmes agricoles adaptés depuis longtemps à un milieu géographique bien déterminé. Des paysans italiens se sont installés nombreux dans le Sud-Ouest de la France après la Grande Guerre. Cet apport de population rurale étrangère a aussitôt suscité un certain bouillonnement intellectuel. Les nouveaux venus ont tenté de nouvelles cultures, même celle du riz qu'ils avaient pratiquée chez eux. Ils ont cherché à introduire des variétés de blé, de maïs très supérieures quant aux rendements à celles qu'utilisaient les paysans gascons. Ils ont augmenté la production fourragère. Bref, ils sont [95] arrivés dans le milieu rural qui les accueillait avec le désir de le perfectionner et de faire beaucoup mieux que ceux qui s'y trouvaient déjà installés. Leurs essais ont suscité de la curiosité, des approbations chaleureuses, des critiques acerbes. On a regardé ces paysans étrangers comme des novateurs, parfois imprudents, mais au total sympathiques. Ils ont trouvé sinon des imitateurs du moins des observateurs attentifs ; on a pu penser un moment qu'ils pouvaient être le levain dans la pâte et qu'ils provoqueraient une manière de révolution agricole. Il n'en a rien été, sauf dans la mesure où leurs tentatives s'inséraient dans le système agricole traditionnel. Eux-mêmes ont dû se plier progressivement aux habitudes culturales du pays, adopter les pratiques traditionnelles. Très vite tout est rentré dans l'ordre : les métayers italiens ne se sont bientôt plus distingués des métayers français ; ceux-ci ont retrouvé leur tranquillité intellectuelle et, pourrait-on dire, leur passivité. La « routine » des autochtones a été plus forte que les initiatives venues du dehors[2].

On pourrait, il est vrai, enregistrer en d'autres cas les succès remportés par des initiatives analogues à celles que nous venons de décrire. Mais ils ont toujours des limites et ne paraissent le plus souvent que des

2 *Cf.* l'enquête de A. Demangeon et G. Mauco sur *Les étrangers dans les campagnes françaises*, Paris, 1938.

imprégnations d'un système agricole dans un autre système reposant sur des conditions géographiques à peu près semblables.

Il paraît certain, par exemple, que la culture de l'olivier a pénétré en Gaule par l'Orient. Mais il s'agit d'un arbre qui pouvait presque de lui-même se répandre dans le monde méditerranéen. C'est un phénomène d'expansion végétale que l'initiative humaine a simplement favorisé. On a affirmé également que la culture de la vigne a été rendue plus prospère en Gaule par la conquête romaine et on a, de cette prospérité, des preuves abondantes. Mais il ne s'agit que de progrès techniques ou d'extension de la culture, non d'une innovation partant de rien.

[96] On est allé plus loin. On a prétendu que le système céréalier à jachère avait ses origines à Rome, parce qu'il y a eu ses théoriciens. En fait, il est très antérieur à l'agriculture latine. Les Grecs le pratiquaient aux temps d'Homère et d'Hésiode. Je suis persuadé que tous les paysans des régions méridionales de l'Europe sont arrivés à l'utiliser et à en subir la nécessité, dès l'instant qu'ils ont connu la culture du froment. Ils se sont trouvés partout dans l'obligation de semer à l'automne des variétés de blé qui devaient être récoltées avant le grand coup de chaleur sèche de l'été et qui ne permettaient pas le redoublement de leur culture sur le même champ.

On peut donc penser que l'installation des Romains en Gaule méridionale, si elle a favorisé le progrès agricole, n'a pas cependant fait sortir le monde paysan de lui-même, n'a pas provoqué dans la masse paysanne une particulière activité mentale, en dépit des écrits agronomiques latins, que d'ailleurs elle ne connaissait pas.

Ainsi l'introduction d'éléments étrangers dans un milieu rural vivant sur un système agricole constitué ne provoque pas toujours de profondes réactions contre la tradition. La « routine » a besoin pour être ébranlée ou vaincue de subir d'autres assauts.

C'est ce qui arrive lorsque sont introduites dans un milieu agricole des plantes nouvelles, susceptibles de s'associer entre elles ou avec celles du système de cultures antérieurement constitué, pour former un système nouveau.

Le système établi résiste naturellement. Les paysans qui le pratiquent n'ont que trop de raisons de ne pas vouloir rompre l'équilibre sur lequel repose la satisfaction de leurs besoins matériels les plus évidents. Mais s'ils peuvent accueillir une culture nouvelle sans que soit détruit cet équilibre, il est peu de cas où leur résistance ne faiblisse pas, pour disparaître ensuite.

Je donnerai à cet égard un exemple, que je prendrai une fois encore dans le Sud-Ouest. Je rappellerai ce qui s'est passé au moment de l'introduction du maïs. La plante, comme on le sait, est venue de l'Amérique au XVIe siècle. Elle a été introduite d'abord [97] vraisemblablement en Portugal. Elle a été connue presque dans le même temps en Espagne et dans d'autres pays méditerranéens. Dans le Sud-Ouest de la France, elle apparaît au début du XVIIe siècle. Parmi les régions qui devaient l'adopter, le Sud-Ouest est une de celles qui présentent les conditions géographiques les meilleures pour sa culture, c'est-à-dire une chaleur favorable, des pluies printanières se prolongeant jusqu'au début de l'été, des orages de saison chaude, des automnes traversés d'assez beaux jours pour assurer la maturation du grain. Par ailleurs, la culture du maïs présentait d'énormes avantages. Il pouvait participer à la nourriture des hommes et son rendement était très supérieur à celui du froment. Il fournissait par ses cimes, ses feuilles, ses épis une abondante provende aux animaux et permettait l'extension de l'élevage, du même coup l'augmentation des fumures. Il pouvait s'associer au blé et supprimer partiellement la jachère, la terre ne se reposant entre la moisson et l'ensemencement du maïs qu'une demi-année. Il pouvait donc réaliser dans le Sud-Ouest une véritable « révolution » agricole, et c'est bien ainsi que Arthur Young en jugea lorsqu'il pénétra dans le domaine de sa culture au cours de ses voyages en France.

Pourtant, il fallut près de deux siècles pour que le maïs eût cause gagnée. Entré dès le début du XVIIe siècle dans le Pays Basque, il ne se propagea qu'avec lenteur dans les autres régions aquitaines. Il n'y devint l'associé du blé d'une manière régulière qu'au XVIIIe siècle ou au début du XIXe. Le système biennal traditionnel s'est donc remarquablement défendu, s'il a fini par céder. Il ne l'a fait que parce que le système blé-maïs ne menaçait pas l'équilibre vivrier de la paysannerie, et tout au contraire.

L'adoption du cycle blé-maïs et sa substitution au cycle blé-jachère ont eu d'énormes conséquences. L'ancien système agricole avait assuré une certaine unité entre la France méditerranéenne et la France du Midi atlantique. Unité remarquable non seulement dans la structure des paysages, mais dans le contenu et les démarches de la mentalité paysanne. C'est à elle qu'on peut reporter une part au moins des caractères de la civilisation rurale du Midi de la France. Le remplacement d'un système agricole par un autre a provoqué le divorce de l'Aquitaine d'avec le Midi méditerranéen. [98] Désormais, la paysannerie du Sud-Ouest aura ses réactions propres en rapport avec son nouveau système agricole. Elle est restée attachée aux pratiques polyculturales à base céréalière et c'est en fonction de ces pratiques qu'elle continue à apprécier toutes les nouveautés qui peuvent s'offrir à elle. Après l'ébranlement intellectuel provoqué par l'introduction du maïs, elle est retombée à sa passivité. On démontrerait sans peine, croyons-nous, que le retard souvent constaté de ses techniques agricoles a tenu essentiellement aux habitudes d'esprit entretenues par le système de culture. Dès l'instant qu'il lui assurait l'existence journalière, elle n'a pas cherché au-delà. De graves conséquences en sont résultées : appauvrissement relatif des propriétaires et des métayers, déficience démographique, et par-dessus tout une sorte de langueur intellectuelle qui résiste aux innovations. Le paysan du Sud-Ouest n'a abandonné une certaine « routine » que pour retomber dans une autre.

L'exemple qu'il nous offre nous permet d'aller plus loin dans l'analyse du comportement paysan à l'égard des nouveautés. Sa lenteur à s'émouvoir devant les changements qui lui sont proposés, à la bien considérer, paraît déterminée essentiellement par le souci de ne pas abandonner le sentiment de sécurité, donné par des modes de cultures qui ont fait leurs preuves. La routine est pour lui le fruit précieux de l'expérience, un trésor de sagesse. Il ne l'abandonne que s'il acquiert l'assurance qu'il peut céder sans dommages. La victoire des nouveautés n'est si laborieuse que parce qu'elle doit être remportée par l'expérience, dont la force démonstrative soit pour lui hors de discussion et dont les résultats lui assurent des avantages aussi certains que son empirisme traditionnel.

La qualité de l'expérimentateur et la conduite de ses essais deviennent ainsi un élément essentiel de la transformation matérielle de la vie paysanne et du même coup de l'ébranlement psychologique qui doit l'accompagner.

Presque toujours l'initiateur des nouveautés est à demi étranger au monde paysan. C'est parfois une collectivité, parfois l'État lui-même. Le plus souvent, c'est un particulier assez détaché [99] des nécessités matérielles pour subir au besoin un préjudice sans que celui-ci fasse sentir ses effets sur sa propre vie et sur la vie du groupe qu'il est chargé d'entretenir. C'est pourquoi ce sont surtout des propriétaires bourgeois qui ont été les premiers à accueillir les cultures nouvelles, transformatrices du système agricole.

Ce sont des bourgeois, par exemple, ou des propriétaires non cultivateurs de profession, comme les maîtres de poste, qui ont presque partout expérimenté les premiers les légumineuses fourragères. J'ai rappelé ailleurs l'expérience décisive tentée au XVIIIe siècle sur la plaine de Valence où la luzerne, connue depuis l'époque romaine mais cultivée seulement sur les terres fraîches ou des terres irrigables, a été par une sorte de coup d'audace transportée sur des terres sèches où elle a admirablement réussi. Ainsi est née la conviction, chez les voisins d'abord, dans un public plus large ensuite, qu'on pouvait la cultiver sans rien craindre en dehors des parcelles qui lui étaient habituellement réservées. Bien d'autres exemples semblables pourraient être donnés et de nos jours comme dans le passé. Presque tous les progrès agricoles sont dus à ces expérimentateurs qui n'étaient pas de vrais paysans.

N'est-il pas remarquable, d'ailleurs, que les écrits agronomiques se soient adressés à eux le plus souvent, plutôt qu'à la masse des cultivateurs ? Les agronomes latins pas plus que les modernes n'ont été de vrais vulgarisateurs. Olivier de Serres n'écrit pas pour le laboureur de terre. Il écrit surtout pour ceux qui ne l'étant point, ou qui ne l'étant que par occasion et non par destination sociale, ont à conduire un « ménage » des champs. Dans la préface de son très beau livre, il distingue soigneusement la « générale expérience des laboureurs » et la science qu'il recommande à ceux qui ne veulent pas se contenter « d'être renvoyés aux paysans sans lettres ».

Les agronomes du XVIIIe siècle, souvent ceux du XIXe, et les plus grands d'entre eux, n'ont pas essayé d'atteindre directement un autre public que celui de ces propriétaires, non paysans de fait, mais si nécessaires aux paysans, puisqu'ils étaient, dans un milieu voué à la tradition et à la routine, ceux par qui les systèmes agricoles en vigueur pouvaient être ébranlés et avec eux les habitudes mentales qui leur étaient associées.

[100] D'autres conditions – je n'en peux mentionner que quelques-unes – peuvent avoir des conséquences semblables à celles des expériences

libératrices dont je viens de parler. Elles sont dans tous les esprits et elles ont ce caractère commun de solliciter le paysan vers l'abandon de son système de cultures en lui assurant une sécurité analogue à celle qu'il en obtient.

La révolution des échanges, due à l'accroissement des villes et à l'aménagement de nouveaux moyens de transport, a été dans cet ordre d'idées l'un des facteurs essentiels de la rupture des habitudes routinières.

L'un des exemples qui s'imposent à cet égard est celui du bouleversement agricole du Midi méditerranéen. Comme le Midi atlantique, il est resté voué longtemps au système céréalier de type biennal. Des difficultés très grandes se seraient dressées devant lui s'il avait voulu le transformer par l'adoption de ces plantes nouvelles qu'on peut qualifier de « révolutionnaires ». Il lui est impossible d'accueillir le maïs en dehors des terres irriguées ; il lui est difficile de faire une place aux plantes sarclées à racines ou à tubercules en dehors des terres fraîches et meubles ; il lui est malaisé d'établir des prairies artificielles en dehors de ces mêmes terres.

Le Midi méditerranéen, pour corriger les déficiences du système basé sur les céréales, ne pouvait donc que faire appel à certaines cultures industrielles, ou mieux à l'olivier, aux arbres fruitiers et à la vigne. Celle-ci avait été, dès l'Antiquité, la vraie ressource des terres pauvres des coteaux. Elle avait fait de grands progrès au cours des XVIIIe et XIXe siècles, grâce à l'amélioration des voies de communication, et surtout après 1850 grâce aux chemins de fer. La crise phylloxérique achevant de fixer le destin agricole du Midi, tout au moins du Midi languedocien, la vigne s'est substituée en plaine aux cultures traditionnelles. Sa monoculture s'est constituée en un système fermé.

Le Midi viticole nous offre donc l'exemple d'une région abandonnant son système agricole ancien sous des influences économiques extérieures, par l'exploitation de l'une de ses ressources en vue [101] de la vente. Il s'est trouvé placé dans des conditions psychologiques différentes de celles qui avaient dans le passé façonné sa mentalité. L'extension de la vigne a été pour lui l'équivalent de l'introduction d'une plante nouvelle dans de vieux usages culturaux. Ses réactions psychologiques à l'égard de toute nouveauté sont désormais commandées par ce qui touche au vignoble et au vin, exclusivement. Même menacé par des crises de mévente ou de production, le paysan languedocien n'entrevoit plus que des mesures de défense de son statut agricole actuel : il s'est fermé presque complètement à toute nouvelle innovation.

Les cultivateurs vauclusiens ont connu de même une transformation profonde de leur système de cultures. Longtemps voués, eux aussi, à une production fondée sur le blé, la vigne, l'olivier et les arbres fruitiers, ils ont accueilli au cours de leur histoire, et non sans peine, un certain nombre de cultures industrielles : celles du mûrier, du tabac, de la garance, etc. Mais ils n'ont d'abord établi ces cultures sur leurs domaines que dans la mesure où elles ne touchaient pas – la garance peut-être exceptée – aux fondements mêmes de leurs anciens usages agricoles.

Vers la fin du XIXe siècle, après une série de désastres agricoles (ruine de la sériciculture et de la garance, crise phylloxérique), ils se sont faits jardiniers. Il a fallu, pour cette transformation du genre de vie, qu'ils disposent de moyens agricoles nouveaux : on leur a donné de l'eau pour l'irrigation ; ils ont dû trouver une technique des arrosages convenant à la nature de leurs terres et au rythme de leurs cultures ; ils se sont procuré des engrais, mais ils ont dû chercher les modes de leur emploi jusqu'à la création véritable d'un sol agricole nouveau ; on leur a offert des moyens rapides d'expédition, mais ils ont été dans l'obligation de chercher des débouchés, d'organiser leurs ventes, de se transformer en commerçants alors qu'ils n'étaient qu'agriculteurs. Il n'est pas jusqu'à la structure sociale de la paysannerie vauclusienne qui n'ait été bouleversée : jusqu'alors ils cultivaient avec une main-d'œuvre d'appoint 10, 15, 20 hectares par famille ; jardiniers, ils ne travaillent plus qu'une surface réduite à 1 hectare ½ ou 2 hectares ! Le paysan vauclusien s'est donc porté du système plus ou moins autarcique d'autrefois à celui des cultures de spéculation [102] commerciale. Il l'a fait au milieu d'une véritable effervescence intellectuelle : c'est un paysan nouveau qui est né, bien différent de celui que nous peint la littérature mistralienne.

Ainsi, à partir du moment où des facteurs économiques incitent le paysan à produire plus que ses besoins ou même à produire exclusivement pour la vente, il se trouve placé devant des problèmes nouveaux pour lui. Il doit sortir de sa routine et il en sort en effet. Comment, avec les habitudes mentales héritées de son long passé, résoudrait-il les questions multiples et complexes qui se posent devant lui ? Il faut qu'il choisisse les spécialités auxquelles il a désormais à consacrer son effort ; il faut qu'il se préoccupe du rendement, des problèmes de doit et d'avoir ; toute une série de difficultés techniques se présentent à lui qui ne peuvent rester sans solution.

C'est ici qu'intervient la science agronomique. Celle-ci a multiplié les recherches, elle a popularisé les résultats. De proche en proche, elle a aidé à transformer les systèmes agricoles clos en systèmes ouverts.

Lorsque les anciens systèmes autarciques s'étaient constitués, l'évolution agraire avait marqué un temps d'arrêt auquel avait correspondu une sorte d'ankylose intellectuelle. On n'était reparti vers de nouveaux paliers qu'avec lenteur, avec une hésitation prudente : c'est ce qu'on nommait la routine en donnant au mot son sens péjoratif ordinaire.

Dans les temps actuels, les étapes se précipitent. Par suite des conditions économiques, des moyens agronomiques nouveaux, les modes de culture changent avec rapidité. À considérer l'évolution agraire sur le plan de l'histoire, je crois que nous assistons à une sorte de *déblocage de la vie et de la mentalité paysannes.* Tous les vieux systèmes agricoles sont ébranlés dans leur contenu et dans leurs justifications accoutumées. La tradition prend conscience de son infériorité ; elle sait qu'elle a perdu ou qu'elle perd ses chances de durée. La routine bat désormais en retraite. Tel usage agricole, telle technique, telle culture même sont rejetés [103] dans le souvenir. On les voit, on les verra de plus en plus s'incorporer à ce folklore paysan qui est, en partie, le témoignage de disparitions de même sorte. Et dans le même temps, le monde paysan passe de l'irrationnel au rationnel…

Je n'ai pas eu la prétention, dans ce développement trop rapide, de retrouver tous les stades de l'évolution psychologique de la masse paysanne. J'ai surtout voulu en marquer les caractères les plus généraux, et, même à ce point de vue, je suis très loin d'avoir épuisé le sujet.

Je crois que les problèmes posés par la routine paysanne mériteraient d'être étudiés dans le détail. Il s'agit, en effet, de comprendre le comportement mental de ces groupes sociaux qui sont les plus nombreux à la surface de la terre. On n'atteindra à leur pleine intelligence que par un effort vraiment scientifique d'observation psychologique. On n'agira sur le monde paysan qu'à la condition de le bien connaître, et le problème n'est point facile à résoudre. Pour ma part, je poserais volontiers quelques questions. Y a-t-il *une* routine paysanne, uniforme en ses caractères et en ses démarches ? En quelle mesure dépend-elle du mode de travail, de l'état économique et social, du degré d'instruction et de la nature des notions intellectuelles acquises ? La réaction du paysan est-elle la même, qu'il s'agisse du choix d'une culture, de l'adoption d'une technique ou d'un certain outillage, de la détermination de l'organisation économique de la production ? En d'autres termes, y a-t-il une routine paysanne ou des routines, des cas d'espèce ou des cas généraux ? Il faut avouer que nous sommes, sur ces différents points, à peu près totalement privés de données précises. Il suffit d'énumérer ces diverses questions pour justifier la part modeste que peut prendre à les résoudre un géographe qui ne prétend pourtant pas substituer dans ce domaine la science à laquelle il se consacre à la sociologie ou à la psychologie.

DANIEL FAUCHER

LES TRANSFORMATIONS DES TECHNIQUES COMME PROBLÈME DE PSYCHOLOGIE COLLECTIVE

I.

[104] Avant d'aborder ma communication proprement dite, il me sera permis, j'espère, de prononcer quelques mots, très simples, d'amitié intellectuelle, en même temps que de remerciement.

C'est un signe excellent, me semble-t-il, que les psychologues de profession, auxquels nous devons cette réunion, aient eu l'idée d'y convier des représentants de directions d'études très diverses ; qu'en particulier, parmi les disciplines ainsi appelées, par leurs soins, à travailler en commun, ils aient fait figurer celle à laquelle je ne vois, pour ma part, aucune raison de retirer le nom vénérable d'histoire (sans que nous soyons, pour autant, obligés de donner à ce terme exactement le même contenu qu'à l'époque d'Hécatée de Milet). L'histoire n'est peut-être pas, à l'heure actuelle, une science toujours très bien déterminée dans ses contours. Mais c'est une science bien vivante. Or, historiens et psychologues ont, certainement, tout profit à collaborer.

Historiens, nous avons grand besoin de vous. Constamment, nous sommes amenés, par nos études, à faire de la psychologie, individuelle ou collective. Trop souvent, nous nous contentons d'appliquer les notions psychologiques du sens commun. Je crains que cette psychologie-là ne soit pas toujours la plus sûre, ni la plus fine. C'est elle qui, naguère, conduisait Voltaire à nier que les anciens Égyptiens aient pu être assez sots pour rendre un culte à des animaux. C'est elle qui, aujourd'hui, entraîne certains historiens à manier bien imprudemment un concept aussi délicat que celui de « sincérité » ou à confondre la cause psychologique d'un fait social avec sa motivation consciente.

[105] Les psychologues, d'autre part, ne sont pas non plus, j'imagine, sans avoir besoin des historiens. Car l'expérience dont leurs méthodes propres leur ouvrent l'accès est forcément limitée au présent ou au proche passé. Elle est donc incomplète. Veulent-ils remonter plus haut dans le temps ? Les problèmes auxquels ils se heurtent alors relèvent nécessairement de procédés d'investigation différents, auxquels il faut bien donner le nom d'« historiques ». Je parlais, à l'instant, de sincérité. C'était pour indiquer comment, sur ce point, l'historien ne saurait, sans danger, se passer des enseignements du psychologue. Mais la réciproque n'est guère moins vraie. Le haut Moyen Âge, par exemple, avec sa multitude d'actes faux, nous offre un cas de véritable mythomanie collective, qu'aucun psychologue de la sincérité (ou du mensonge) n'a, je crois, le droit de négliger.

C'est un de ces problèmes d'intérêt commun que je voudrais aujourd'hui poser devant vous. Disons mieux : un faisceau de problèmes apparentés qui, tous, se placent au centre de nos préoccupations ordinaires, à nous historiens, d'un côté, à vous, psychologues, de l'autre. Je n'ai malheureusement pas pu préparer ma communication d'une façon aussi précise que je l'eusse souhaité. Ma seule ambition sera, donc, de vous soumettre quelques points d'interrogation. Ils prêteront, je l'espère, de votre part, à des suggestions plus fécondes que mon exposé lui-même.

II.

Le premier problème est celui dont les éléments sont les plus simples. Il peut s'énoncer comme il suit.

Soit une technique nouvelle, inventée à l'intérieur d'une société donnée ou apportée à celle-ci du dehors. Elle sera, par cette société, tantôt acceptée, tantôt refusée. Si elle est acceptée, elle le sera plus ou moins lentement et sporadiquement. Par quelles causes rendre compte de ces diverses réactions ?

Une idée se présente, de prime abord, à l'esprit. L'invention, dit-on, sera acceptée si elle est ou paraît utile ; rejetée, si elle est ou paraît inutile ou dangereuse. D'où, quand la recherche poussait dans cette voie, une série de problèmes, dès longtemps [106] classiques : les uns d'ordre proprement technique ; les autres d'ordre économique (débouchés, main-d'œuvre, etc.).

Nul ne niera l'importance de ces facteurs. Bien vite, cependant, nous sentons que les choses ne sont pas aussi simples, ni aussi rationnelles. Le langage courant ne nous offre-t-il pas, pour orienter notre questionnaire, un mot lourd de sens psychologique : celui de « routine » ? Nous avons l'impression très nette qu'il y a des sociétés en elles-mêmes plus « routinières » que d'autres, ou plus novatrices ; et nous éprouvons le besoin de chercher les raisons profondes d'attitudes que les considérations d'utilité ne semblent pas suffirent à expliquer.

Comme M. Faucher l'a déjà fait, dans la pénétrante communication que vous venez d'entendre, je choisirai, pour illustrer le problème, le cas de la « routine » paysanne.

Qu'il y ait, en fait, une routine paysanne ; en d'autres termes, que, dans une société donnée, le groupe paysan soit généralement plus attaché à ses traditions que les groupes voisins : c'est ce que personne ne songera à contester. Nous voici donc en présence d'un premier « pourquoi » : comment expliquer ce trait particulier de mentalité collective ?

Je n'ai nullement la prétention de répondre, en deux mots, à une si grosse question. Je voudrais simplement attirer l'attention sur un fait de structure sociale dont l'importance me paraît grande. Quiconque connaît nos campagnes a pu l'observer maintes fois : dans la famille paysanne, c'est par ses grands-parents surtout que l'enfant, le plus souvent, est élevé. Retenus par les travaux des champs, de la basse-cour ou de l'étable, ni le père ni la mère n'ont le loisir de beaucoup veiller sur lui. Là réside, je crois, une des causes qui expliquent la persistance, si remarquable, des traditions dans ces milieux. La génération la plus active et, parmi les adultes, la plus jeune, par suite la plus adaptable, la génération qui, peut-être, aura déjà esquissé un début d'adaptation n'est pas celle qui transmet directement, à la génération montante, ses enseignements.

Cependant, si la routine paysanne, incontestablement, existe, elle n'a rien d'absolu. Dans un grand nombre de cas, nous voyons que des techniques nouvelles ont été adoptées, assez aisément, par les sociétés paysannes, alors qu'en d'autres circonstances ces [107] mêmes sociétés ont, au contraire, refusé d'autres nouveautés, qui, au premier abord, ne nous sembleraient pas avoir dû être moins capables de les séduire. Je chercherai, dans un instant, à donner des exemples de ce contraste. Je demande, auparavant, la permission de me laisser aller à une digression, que me suggère la communication de M. Faucher.

M. Faucher nous a mis sous les yeux, de la façon la plus intéressante, l'histoire des assolements. Il nous a montré, en particulier, comment l'arrivée des Germains, dans le Midi de la Gaule, n'avait en rien modifié l'antique rythme biennal, traditionnellement pratiqué dans ces contrées. Le fait est certain. Je me demande, seulement, s'il y a lieu de s'en étonner.

Car les envahisseurs dont il est ici question étaient des Visigoths. Ils parlaient, indiscutablement, un langage de type germanique. Leur patrie d'origine était, nul n'en doute, la Germanie ou, plus précisément, la Scandinavie. Mais ils n'en venaient pas directement. Ils n'atteignirent la Gaule que par un long détour, qui les avait conduits, notamment, à s'établir, pendant deux siècles au moins, sur les bords de la Mer Noire. Lorsqu'ils avaient quitté la Germanie, l'assolement triennal y était-il déjà connu ? Rien n'est moins sûr. Notre premier témoignage à ce sujet date, en effet, seulement du début de l'ère chrétienne. En tout cas, c'était sur les rives de la Mer Noire que la civilisation des Visigoths s'était véritablement constituée. Les habitudes agricoles qu'ils apportèrent avec eux dans nos régions étaient certainement celles des pays méditerranéens, classiquement attachés à l'assolement biennal, beaucoup plus tôt que celles du Nord.

Pour le reste, je suis bien d'accord avec M. Faucher. Les exemples qu'il a cités sont extrêmement instructifs. Je vais, de mon côté, vous en proposer deux, dont le contraste me semble propre à mettre en lumière les attitudes variables d'une société rurale vis-à-vis des améliorations techniques.

Voici d'abord un exemple caractérisé d'attachement au passé.

C'est celui même auquel on pense presque toujours lorsqu'on prononce le mot de « routine paysanne » : la révolution agricole du XVIIIe siècle. Nul ne saurait le contester : cette grande révolution, qui, pour l'essentiel, se résume dans la suppression de la jachère [108] morte, fut l'œuvre d'éléments étrangers à la société paysanne, au sens étroit et authentique du mot : nobles, bourgeois, maîtres de postes, auxquels s'ajoutèrent parfois quelques immigrants. La masse rurale ne suivit le mouvement que très lentement et de très mauvais gré ; souvent, elle s'y opposa d'abord, délibérément. La trace de cette résistance est demeurée, jusqu'à nos jours, très profonde, dans la littérature agronomique. L'agronomie garde, en quelque façon, rancune aux paysans de ne pas s'être ralliés à une transformation qui, indéniablement, aboutissait à augmenter, dans des proportions considérables, les capacités productives du pays.

L'exemple inverse, qui nous met en présence d'un cas d'adaptation, relativement rapide, à une technique nouvelle, c'est – chose, à première vue, surprenante – un passé beaucoup plus reculé qui va nous le fournir.

Une plante, une céréale nous semble aujourd'hui entre toutes caractéristique de l'ancienne agriculture française. Disons mieux : de l'ancienne agriculture européenne. C'est le seigle. Il a, chacun le sait, disparu, dans la seconde moitié du XIXe siècle, de la plus grande partie de nos campagnes. Il y était, chacun le sait aussi, très largement cultivé au Moyen Âge et jusqu'en plein XVIIIe siècle. Dans le Centre, en particulier, il régnait presque exclusivement. Le pain que mangeait alors la majorité de notre peuple n'était pas du pain de froment. C'était du pain de seigle.

Or ce seigle n'était pas, en vérité, une plante très vieille. Au moins dans le sens où l'historien prend cette épithète, à laquelle il n'accorde peut-être pas exactement la même valeur que le commun des mortels. Nous avons toute raison de croire qu'ignoré de l'agriculture romaine, le seigle ne s'est guère répandu dans l'Europe Occidentale avant l'époque des grandes invasions. Il nous fut alors apporté, probablement, par les civilisations nomades de la steppe, qui, en ce temps, marquèrent si profondément de leur empreinte la vie de l'Occident. Son extension s'accomplit très vite : en quelques siècles, semble-t-il. J'ai déjà dit l'importance de la place qu'il se conquit.

Voilà donc, relativement près de nous, un cas de routine obstinée ; beaucoup plus loin, dans le temps, l'exemple d'une faculté d'adaptation [109] non moins remarquable. Comment résoudre cette apparente contradiction ?

En y regardant de plus près, on aperçoit, entre les deux expériences, une différence considérable.

Comme M. Faucher l'a justement rappelé, la révolution agricole menaçait de ruiner tout le système social dans lequel s'inscrivait la vie paysanne. Le petit paysan n'était pas sensible à l'idée d'accroître les forces productrices de la nation. Il ne l'était même que médiocrement à la perspective, moins lointaine, d'augmenter sa propre production, ou, du moins, la part de cette production qui était destinée à la vente. Il savait les débouchés incertains, les cours variables ; il sentait, dans le marché, quelque chose de mystérieux et d'un peu dangereux. Sa principale préoccupation était, beaucoup plutôt, de conserver à peu près intact son niveau de vie traditionnel. Presque partout, il estimait son sort attaché au maintien des anciennes servitudes collectives, qui pesaient sur les labours. Or ces usages supposaient la jachère. Supprimer celle-ci, c'était, du même coup, atteindre la vaine pâture qui – si l'on prend pour exemple les pays d'assolement triennal – ouvrait chaque année le tiers du terroir cultivé aux troupeaux de la communauté entière. Privés de cette faculté, beaucoup d'exploitants n'auraient plus su comment nourrir leurs bêtes. La plupart des paysans, en un mot, craignaient le grand bouleversement social qui semblait la suite inévitable des méthodes nouvelles. Ils n'avaient pas tort de le craindre. S'ils avaient mieux su ce qui se passait, au même temps, sur l'autre rive de la Manche, ils y auraient trouvé la confirmation de leurs pires inquiétudes. La révolution agricole s'est faite, en Angleterre, beaucoup plus rapidement et complètement que chez nous. Elle y a eu pour rançon l'écrasement de toute une fraction de la masse rurale.

Imaginons, au contraire, notre paysan de l'époque mérovingienne en présence du seigle. Certes, la culture lui paraît nouvelle. Mais peut-être la plante en elle-même ne lui est-elle pas tout à fait inconnue : car le seigle semble bien avoir fait originellement son entrée comme une des mauvaises herbes du froment. En tout cas, elle est analogue aux autres céréales, familières, depuis longtemps, aux laboureurs de la Gaule. Surtout, substituer le seigle au froment [110] ou à l'orge, ce n'était nullement toucher au système social. C'était simplement améliorer la mise en valeur d'un champ, que les mêmes hommes que par le passé continueraient de cultiver, selon le même rythme.

Ainsi nous aurions affaire, en vérité, à des phénomènes de portée très différente, et l'antinomie n'aurait plus besoin d'être expliquée, puisque strictement elle n'existerait plus. Je veux bien. Je tiens ces considérations, en elles-mêmes, pour parfaitement justes. Quitte, cependant, à m'exposer, sciemment, au reproche de ne vous soumettre qu'une série de possibilités, entre lesquelles il vous appartiendra de choisir, je dois vous l'avouer : je ne suis pas sûr que, par là, la réalité soit épuisée. Il y a peut-être encore autre chose.

La société paysanne qui s'est trouvée confrontée par les problèmes de la révolution agricole du XVIIIe siècle était une société stable et d'organisation assez rigide ; où les familles demeuraient, pendant des générations, à peu près sur place ; où, entre les diverses couches sociales elles-mêmes, il ne s'opérait pas de brassages bien intensifs.

Prenez au contraire la société paysanne qui a adopté le seigle. C'était celle des grandes invasions. Entendez : une société en plein remuement et dont, par le fait de tant de désastres divers, des razzias, des migrations forcées, les anciens cadres craquèrent de toutes parts. Ne doit-on pas supposer qu'une société ainsi animée d'une sorte de puissant mouvement interne possède, par nature, une faculté d'adaptation plus grande ? Simple hypothèse, assurément. Mais qui trouverait peut-être un commencement de confirmation dans d'autres faits parallèles. Car le seigle n'est pas, à beaucoup près, la seule technique nouvelle que la société occidentale ait faite sienne au cours de cette période si troublée et, en apparence, si inféconde. Pensez, notamment, à l'étrier. On a le sentiment (je n'oserais, pour le moment, en dire plus) que les conditions de la vie sociale, par ailleurs terriblement tragiques, étaient alors favorables aux innovations.

III.

[111] Le second problème dont je voudrais vous entretenir est plus complexe. Car il met en jeu, cette fois, avec la psychologie collective, la psychologie individuelle différentielle. C'est le problème de l'invention. Je ne l'envisagerai ici que sous son aspect collectif.

L'histoire montre, d'une façon évidente, l'existence de sociétés ou de phases sociales particulièrement inventives. Laissons de côté – comme je viens de m'engager à le faire – la question de savoir pourquoi tel ou tel individu invente, plutôt que tel autre. L'observation subsiste que, dans l'évolution des sociétés, il y a des moments où tout le monde invente ; d'autres, où presque personne n'invente.

Par exemple, l'Antiquité classique a certainement été une période pauvre en inventions. La seconde partie du XVIIe siècle français nous met, elle, en présence, d'un cas plus curieux encore : celui d'une société qui a envie d'inventer et n'y réussit point. (J'entends, naturellement, dans le domaine technique.)

Ouvrons, en effet, un recueil d'usage aussi courant que le tome I de la *Correspondance des contrôleurs généraux avec les intendants*, publiée par Boislisle. Feuilletons l'Introduction. Nous nous apercevrons que sous le règne de Louis XIV ont été obtenus un nombre considérable de brevets d'invention ou, plus exactement, de privilèges permettant d'exploiter, en monopole, une invention. Ces concessions touchent les techniques les plus diverses. Tel, par exemple, le procédé de chauffage économique, dans lequel Mme de Maintenon plaça quelques capitaux ; ou, parmi les recettes nouvelles de valeur un peu secondaire, celle de voitures incahotables et inversables. Mais il y a des cas qui appellent davantage la réflexion : on parle de nouveaux moyens de mouvoir les machines, ce qui semble faire allusion à l'appel à des forces motrices jusque-là inutilisées.

Or, une chose est certaine : de tout cela, rien d'important, pratiquement, n'est sorti. Les voitures, je crois bien, ont continué à cahoter. Le chauffage ne paraît pas être devenu plus économique. Surtout, aucune force motrice nouvelle n'a assurément [112] été utilisée, d'une façon sérieuse, avant la fin du XVIIIe siècle.

D'où un gros problème : ces gens qui avaient le désir d'inventer et qui, visiblement, y étaient poussés par l'ambition de gagner de l'argent avec leurs inventions, pourquoi ne sont-ils pas parvenus à leurs fins ?

Ici, nous rencontrons de nouveau l'explication par le besoin économique. Elle a été présentée de bonne heure. On lit, dans l'*Encyclopédie*, à l'article *Cordages*, ce qui suit :

« Partout où la main-d'œuvre est chère, il faut suppléer par des machines ; il n'est que ce moyen de se mettre à niveau de ceux chez qui elle est à plus bas prix. Depuis longtemps, les Anglais l'apprennent à l'Europe. »

En d'autres termes, toute crise de main-d'œuvre doit aboutir à un perfectionnement du machinisme.

Puis Simiand a repris cette idée, en la reliant à sa puissante théorie de l'alternance entre les périodes de hauts et de bas prix. Les phases de bas prix – phase B – se caractériseraient généralement par un progrès des inventions. Malheureusement la thèse s'applique mal au XVIIe siècle. Celui-ci, au moins dans sa seconde partie, semble bien avoir coïncidé avec une phase B ; et il n'a rien inventé.

D'un autre côté, on peut être tenté de chercher l'explication dans l'histoire des sciences. Au XVIIe siècle, dira-t-on, il manquait aux inventeurs en virtualité la base scientifique qui seule aurait pu leur permettre de réaliser leurs désirs ou leurs instincts.

Or, il y a, dans tout cela, beaucoup de vrai, sans doute. Mais je me demande, une fois de plus, si ces interprétations ne sont pas trop simples ; s'il n'existe pas aussi d'autres raisons, tirées, celles-ci, de la considération du milieu social lui-même, qui expliqueraient tantôt le développement de l'esprit d'invention, tantôt son ralentissement. Comme tout à l'heure, il conviendrait, je crois, de regarder vers la structure interne de la société et vers l'action, les uns sur les autres, des divers groupes qui la composent.

La première question à résoudre serait, sans doute, celle que voici : dans une société donnée, quels sont les groupes porteurs de l'invention ? Nous aboutirons, je pense, à constater que ces groupes ont varié, selon les époques. Certaines sociétés ont connu, [113] avant tout, les inventions d'artisans. Voyez le Moyen Âge occidental. Il a moins inventé qu'on ne l'a dit parfois ; il a peut-être surtout emprunté. Mais on peut néanmoins, selon toute apparence, porter à son actif quelques découvertes techniques. En particulier, le rouet, qui fut, en vérité, une des premières machines et une des plus belles que l'homme se soit données. Or le rouet fut certainement imaginé par des artisans, dont le nom restera toujours aussi ignoré que ceux des découvreurs primitifs du feu. D'autres phases sociales, au contraire, ont vu prospérer, presque exclusivement, des inventions de savants ou, du moins, d'ingénieurs.

Revenons maintenant à la seconde partie du XVIIe siècle. Nous pourrons désormais poser le problème sous une forme plus précise. Nous nous demanderons pourquoi les artisans n'inventent plus et pourquoi les savants n'inventent pas encore. Tout aussitôt, une série de possibilités se présentent à l'esprit. Existait-il alors des raisons d'ordre économique ou social qui empêchaient l'artisan de songer à l'invention ? Avait-il trop de peine à vivre pour cela ? Était-il jugulé par le traditionalisme obstiné des corporations ? Réciproquement, la science du savant était-elle insuffisamment dirigée vers les applications pratiques ? Était-il lui-même victime de préjugés qui le détournaient de ces applications, jugées de nature trop basse ? Entre les divers groupes, enfin, le contact faisait-il défaut, qui eût pu aider les uns à concevoir les besoins des autres ? Entre tous ces points d'interrogation, je ne me propose pas ici de choisir. Mon seul objet a été d'indiquer qu'entreprise sous cet angle, une analyse sociale un peu poussée nous permettrait sans doute de comprendre, mieux que nous ne le faisons aujourd'hui, pourquoi l'histoire nous offre, à côté de sociétés de routines, des sociétés d'invention.

IV.

Le dernier problème que je soulèverai devant vous peut s'intituler : « De la prise de conscience de l'importance des faits techniques ». La formule vous paraîtra peut-être, au premier abord, un peu sibylline. Une citation aidera à l'éclairer.

Nous sommes à la Chambre des Députés, le 26 juillet 1838. Le gouvernement a proposé l'octroi d'une concession de chemins [114] de fer, dans le Sud-Ouest. La commission demande que le projet soit rejeté. Un rapport, rédigé en ce sens, est donc présenté, en son nom. Entre autres arguments, on y lit ce qui suit :

« Ne pas admettre avec l'exposé des motifs que deux tringles de fer parallèles donneront une forme nouvelle aux landes de Gascogne : tels étaient nos devoirs. »

À l'auteur de ce rapport, il paraissait donc suprêmement saugrenu que l'on pût croire « deux tringles de fer parallèles » capables de modifier l'aspect d'une région. Or le rapport était signé « Arago » ; et Arago, je ne me sens pas en mesure de décider si c'était vraiment un très grand savant ; mais certainement – pardonnez-moi une expression déplorablement vulgaire – ce n'était pas un imbécile. Il a pourtant dit ce que vous venez d'entendre. Il a pu le dire sans se couvrir de ridicule. Un pareil propos, apparemment, semblait en 1838 tout naturel. Alors qu'aujourd'hui, ce que nous ne parvenons pas, au contraire, à comprendre, c'est qu'on puisse ne pas saisir comment, sur une terre neuve – le Maroc, par exemple –, deux rails tendus à travers les campagnes ont eux toute la force nécessaire pour transformer de fond en comble et l'économie du pays et sa structure sociale elle-même.

Le cas n'est pas isolé. On trouverait sans peine, dans les textes de l'époque, plus d'une déclaration analogue. Les omissions, d'ailleurs, ne sont pas moins significatives. Voyez la correspondance de Thiers. Dans ce qui en a été publié, je défie qu'on découvre la moindre allusion à la prodigieuse transformation industrielle dont Thiers pourtant a été le témoin ; bien plus, dont il a, dans sa fortune personnelle, largement profité.

Or telle n'a pas été l'attitude uniforme de toutes les sociétés. La nôtre, nous le savons, est aujourd'hui véritablement hantée par la technique. Mais l'importance de celle-ci a été aussi comprise ou devinée à des époques beaucoup plus anciennes et dans de tout autres milieux. Dans l'*Anthologie* grecque, vous trouverez une épigramme, des environs de l'ère chrétienne, qui, sous une forme mythologique, explique, de la façon la plus pertinente, comment l'invention du moulin à eau, en supprimant la meule à bras, déchargera les esclaves d'une des plus dures parmi leurs anciennes besognes.

[115] Voici donc un nouveau « pourquoi ». Pourquoi y a-t-il des périodes où cette prise de conscience se marque nettement ? et d'autres, pourtant très proches de nous, dont elle semble radicalement absente ? Où chercher l'explication ? dans certaines habitudes mentales, certaines formes d'éducation, qui parfois orienteraient l'esprit des hommes cultivés exclusivement vers la science désintéressée ou la littérature ? ou, au moins autant, dans ces faits de structure sociale que nous avons si souvent rencontrés sur notre route ? Quand les classes se ferment les unes aux autres, quand les classes les plus riches et les plus puissantes cessent de communiquer avec celles qui, dans la hiérarchie des fortunes, sont placées au-dessous d'elles, il arrive sans doute que les éléments dirigeants soient par là conduits à considérer comme indigne de leur attention tout ce qui concerne la matérialité du travail. Pas plus que tout à l'heure, je n'ai la prétention de rien décider. Vous reconnaîtrez que le problème est d'un intérêt très grand : en lui-même, car une société réagit différemment aux phénomènes qui la commandent, selon qu'elle en perçoit ou non l'importance ; et aussi du point de vue de la recherche psychologique, en général.

Vous le voyez. Je n'ai guère fait qu'énoncer diverses questions ; et encore, bien superficiellement. Ce n'est pas, je le crains, un bien bon exemple de ce que les historiens peuvent apporter à la psychologie. C'est, du moins, un exemple de leurs curiosités.

MARC BLOCH

DISCUSSION DES EXPOSÉS DE MM. FAUCHER ET MARC BLOCH

[116] Mme CALBAIRAC. – Les communications de MM. Faucher et Marc Bloch, exemples des rapports de l'histoire et de la psychologie, ont été pour moi une sorte de révélation éblouissante. Je pense comme M. Faucher que la routine paysanne n'a pas une cause intellectuelle. Elle s'explique par les causes affectives. La première de ces causes est l'inquiétude, avec sa compagne la défiance. Quand la sécurité est assurée au paysan, celui-ci s'y attache fortement. C'est de la même manière qu'on pourrait expliquer la stabilité de la famille paysanne. Une autre cause affective est le « complexe d'infériorité » chez le paysan, très fréquent dans notre région et sans doute aussi ailleurs. Le paysan répugne à recevoir des enseignements, surtout lorsqu'ils lui viennent de personnes qui n'appartiennent pas à son milieu. Par ailleurs, le paysan n'a pas beaucoup de relations avec les expérimentateurs. Il travaille d'une manière individuelle, familiale, et son isolement relatif nuit au succès des tentatives de changements techniques qui cherchent à l'atteindre. À cet égard, je ne suis pas aussi optimiste que M. Faucher en ce qui concerne le déblocage de la routine paysanne : le paysan revient facilement à de vieilles habitudes, surtout par crainte de l'échec de l'expérience nouvelle ou après cet échec.

M. FAUCHER. – Je ne suis pas aussi optimiste à ce sujet que j'ai pu le paraître, mais il me semble certain que la vie paysanne évolue aujourd'hui sur un rythme beaucoup plus rapide qu'autrefois.

L'observation de M. Marc Bloch à propos de l'introduction du seigle ne me paraît pas être en contradiction avec ce que j'ai dit de l'évolution des systèmes de culture. Le seigle était une plante très voisine des céréales habituellement cultivées ; il était facile de l'accueillir. D'autre part, il a été surtout la céréale des pays pauvres, c'est-à-dire de ceux dont le système agricole manquait d'une bonne céréale à pain. Leur système précisément s'est clos par l'entrée du seigle dans le groupe des cultures qui le constituaient.

M. Raphaël. – Dans le Calvados, l'introduction de la culture du lin s'est faite très rapidement entre 1914 et 1939 grâce à des cultivateurs réfugiés de Belgique ou du Nord de la France. Les cultivateurs du Calvados ont accueilli le lin facilement, parce que cette culture n'était pas encore en usage. Au contraire, lorsqu'il s'agit de culture déjà en usage, la résistance est beaucoup plus tenace. En 1938, en présence d'une surproduction de pommes à cidre, on a essayé d'orienter les paysans normands vers le greffage des pommiers et la production du jus de fruits : on a rencontré beaucoup de difficultés. Plus la culture a chez les paysans un caractère traditionnel, plus la défiance est grande à l'égard des changements.

Je me rappelle bien, d'autre part, du temps où j'étais enfant, les réflexions désobligeantes des paysans du Calvados au sujet des conseils que leur donnaient des professeurs d'agriculture. Aujourd'hui encore, il y a [117] une certaine résistance, cependant les professeurs et les directeurs de services agricoles ont pris de l'influence sur une élite et c'est par elle que leurs enseignements pénètrent dans la masse. Il y avait, au XVIIIe siècle, plus d'écart qu'aujourd'hui entre les expérimentateurs et les paysans, parce que ces expérimentateurs agissaient généralement sous l'influence des purs théoriciens de l'école physiocratique.

M. Marc Bloch. – Lorsqu'on parle de l'adaptation paysanne aujourd'hui, il convient d'attribuer une grande importance à l'adaptation des jeunes générations à la machine. Le jeune paysan a acquis le sens de la machine. Cela lui est venu d'abord par la bicyclette et la motocyclette. Ce sens nouveau a donc commencé par un plaisir. Mais il s'est étendu très vite. Il y a là une transformation capitale dont les répercussions psychologiques, en particulier, ne sauraient manquer d'être considérables. Un rapprochement s'amorce peut-être entre la mentalité du paysan et celle de l'ouvrier.

M. Camichel. – Je voudrais faire d'abord une remarque concernant la distinction entre le savant et le technicien. Je me demande si cette distinction est aussi nette que vous le dites. Je me rappelle en particulier une phrase d'Émile Picard à propos de l'invention du feu : « Les premiers savants allumèrent les premiers feux. » Émile Picard considère les inventeurs du feu, les premiers techniciens qui ont fait du feu, comme des savants.

Une autre remarque concerne Arago. Arago est un grand savant ; mais il a une mentalité tout à fait curieuse. C'est un savant qui n'a pas découvert les phénomènes d'induction alors qu'il les a réalisés, qu'il les a même nommés. Il appelait ces phénomènes d'induction, dont vous connaissez l'importance au point de vue de l'évolution de la civilisation, « le magnétisme de rotation ». Il faut, je crois, attribuer cette erreur d'Arago à l'influence de Newton. Au point de vue historique, Arago a vécu à une époque caractérisée par la fin de l'influence de Newton. Une nouvelle période commence alors avec Faraday. Cette question nécessiterait de longs développements.

M. Marc Bloch. – Ce qui me paraît étonnant, ce n'est pas seulement qu'Arago ait prononcé la phrase que j'ai citée. C'est surtout la mentalité collective qu'elle suppose. Aujourd'hui personne ne dirait cela. Alors on pouvait le dire et l'écrire.

M. Faucher. – Quand on parle de l'influence des professeurs d'agriculture, on doit noter que le monde paysan a été longtemps en défiance à l'égard d'une science qu'il jugeait livresque. Elle l'était en effet et elle a provoqué de lamentables erreurs. Ainsi en a-t-il été lorsqu'on a recommandé aux régions du Sud-Ouest les blés à grand rendement des plaines parisiennes. Aujourd'hui les professeurs d'agriculture connaissent mieux en général les conditions géographiques des régions où ils ont à travailler. Ce sont elles qui fixent souvent les limites de l'expérimentation dont j'ai parlé. Le paysan a appris à les connaître, les savants l'apprennent à leur tour.

M. Hadamard. – Est-ce que les professeurs d'agronomie n'ont pas [118] appris un peu à leur tour à l'école du paysan ? Il a sur certains points des connaissances plus profondes que nous ne l'imaginons et qu'il ne l'imagine lui-même ; il serait incapable de les exposer. Elles dépassent parfois les données actuelles de la science. À la science d'éclairer les intuitions paysannes obscures et subconscientes : exemple, la Rouille du blé dans ses rapports avec l'Épine-Vinette.

M. Falcucci. – J'ai écouté avec attention et admiration la communication de M. Faucher et avec non moins d'attention et d'admiration la lettre de M. Lalande dont M. Meyerson nous a donné lecture. Il m'a paru qu'il y avait une certaine analogie entre l'interprétation de M. Faucher au sujet des systèmes agricoles et une interprétation de philosophie générale de notre maître M. Lalande, relative à l'histoire des sciences et des concepts rationnels, et qu'un rapprochement entre les deux n'était peut-être pas complètement artificiel.

Ce qui nous a beaucoup frappés dans la communication de M. Faucher, c'est l'analyse, si pénétrante et si riche, qu'il a faite de ce que nous avons la coutume de désigner par une expression très simple et très banale : la routine paysanne. Cette routine représente en réalité l'attachement à un système agricole « constitué ». Or un système agricole constitué, c'est par définition un système qui n'a pas été donné tel quel par la nature, mais qui a été cherché par l'homme au cours d'une période d'élaboration, que M. Faucher appelle la période « biologique » et que j'appellerais volontiers la période « constituante ». Après cette première période, le système est constitué. Une formule d'équilibre s'est établie entre les données brutes du climat et du sol et la réplique active de l'homme. Le système constitué dure, soutenu à la fois par sa force d'ajustement interne et par la routine paysanne. Mais des choses extérieures viennent le heurter. Le système constitué défend son unité. Il a tendance à se clore sur lui-même. Il résiste aux innovations. Cependant l'expérience extérieure est là, elle réclame son assimilation. Il en résulte, dans divers cas, un nouvel effort constituant, suivi d'un nouveau système constitué, et le rythme des transformations se poursuit, plus rapide à mesure que nous approchons de la période contemporaine.

Si nous quittons maintenant l'histoire des systèmes agricoles pour nous tourner vers l'histoire des principes et des concepts rationnels, je rappellerai le mot de M. Lalande : « Toute rationalité est une rationalisation. » C'est dire que les principes, les notions fondamentales, les normes au nom desquels juge la raison ont été formés par un effort constituant. Le savant, par exemple, prend à tâche de coordonner les éléments de l'expérience, de réduire les différences et les hétérogénéités, de réaliser une assimilation des choses entre elles et une assimilation des choses à l'esprit.

Le système des concepts explicatifs se constitue ainsi progressivement, et l'on pourrait, à chaque étape de la civilisation, en dresser le tableau général. La « raison constituée » représente l'architecture logique et morale à laquelle la pensée se réfère à un moment déterminé de l'histoire.

[119] Mais la vie continue, créatrice de différences et de désassimilations. L'expérience suscite des problèmes. Le système constitué reçoit des chocs de l'extérieur. Il résiste et manifeste une tendance à se clore

sur lui-même. Cependant, l'effort constituant ne cesse de s'exercer, en sorte que le système constitué se modifie ; il s'ouvre à des assimilations nouvelles, et son destin est de se déformer pour céder la place à un autre système constitué, qui se déformera à son tour, sous la double pression de l'expérience et de l'effort constituant, – et ainsi de suite.

Certes, il serait contraire à la position de M. Lalande de s'en tenir à ces modifications, à ces renouvellements de concepts et, pour tout dire d'un mot, à cette sorte de « mobilisme » intellectuel. En réalité, la « raison constituante » travaille toujours, à ses yeux, suivant le même sens, qui est celui de l'assimilation et de l'identification. Elle a, dans sa direction même, une constance et une fixité. Je n'entreprends donc pas une évocation complète de la pensée de M. Lalande ; j'ai voulu seulement faire un rapprochement sur un point bien particulier, et j'ai retrouvé ainsi, bien naturellement, le souvenir du philosophe que nous regrettons de ne pas voir aujourd'hui parmi nous, mais dont nous sommes heureux d'avoir suivi l'enseignement.

M. FAUCHER. – Je remercie M. Falcucci pour ce qu'il vient de dire. Cette rencontre me remplit de joie. Mais je ne voudrais pas que vous pensiez que j'ai fait de la philosophie en le sachant ; j'ai fait de la philosophie sans le savoir. Et en remerciant M. Falcucci de tout ce qu'il vient de m'apprendre, je voudrais aussi remercier M. Marc Bloch de tout ce qu'il a apporté de nouveau et de suggestif. Je n'ai pas assez dit tout ce que mon exposé lui devait. Je le remercie de tout ce qu'il nous a donné dans le passé et de tout ce qu'il nous a apporté aujourd'hui. Je suis particulièrement heureux à cette heure d'avoir bénéficié des suggestions de notre éminent collègue. Ce qu'il a dit des périodes d'invention et des périodes où les découvertes techniques sont plus rares ou même taries me semble s'accorder assez bien à ce que j'ai cherché à montrer dans le domaine de l'évolution agricole. Peut-être y a-t-il dans cette rencontre une possibilité de généralisation qui serait de grande portée pour l'étude des formes de la civilisation matérielle.

LES CARACTÈRES DES TECHNIQUES MODERNES ET LEURS EFFETS

[120] Je vais étudier quelques-uns des caractères des techniques modernes et rechercher les changements qu'elles ont apportés dans la vie des ouvriers. De pareils sujets ne peuvent être traités en quelques mots : ils nécessitent de longs développements. J'envisagerai seulement la technique dans ses rapports avec la science ; mais, même sous cette forme restreinte, mon exposé sera très incomplet ; je m'en excuse.

Il comprendra des observations sur quatre points : 1° l'évolution de la science et des techniques qui en dérivent ; 2° les caractères des techniques modernes ; 3° l'emploi des phénomènes qui ne sont pas directement sensibles ; 4° les cinquante dernières années.

Je crois indispensable de dire quelques mots de l'évolution des sciences.

L'homme possède la faculté de transformer par ses découvertes les conditions dans lesquelles il vit et de constituer un monde artificiel entièrement différent du monde primitif du début de la civilisation ; il paraît ne s'être jamais demandé quelles seraient les conséquences des changements qu'il provoque ainsi et s'ils sont conformes à sa nature et à sa lenteur d'adaptation ; il n'a prévu aucun plan dans son œuvre. L'organisation du travail à laquelle il aboutit paraît incompatible avec le développement de la personnalité humaine ; elle peut avoir les conséquences les plus graves.

C'est une consolation de penser qu'il ne pouvait en être autrement, que les sciences et les techniques qui en dérivent ont subi le sort de tout le reste des choses humaines et que leur évolution s'est incorporée dans une évolution plus générale, celle de l'humanité tout entière.

[121] L'histoire des sciences confirme cette manière de voir. Quand on étudie la genèse des découvertes scientifiques, on a l'impression très nette que les génies les plus grands et les plus indépendants ont dû se

conformer à cette évolution et qu'ils ont échoué lorsqu'ils ont voulu s'y soustraire. Ceux qui ont exercé l'influence la plus profonde n'ont fait en réalité que synthétiser, dans leurs découvertes, des éléments déjà préparés.

Comme exemple d'évolution incomplète ne permettant pas l'aboutissement des recherches, on peut citer le cas de Faraday. On sait qu'en ces dernières années, des découvertes fondamentales sur les constituants de la matière ont été faites par l'étude des gaz raréfiés. Faraday en a eu l'intuition. Mais il a échoué dans ses tentatives, parce que la technique du vide n'existait pas à son époque.

Il résulte de ces remarques qu'il est difficile d'admettre l'opinion de Carrel quand il dit : « Si Galilée, Newton, Lavoisier avaient appliqué la puissance de leur esprit à l'étude du corps et de la conscience, peut-être notre monde serait-il différent de ce qu'il est aujourd'hui. »

Des objections peuvent être faites également à Carrel quand il affirme que : « La société moderne a souffert, dès son origine, d'une faute intellectuelle, faute que nous avons répétée sans cesse depuis la Renaissance : le quantitatif a été séparé du qualitatif, le quantitatif exprimé en un langage mathématique, nous apporta la science, le qualitatif fut négligé. Cette erreur engagea notre civilisation sur la route qui conduisit la science à son triomphe et l'homme à sa déchéance. »

On peut répondre que les tentatives prématurées pour étudier la vie n'auraient pas réussi et que l'étude du quantitatif devait nécessairement précéder et préparer celle du qualitatif. Il m'est impossible d'aborder ce sujet, je me contenterai d'un seul exemple. Galvani interprétait son expérience sur la grenouille en faisant intervenir « le fluide vital » : il n'est arrivé à rien dans ce domaine. Il aurait orienté l'électricité dans une voie dangereuse et inféconde, si Volta n'était pas intervenu et n'avait provoqué par son interprétation quantitative la magnifique évolution de l'électricité jusqu'à nos jours.

Laissons de côté, malgré son intérêt, cette question de l'évolution [122] des sciences et contentons-nous de dire qu'elle était probablement inévitable telle qu'elle s'est produite et que l'étude de l'homme et de la vie en général devait être précédée par l'organisation d'une science des corps inanimés.

Examinons maintenant quelle a été l'influence de cette évolution de la science sur la technique.

La nature paraît dépenser sans compter : elle gaspille même et c'est peut-être une nécessité. On sait en effet que certaines espèces, si elles se développaient sans être combattues et détruites par d'autres, envahiraient le monde et le rendraient inhabitable.

La science, au contraire, paraît réaliser une économie. L'économie de la pensée est, pour certains philosophes, Mach par exemple, et pour le grand mathématicien Henri Poincaré, un des buts fondamentaux de la science. Poincaré a dit : « L'importance d'un fait se mesure à son rendement, c'est-à-dire à la quantité de pensée qu'il nous permet d'économiser. »

On peut dire aussi que la technique, issue de la science, a également évolué dans le sens de l'économie, économie de l'effort, économie de la pensée aussi.

Paul Valéry a dit : « Avez-vous remarqué que toutes nos inventions tendent, soit à l'économie de nos forces, soit à l'économie des répétitions. » Et dans *Eupalinos* : « Des milliers d'essais de milliers d'hommes convergent lentement vers la figure la plus économe et la plus sûre ; celle-ci atteinte, tout le monde l'imite. »

Citons des exemples :

L'inventeur incorpore, une fois pour toutes, son idée dans le mécanisme, et c'est là une économie.

Économie également, ce que nous voyons tous les jours : augmentation des vitesses, puissances toujours croissantes, réduction des pertes, précision toujours plus grande, disparition de l'empirisme et, d'une façon générale, liaison toujours plus intime de la science et de la technique.

Cette économie se réalise aussi par la division du travail, et celle-ci a une conséquence particulièrement grave : le travail à la chaîne.

Dans le travail à la chaîne, l'ouvrier reproduit constamment le [123] même geste, ne fabrique qu'une seule portion d'un objet déterminé, tandis que l'artisan fabrique l'objet entier. L'ouvrier devient un élément de la machine ; il ne trouve, dans son métier, aucune occasion de faire intervenir son intelligence. La machine au lieu de le libérer l'asservit au contraire.

La répétition par l'ouvrier du même geste pendant toute la journée est incompatible avec le principe que nous venons de rappeler, de l'économie de la répétition : celle-ci doit incomber à la machine. L'automatisme le permet.

La machine moderne est devenue, en effet, un organisme complexe, susceptible d'effectuer des travaux manuels et intellectuels très variés.

Elle reproduit les gestes humains ; elle possède des sens qui sont des thermomètres, des manomètres, des balances électromagnétiques, des wattmètres ou des voltmètres, des horloges, des relais, des cellules photo-électriques, etc.

L'automatisme convenablement employé peut supprimer le travail à la chaîne ; mais son emploi, qui tend à se généraliser dans l'industrie, a une grave conséquence, c'est la réduction du nombre des ouvriers, le chômage.

On a dit avec raison : le plus grand malheur que la civilisation moderne a apporté aux hommes est l'oisiveté.

Citons un autre exemple d'économie, le taylorisme. L'ingénieur Taylor a été conduit à énoncer des règles qui permettent de placer l'ouvrier dans les conditions de production les meilleures. Un ouvrier particulièrement habile et entièrement spécialisé exécute le travail étudié dont on chronomètre toutes les phases, et on peut ainsi déterminer le rythme le plus avantageux de ces phases que l'on impose aux autres ouvriers. Là encore, l'ouvrier est ramené à la condition d'un simple manœuvre et son effort exclut l'intelligence et l'initiative.

Parlons maintenant de l'utilisation des phénomènes qui n'affectent pas directement nos sens.

Nous ne sentons et nous ne concevons dans le monde que cette extrémité des choses par lesquelles elles peuvent impressionner nos sens. Mais tout le reste se prolonge dans une obscurité infinie et même tout près de nous et en nous mille choses nous sont [124] cachées parce que nous ne sommes pas organisés pour les saisir.

Les sciences les plus anciennes, comme la mécanique, l'acoustique, l'optique, comprennent des phénomènes affectant directement nos sens ; celles qui font intervenir des phénomènes n'agissant pas sur nos sens sont plus récentes, par exemple, l'électricité.

Les laboratoires, par des enchaînements appropriés, permettent de mettre en évidence et d'utiliser les phénomènes de cette dernière catégorie. Par exemple : nous ne percevons pas directement les oscillations électriques et nous les avons ignorées jusqu'à la fin du XIXe siècle, mais les courants qu'elles provoquent dans des circuits sont susceptibles de produire des phénomènes mécaniques, calorifiques, lumineux, sonores, qui nous impressionnent.

Les industries modernes faisant intervenir les phénomènes qui n'agissent pas sur nos sens ne sont pas compréhensibles pour l'ouvrier, car il ne peut pas s'en faire une représentation. Prenons un exemple : L'homme primitif a utilisé la force de ses muscles, puis il a créé des machines dont le fonctionnement pouvait être facilement compris, car les divers éléments en étaient visibles ; plus tard, dans la machine à vapeur, la bielle, le câble télédynamique étaient encore des liaisons matérielles ; mais il n'en est plus de même pour l'industrie électrique ; dans les transports d'énergie, dans les moteurs électriques, le lien matériel a complètement disparu ; ce sont des machines dont le moteur est caché.

Les anciens, qui construisaient des automates, étaient obligés de dissimuler le mécanisme producteur du mouvement ; ce ne serait plus nécessaire aujourd'hui, et le spectateur qui examine un moteur à champ tournant n'en comprend le fonctionnement que s'il est physicien ; s'il ne l'est pas, en présence de cette masse métallique qui tourne entraînée par un lien invisible, il cherche vainement un phénomène naturel analogue et ne trouve aucune explication : donnez-lui au contraire une montre, supposez qu'il en ignore l'usage, il pourra avec de la sagacité en comprendre le mécanisme, trouver où réside l'énergie motrice et comment se distribue son action.

Sully Prudhomme a exprimé cette différence entre l'industrie ancienne et l'industrie moderne, en disant que les premières machines grossières inventées par l'esprit humain étaient bien plus « représentatives [125] de leurs moteurs ». D'autres exemples empruntés aux diverses branches de l'industrie pourraient être donnés.

Donc, l'ouvrier ne peut comprendre le fonctionnement de l'industrie moderne, et la conclusion est la même que celle donnée précédemment ; là encore, son intelligence ne peut intervenir dans son travail journalier, comme dans les industries anciennes.

L'aliment intellectuel qu'il ne trouve plus dans sa tâche quotidienne, l'ouvrier doit le chercher en dehors de son métier, sous une forme moins directe et plus générale.

Je ne puis m'empêcher de dire un mot sur le style.

Jules Tannery, à propos du savant dit : « il n'a rien laissé de lui-même dans cette vérité qu'il nous a léguée… ». On pourrait en dire autant de l'ouvrier moderne : son œuvre est impersonnelle, il n'y laisse rien de lui-même, et on peut dire à ce point de vue-là que les objets fabriqués par les machines modernes n'ont pas de style.

On sait qu'en ces dernières années, des transformations profondes se sont produites dans la physique, par l'étude de phénomènes qui ne sont pas à notre échelle. Nos conceptions sur l'espace, le temps, les lois physiques, le déterminisme, la continuité ont été complètement bouleversées. Mais ces transformations des conceptions scientifiques n'ont pas modifié l'emploi des techniques au point de vue que nous envisageons, je veux dire que ces techniques sortent encore toutes faites des laboratoires ; le lien entre la science et la technique est même encore plus intime que précédemment : les techniques issues des découvertes les plus récentes sont immédiatement employées.

Les conclusions concernant le rôle de l'ouvrier, déjà indiquées, s'appliquent donc aux techniques dérivées des découvertes les plus récentes.

En résumé, la seule conclusion qu'on puisse tirer de cet exposé, c'est que l'organisation actuelle du travail de l'ouvrier paraît incompatible avec le développement de la personnalité humaine et qu'il est nécessaire d'y remédier.

CHARLES CAMICHEL

DISCUSSION

[126] M. HADAMARD. – Je voudrais dire un mot de ce que la science doit à la technique pour corroborer ce que vient de dire M. Camichel.

Un fait est au-dessus de toute discussion : l'importance, la puissance de la recherche désintéressée. Il est incontestable que le plus souvent c'est en ne cherchant pas l'application qu'on la trouve. L'homme n'a pas appris à voler en cherchant à voler, mais en étudiant les propriétés des gaz, en faisant de la thermodynamique ; les chemins de fer marchent parce qu'on a étudié la loi de Mariotte, de Gay-Lussac, le principe d'Archimède, etc.

Mais – Poincaré l'a souligné en parlant des rapports entre l'analyse et la physique mathématique – ce serait aussi une erreur que de se refuser à prendre contact avec la nature. J'irai plus loin et je dirai que ce serait une erreur de se refuser à s'éclairer par l'application utilitaire. Elle est indispensable aux progrès de la recherche désintéressée d'abord par l'aide matérielle qu'elle lui apporte. À partir du progrès de nos connaissances d'optique, la construction du microscope a été un progrès purement technique, mais que deviendrait la biologie, science désintéressée, sans ce progrès technique ? Mais, de façon plus générale, et ceci concerne spécialement le psychologue, la science désintéressée ne peut ne pas écouter la technique. Comme disait Poincaré, le théoricien qui perdrait contact avec la réalité serait comme un peintre de grand talent, mais qui n'aurait jamais de modèle : ce qu'il ferait ne serait pas bon.

Il y a deux exemples tout à fait typiques :

Le mot géométrie signifie « arpentage » : voilà comment la géométrie est née. C'est donc une question utilitaire qui lui a donné naissance.

La partie la plus profonde de la physique moderne du siècle dernier, l'une des plus philosophiques, est la thermodynamique, or elle a une origine utilitaire. L'immortel ouvrage qui l'a fondée est celui de Sadi Carnot qui s'intitule : *Réflexions sur la puissance motrice du feu.* Sadi Carnot professe ainsi implicitement qu'il n'aurait jamais songé à son principe, qui est une des créations les plus belles de l'esprit humain, s'il n'y avait pas été conduit par la considération de la machine à vapeur. Le Châtelier un jour, dans une discussion sur ce sujet, a lancé cette phrase : « La locomotive n'est pas un organe du cerveau ». Il a convenu avec moi, peu après, que la locomotive, ou plutôt la machine à vapeur, a été historiquement, de la manière la plus évidente, un organe du cerveau. Non seulement la thermodynamique, mais d'autres aspects encore de la physique ne seraient pas nés avec Regnault, si Regnault n'avait pas été chargé de recherches concernant la machine à vapeur. Par conséquent il est aussi faux de dire que la noblesse de l'esprit humain ne permet pas à la science pure de souffrir l'intrusion de la technique qu'il le serait de dire que l'esprit doit se consacrer à la technique à l'exclusion de la science pure.

ESQUISSE D'UNE PSYCHO-SOCIOLOGIE DU TRAVAIL À LA CHAÎNE

[127] Le travail à la chaîne a suscité une abondante littérature qui a été rarement bien informée et encore moins scientifique. On a pris la chaîne pour synonyme de travaux très pénibles, surmenants, abrutissants. En particulier, entre les deux guerres, il était de mode parmi certains écrivains, souvent de talent, de lancer à travers le travail à la chaîne des malédictions contre le machinisme.

Et cependant le travail à la chaîne ne méritait pas d'être traité rapidement, d'une manière si « littéraire » et superficielle. Car, s'il est un phénomène complexe dans l'industrie, montrant la nécessaire collaboration de sciences variées pour aborder les problèmes du travail humain, c'est bien celui-là : son étude prouve, avec une particulière netteté, que les problèmes du travail humain sont à la fois des problèmes techniques, des problèmes psychologiques et des problèmes sociaux.

Vous voyez immédiatement quelle va être l'armature de cet exposé. J'étudierai le travail à la chaîne, tout d'abord, brièvement, comme un fait technique ; ensuite, comme un fait psychologique ; en dernier lieu je montrerai qu'il est impossible de le saisir dans ses réalités si l'on ne le voit aussi en lui un fait social.

I. – POINT DE VUE TECHNIQUE

Je n'insisterai pas sur le point de vue technique. Vous savez ce qu'est, dans ses grandes lignes, le travail à la chaîne. Alors que, dans les autres formes de travail, les éléments de la tâche sont immobiles devant l'ouvrier, le travail à la chaîne présente à celui-ci [128] des éléments mobiles qui circulent près de lui. Les expressions variées par lesquelles on le désigne montrent à quel point il est, techniquement déjà, un phénomène complexe. Les Français l'appellent « travail à la chaîne », les Allemands « travail fluent » (Fliessarbeit), les Anglais et les Américains tantôt le nomment « convoyeur » (conveyor), tantôt le désignent par un de ses avantages, la « production sans entrepôts ».

Je ne ferai pas ici l'historique du travail à la chaîne, situant seulement ses débuts, vers 1910. Il semble bien que c'est aux Abattoirs de Chicago qu'on a vu, pour la première fois, une application massive du travail à la chaîne. D'autre part les ateliers Ford, à Detroit, s'en sont emparés vers 1913 et l'ont appliqué sur une grande échelle.

Je n'insiste pas davantage sur les différentes sortes de convoyeurs d'alimentation, de transport ou de montage. Certains sont des chaînes auxquelles les pièces du travail sont accrochées. D'autres sont des rubans qui portent les éléments du travail, rubans qui peuvent être horizontaux, ou inclinés. On voit encore, dans les ateliers, d'autres chaînes qui n'ont, à proprement parler, aucune ressemblance avec des chaînes, puisque ce sont des surfaces glissantes, disposées en chicane, qui font passer les éléments du travail d'un bout à l'autre de l'atelier. Dans le livre de Ermanski, *Théorie et pratique de la rationalisation*[1] (ouvrage russe traduit en allemand), on trouve un essai de classification des différentes sortes de chaînes.

Les avantages techniques du travail à la chaîne sont incontestables.

Dans une usine où le travail est ainsi décomposé, le processus industriel présente une clarté et un ordre qui frappent l'observateur. On voit immédiatement, d'un bout à l'autre de la production, la division, et la nécessité de ses opérations.

D'autre part, ce qui est important, le travail, étant ainsi fluent, peut se concentrer sur un minimum de surface : il se produit ce que les Américains appellent « une simplification des routes du travail ». Les éléments du travail se meuvent plus aisément à travers [129] l'atelier, en évitant l'encombrement, les chutes d'objets, qui sont souvent des causes d'accidents.

Je viens encore d'indiquer, en passant, un autre avantage technique du travail à la chaîne ; le travail ainsi organisé diminue les causes d'accidents provoqués par l'encombrement. Par ailleurs, sans que j'aie à insister sur ce point, la rapidité du travail se trouve accrue.

1 *Theorie und Praxis der Rationalisierung, Verlag für Literatur und Politik*, Wien-Berlin, 1929.

À partir de 1920, il se produisit une sorte de *boom*, un développement massif du travail à la chaîne dans la grande industrie. S'il fallait définir celui-ci, toujours au point de vue technique, on pourrait dire qu'il constitue une étape historique de la division du travail vers la mécanisation des opérations et vers l'automatisme.

La division du travail est un phénomène qui date de plusieurs siècles, déjà décrit avec précision par Adam Smith. Lorsque la division du travail est assez développée, on tend aujourd'hui à mécaniser ces opérations parcellaires, que l'on confie à des machines automatiques. Lorsque cette mécanisation est techniquement impossible – ou trop coûteuse –, on a recours au travail à la chaîne.

D'autre part, au point de vue de la main-d'œuvre, ne doutons pas que l'introduction massive du travail à la chaîne ait été accompagnée d'une dégradation massive du travail qualifié. Sans invoquer ici de statistiques, je veux seulement vous donner un chiffre moyen admis par de bons techniciens. Dans les entreprises géantes, du type par exemple des grosses entreprises automobiles de la région parisienne avant 1939, il était admis qu'après introduction du travail à la chaîne, 60 % environ des ouvriers avaient une qualification telle qu'ils pouvaient, selon l'expression consacrée, être « mis au courant » en trois jours ; c'est-à-dire qu'un ouvrier entrant dans une entreprise rationalisée, où le travail à la chaîne était établi d'une façon systématique, pouvait en trois jours être mis au courant de telle ou telle de ces tâches, l'apprentissage, si on peut encore employer ce mot, étant réduit pour lui à deux ou trois jours. Il y a là un phénomène de dégradation, de déspiritualisation du travail qualifié.

II. – POINT DE VUE PSYCHOLOGIQUE

[130] Le travail à la chaîne étant ainsi introduit dans les usines, on s'est aperçu que le point de vue proprement technique n'était pas suffisant. Le travail à la chaîne avait été organisé par les ingénieurs, des techniciens purs. Or on a observé qu'il présentait de sérieux défauts. On a vu, par les expériences mêmes de l'industrie (concernant le rendement,

le chronométrage, la construction des machines), que les techniciens seuls ne pouvaient résoudre des problèmes où l'homme tout entier était engagé. Au cours des dernières décades on a constaté ce phénomène très intéressant : le technicien pur, l'ingénieur, a été obligé de reconnaître qu'il ne pouvait à lui seul résoudre ces problèmes ; que, par exemple, en ce qui concerne le chronométrage, la théorie des « temps morts », qui avait été adoptée par le taylorisme, se montrait tout à fait erronée. On appelait « temps morts » des temps qui soi-disant n'étaient pas utiles à une opération déterminée. Ces prétendus « temps morts » ont été reconnus par des physiologistes (Atzler, Ioteyko) comme étant des temps vivants : le technicien seul ne peut décider si tel geste n'est pas nécessaire bio-psychologiquement à un ouvrier.

On s'est aperçu que dans le complexe homme-machine, il y a d'un côté *la machine*, qui peut être changée, modifiée, puisqu'elle est construite par l'homme ; de l'autre côté *l'homme*, avec ses diverses aptitudes, les prédispositions qu'on trouve en lui, sa constitution bio-psychologique qui ne peut être modifiée. C'est-à-dire que dans *le complexe homme-machine*, afin d'arriver à un rendement rationnel, il faut essayer de modifier non pas l'homme (en lui imposant un surmenage), mais ce qui peut être modifié par l'homme, ce qui dépend de l'homme : c'est-à-dire la machine. De là est né ce grand mouvement d'introduction de la psycho-technique et de la psycho-physiologie dans l'industrie ; introduction de ce que les Anglais appellent (d'une expression qui, traduite en français, n'est peut-être pas très élégante) : le « facteur humain ». On s'est aperçu qu'il était indispensable de considérer également le problème de la technique sous l'angle bio-psychologique. De nombreuses expériences et enquêtes ont été faites en ce sens ; je ne peux en exposer ici le détail et me contenterai d'en citer quelques-unes.

[131] Deux psychologues italiens, Gemelli et Galli, ont fait des travaux remarquables démontrant l'importance du rythme[2]. De même que nous avons donné une définition technique du travail à la chaîne (à savoir cette étape de la division du travail qui tend à la mécanisation et à l'automatisme), nous pouvons donner, du point de vue du « facteur humain », une définition bio-psychologique du travail à la chaîne : c'est un travail parcellaire à rythme obligatoire et collectif.

2 « Sur l'adaptation de l'activité humaine à l'activité de la machine » (trad. française), *Revue de la science du travail*, t. II, numéros 3 et 4, 1930.

Travail *parcellaire* : ne mettant en jeu, pour l'ouvrier, qu'une petite partie de la production globale de l'objet, mais travail à rythme *obligatoire*, que l'ouvrier est contraint de suivre ; à rythme *collectif*, c'est-à-dire qu'il partage avec une équipe.

Gemelli et Galli ont montré que, contrairement à ce que l'on pouvait croire, on trouve un assez grand nombre d'ouvriers qui sont aptes à un travail de ce genre. Ils ont fait des expériences sur 37 jeunes ouvriers, expériences assez prolongées : ils ont étudié ces ouvriers pendant des périodes de 95 minutes (alternant travail à rythme libre, pauses et travail à la chaîne), en cherchant s'il y a un optimum dans l'adaptation du rythme humain au rythme de la machine, pour qui, et dans quelles conditions.

Voyez combien le problème se nuance, combien ceux qui lancent l'anathème au travail à la chaîne ont tort. Ces auteurs italiens ont observé que, pour un certain nombre d'ouvriers, qui formaient la majorité de ce groupe, le travail à un rythme obligatoire et collectif est plus agréable que le travail à rythme libre et individuel ; que, pour ces ouvriers (vingt-deux sur trente-sept), il est plus agréable d'être dispensé d'une certaine « attention », de disposer de la liberté de rêver. Ils ont observé également que la qualité du travail et le rendement ne sont pas diminués. Ces ouvriers disaient : « Nous préférons un travail à la chaîne au travail à rythme libre. »

Au contraire, treize d'entre eux élevaient des objections contre le travail à la chaîne, lui reprochant d'accroître pour eux la fatigue : c'étaient en particulier des inquiets qui craignaient toujours de manquer du temps nécessaire et de retarder leurs co-équipiers.

[132] Enfin deux ouvriers n'avaient pas d'opinion arrêtée : il leur était indifférent de travailler à rythme obligatoire ou libre.

Ces expériences de Gemelli et Galli tendent donc à défendre le travail à la chaîne contre ses critiques. Mais elles sont elles-mêmes sujettes à caution parce qu'elles ont été conduites en laboratoire, et non pas dans les conditions réelles de l'industrie. Cependant elles ont attiré l'attention sur les avantages du rythme obligatoire et sur la nécessité de sélectionner.

D'autre part, elles ont montré qu'il était avantageux, dans une usine, de ne pas assujettir les ouvriers immédiatement à un rythme intense, mais de les adapter, progressivement et parallèlement à leurs progrès, à un rythme plus rapide des machines.

Une autre enquête, achevée à la veille de la récente guerre sous les auspices de l'Institut National de Psychologie Industrielle (Londres), a été menée par deux psycho-techniciens anglais réputés : Wyatt et Langdon[3]. Ils ont opéré dans des usines s'occupant de fabrications diverses et comportant toutes le travail à la chaîne (fabrication de boutons, d'empois d'amidon, de chocolat, de cartouches, etc.). Leur attention a été attirée sur l'attitude de l'ouvrier à l'égard de l'uniformité du travail répété. Il n'est pas douteux que, pour la sélection des travailleurs à la chaîne, intervient un critère préliminaire : à savoir que seuls sont aptes à un travail de ce genre des ouvriers qui peuvent supporter, à la longue, un travail répété, uniforme.

Passons maintenant à un troisième genre d'expériences. Nous verrons le travail à la chaîne observé de l'intérieur par l'école des psychologues allemands de la structure (Gestalttheorie) qui se sont efforcés de le saisir tel qu'il apparaît à l'ouvrier opérateur. Par exemple Hans Rupp, dans ses recherches, a mis l'accent sur un certain nombre de détails bien curieux : entre autres, il montre que, pour que l'ouvrier puisse longtemps travailler à la chaîne et sans déplaisir, il est avantageux qu'il voie, non seulement la petite partie du travail qu'il fait, mais l'ensemble de la chaîne[4].

[133] Imaginez une chaîne de montage des moteurs dans de grands ateliers de construction d'automobiles, chez Ford par exemple. Il y a là des chaînes immenses, des ateliers de 300 ou 400 mètres de long pour le montage des moteurs ; une centaine d'opérations par chaîne, chaque opération étant faite par un autre ouvrier ; le moteur qui n'était pas encore assemblé au moment de la première opération est prêt à être monté sur le châssis lors de la dernière.

Rupp pense, et cela est important pour la psychologie de ce genre de travail, qu'il est avantageux que l'ouvrier puisse voir le groupe entier de ses camarades, embrasser du regard l'ensemble de leur chaîne[5] : de la sorte, chacun a conscience de sa solidarité avec les autres ; par ailleurs, son propre travail prend pour lui une signification, au moins technique. Vous voyez comment le problème de la *signification* du travail s'intègre ici dans la psychologie du travail à la chaîne : doit-on essayer de redonner un sens à ce travail parcellaire et uniforme ?

3 « The Machine and the Worker : A Study of Machine-Feeding processes », *Industrial Health Research Board*, rapport n° 82, Londres, 1938.

4 « Psychologie du travail à la chaîne » (trad. française), *C. R. de la IVe Conférence internationale de psychotechnique*, Paris, Alcan, 1939, p. 235-241.

5 À ce propos, H. Rupp recommande de bien éclairer la chaîne.

D'autre part, Rupp insiste sur le fait que l'aptitude au rythme obligatoire du travail à la chaîne n'est pas une constante biologique, c'est-à-dire que, si l'on observe un ouvrier à un moment donné – mettons au début de l'année – et si l'on croit détecter chez lui une aptitude au travail à la chaîne, il se peut qu'à un autre moment il ne présente plus cette aptitude, parce que celle-ci dépend non seulement des caractères bio-psychologiques de l'ouvrier, mais aussi de son degré d'instruction, de ses relations avec les contremaîtres, de son attitude à l'égard de ses problèmes familiaux ou sociaux. La bio-psychologie nous fait glisser, à son tour, vers un autre terrain : le terrain sociologique.

Lorsque Rupp montrait qu'il est utile, pour l'ouvrier, de voir dans son ensemble la chaîne, il attirait l'attention sur le fait que le travail fait *en équipe* comporte un rythme qui est non seulement celui de Jean, mais celui de Paul ou de Jacques, celui de dix, de vingt ou de cent ouvriers.

C'est donc une collectivité qui se trouve en jeu et il y a toutes les chances pour que l'attitude scientifique à l'égard du travail [134] à la chaîne ne soit pas de considérer Paul comme isolé, mais en liaison avec l'équipe dont il fait organiquement partie.

Un autre psychologue allemand, qui a fait des enquêtes industrielles nombreuses, Sachsenberg, a mis en évidence ce qu'il appelle « le stimulant d'émulation[6] ».

Dans le travail à la chaîne, observe-t-il, il est avantageux que le ruban n'avance que lorsque tous les ouvriers ont achevé de faire leur opération. Je reprends l'exemple du montage de moteur : le ruban n'avancera pas si l'un des ouvriers n'a pas placé le boulon qu'il est chargé de fixer sur le réservoir. À ce moment, toute l'équipe sera donc obligée de s'arrêter. Le fait que le rythme est ainsi fixé par le travail de l'équipe entière, introduit (d'après les observations expérimentales) un important élément de stimulation collective : l'ouvrier retardataire voit qu'il empêche ses camarades de travailler, de toucher le salaire auquel ils peuvent prétendre. « Chacun se sent comme membre d'un tout et responsable pour le tout » (Sachsenberg).

Voici encore un autre fait curieux, qui montre la complexité de ces problèmes.

On pourrait supposer que ce travail parcellaire à rythme obligatoire, qui ne met pas en jeu la personnalité de l'ouvrier, paraîtra désagréable,

6 « Psychologie der Arbeit am laufenden Band », *Maschinenbau*, 1925, p. 538.

ennuyeux, à tous les opérateurs, quel que soit leur caractère. Or, beaucoup d'entre eux s'en déclarent contents parce que la contrainte du rythme entraîne chez eux une économie des décisions volontaires qui sont très fatigantes. Cette économie leur plaît et les repose. Lorsque le travail se trouve ainsi fixé par un rythme collectif, le ruban lui-même détient le rôle que, dans une équipe cycliste, joue le coureur de tête qui entraîne ses camarades, le *leader*. De même que dans un Tour de France on constate que celui qui entraîne les autres sur la route est aussi celui qui se fatigue le plus (parce que, si un obstacle se présente, il doit prendre les initiatives nécessaires pour l'éviter), de même le ruban joue le rôle d'une sorte de *leader* artificiel qui entraîne son équipe et lui évite une dépense de volonté. Cet avantage du travail à la chaîne est observable surtout là où la chaîne automatise le travail déjà [135] morcelé auparavant (empaquetage, emballage, montage) et pour les types d'ouvriers non réfractaires à la répétition d'une tâche.

Ce sont là des considérations expérimentales qui peuvent, à première vue, heurter certains préjugés sentimentaux répandus à propos de ce genre de travaux. Pourtant l'expérience doit avoir le dernier mot.

On ne peut s'étonner, après avoir constaté l'importance des conditions concrètes de l'atelier, d'observer combien varient les appréciations des ouvriers sur le travail à la chaîne. Elles sont très diverses, non seulement chez un individu, mais également dans une équipe, selon les conditions techniques dans lesquelles le travail est organisé, selon les relations morales, sentimentales de l'ouvrier avec ses camarades, et aussi selon que l'on a cherché ou non à faire collaborer l'ouvrier aux mesures d'installation du travail à la chaîne.

Quelques récits ont été faits par des ouvriers qui ont travaillé à la chaîne, et renferment des notations intéressantes : par exemple, le livre de Dubreuil, *Stantards*[7].

Dubreuil était un bon mécanicien qualifié. La valeur de ce livre vient en partie du fait que Dubreuil, avant la guerre de 1914, a travaillé « à l'unité ». Un tourneur « à l'unité » faisait, par exemple, un vilebrequin. Il le faisait seul, tout entier. C'était un tourneur artisanal. Puis Dubreuil est allé en Amérique. Il a travaillé chez Ford et dans d'autres entreprises. Cette expérience du travail à la chaîne, sur un fond de travail très différent, faite par un ouvrier cultivé, n'est pas commune. La conjonction

7 *Cf.*, en particulier, *Standards*, Paris, 1929, p. 180-221.

entre deux étapes techniques du travail donne à ces réflexions leur saveur et leur prix.

Dubreuil note que, dans les ateliers où les patrons avaient eu la précaution de demander que les ouvriers participent à la fixation du rythme de la chaîne, le rendement était sensiblement meilleur : les ouvriers avaient le sentiment que ce rythme ne leur était pas imposé, mais qu'ils l'avaient choisi, et le rendement s'en ressentait.

Même observation en Allemagne. Dans un important organisme [136] d'études de l'industrie allemande, créé par la République de Weimar (« Reichs-Kuratorium für Wirtschaftlichkeit »), on trouve des observations du même genre : lorsque les ouvriers ont participé à l'établissement de la vitesse de la chaîne et, bien plus encore, à la division des opérations, on constate une autre attitude morale et d'autres résultats, dans le rendement[8].

Ce sont des faits sur lesquels j'attire votre attention, car ils vous montrent combien ces problèmes de travail humain sont complexes, combien ils s'imprègnent non seulement de bio-psychologie, mais aussi d'éléments moraux et sociaux.

Les tendances apologétiques, manifestes dans certaines enquêtes italiennes ou allemandes que j'ai citées tout à l'heure, sont loin d'être partagées par tous les expérimentateurs. D'autres enquêtes, celle de Streine[9] par exemple, ont mis en évidence un fait qui mérite d'être mentionné : au point de vue psycho-physiologique, le travail à la chaîne est très nocif lorsqu'un nombre restreint de muscles y exerce une activité exclusive et prolongée. Il est bon d'introduire des pauses consacrées à la culture physique pour éviter ce jeu exclusif d'un petit nombre de muscles pendant des journées ou des semaines.

Mayer-Daxlanden[10] a insisté sur les effets nerveux que provoque, dans certaines conditions de mauvaise organisation technique, le travail à la chaîne, et il décrit une « névrose industrielle ».

Ceci nous amène à dire un mot des suggestions faites pour remédier à ces inconvénients et dangers. Nous avons indiqué les pauses intercalaires, pauses consacrées à des exercices de culture physique. Une autre

8 Publication du BIT : *Aspects sociaux de la rationalisation*, Genève, 1931, p. 347, n. 5.

9 O. Streine, « Fliessarbeit und Arbeiterschutz », *Zentralblatt für Gewerbehygiene und Unfallverhütung*, Beiheft 12, 1928.

10 Hans Mayer-Daxlanden, « Der Einfluss der Fliessarbeit auf die Gesundheit des Arbeiters », *Deutsche Krankenkasse*, 1930, XVII, p. 551-557.

suggestion nous ramène aux qualités du travail artisanal (du moins tel qu'on l'imagine ordinairement), du travail « avec joie ». Elle a eu de bons résultats là où elle a été réalisée : le changement de travaux. Pour vous donner un exemple, permettez que je me réfère à une expérience personnelle.

Au printemps de 1938, j'ai fait un stage dans une grande biscotterie [137] de la région parisienne où le travail à la chaîne avait été rationnellement introduit. Pendant une huitaine de jours j'ai étudié une chaîne de huit ouvrières employées à l'enfournement et au dégrillage des biscottes. L'*enfournement* consistait, pour quatre de ces ouvrières, à observer le grain des tranches de pain qu'on allait transformer en biscottes, à écarter les petits morceaux, à surveiller le ruban qui parfois dévie et à en suivre l'allure. C'était donc un travail répété, exigeant une attention constante, un travail mécanisé, élémentaire. Ni la conversation, ni la rêverie n'étaient interdites par la direction de cette usine.

À l'autre bout du tapis roulant, *le dégrillage* consistait, pour quatre autres ouvrières, à écarter les biscottes trop blanches ou brûlées, à signaler à un contremaître toutes les anomalies de cuisson.

Ni dans l'enfournement ni dans le dégrillage la personnalité de ces jeunes ouvrières n'était complètement absorbée et il eût été tout à fait normal de supposer qu'elles connaissaient l'ennui. Je les ai interrogées souvent et aucune ne s'en est plainte. Il y a toutes chances de penser que ces réponses étaient sincères, car elles avaient toujours répondu de même à des contremaîtres, à des ingénieurs, à des camarades. Aucune d'elles ne s'ennuyait. Ce résultat vient en grande partie de ce que la direction technique avait introduit des changements systématiques de travaux. Les ouvrières passaient successivement à l'enfournement, au dégrillage, à la pesée et à l'empaquetage, et ainsi, chaque semaine, changeaient quatre fois de travail.

Ces mesures sont malheureusement exceptionnelles, parce que les directions d'usines hésitent à les prendre, leur reprochant d'être perturbatrices et coûteuses ; mais chaque fois qu'on a bien voulu les réaliser, on a constaté une nette amélioration dans le comportement psychologique et moral des ouvriers à la chaîne.

III. – POINT DE VUE SOCIAL

Ces considérations introduisent tout naturellement la troisième partie de cet exposé : le travail à la chaîne comme fait social.

Nous avons vu, en analysant quelques enquêtes scientifiques, [138] que le point de vue bio-psychologique lui-même ne suffisait pas, que dans l'industrie moderne il est impossible d'étudier ces travaux comme des faits isolables, mais qu'on est obligé de les mettre en relation avec le milieu, avec ce que les Américains et les Anglais appellent « l'environnement », environnement moral, familial, professionnel, social, de sorte que les cadres bio-psychologiques eux-mêmes craquent à leur tour et qu'on est contraint de passer, à travers eux, à des problèmes sociaux.

Nous avons vu, par ailleurs, Hans Rupp souligner l'importance de la participation à la fixation de la vitesse, la signification de l'*ensemble* de la chaîne pour chaque ouvrier. Ce sont déjà là des faits qui mettent en jeu une collectivité. Autres faits collectifs : le degré d'instruction de l'ouvrier, que conditionne tout un système social d'éducation ; enfin l'attitude de l'ouvrier à l'égard de la maîtrise, de la direction, de l'entreprise, de la classe dont il fait partie, de la nation, de la société toute entière.

Les savants américains qui ont étudié ce problème ont adopté une expression pour désigner l'ensemble des liens entre l'ouvrier et la société, vus sous cet angle : ce sont les « relations industrielles », relations concrètes, manifestes dans le fonctionnement de l'industrie moderne, et trop importantes pour qu'on se permette de les négliger lorsqu'on examine les problèmes du travail. Nous allons désigner quelques-uns de ces faits, impliquant des influences collectives, à propos du travail à la chaîne.

Wyatt et Langdon ont mis en vedette l'importance des « éléments sociaux » dans l'équipe : il est important pour la régularité du travail de chaque ouvrier que ses compagnons d'équipe et voisins soient considérés par lui comme agréables. Dans une enquête intéressante sur leurs goûts et leurs plaintes, menée auprès d'un groupe important de jeunes filles travaillant à la chaîne, ils ont trouvé que le facteur agréable le plus souvent invoqué par celles-ci était la conversation. Lorsqu'on a voulu leur interdire de parler entre elles, le rendement a décru d'une manière très nette[11].

Au cours d'une autre enquête américaine, faite aux États-Unis dans une grande usine de la Kimberley Clark Corporation où l'on [139] fabrique papier et enveloppes, Kornhauser et Sharp ont opéré de la façon suivante : ils ont étudié deux ateliers, A et B, effectuant, à la chaîne, la même production[12]. Dans le premier atelier, A, les conditions physiques (lumière, ventilation, aération, etc.) sont meilleures, mais la supervision – comme disent les Américains, usant d'un mot que je traduirai par « relation avec la maîtrise », – est défectueuse, les ouvriers sont moins satisfaits de leurs contacts avec les contremaîtres, les inspecteurs, etc. Au contraire, dans l'atelier B les conditions physiques sont moins bonnes, mais la supervision est meilleure. Or l'observation révèle que les ouvriers de l'atelier A transfèrent leur mécontentement général à tous les autres facteurs, et même aux conditions physiques qui sont meilleures que celles de leurs camarades de B. Il y a donc en eux une espèce de coloration de l'environnement physique par leur mécontentement à l'égard des contremaîtres, des supérieurs, et ceci traduit un fait bien connu de tous ceux qui travaillent dans l'industrie : à savoir que, dans une usine où les relations sont mauvaises entre l'ouvrier et ceux qui l'entourent, elles constituent un terrain tout préparé sur lequel le moindre mécontentement peut prendre une vigueur et une extension imprévues. Par la méthode de différences, selon la logique classique de Stuart Mill, se trouve ainsi rendue manifeste l'importance des facteurs collectifs.

Une autre enquête, que je ne peux que mentionner ici bien qu'elle soit d'une importance singulière, a également mis en évidence le rôle des relations individuelles. Elle a été menée dans les ateliers Hawthorne de la Western Electric C°, aux environs de Chicago[13]. On a interviewé des milliers d'ouvriers et d'ouvrières d'une manière à la fois systématique et nuancée, avec le plus de garantie d'authenticité. Ces interviews mettaient en évidence l'importance des facteurs moraux et sociaux, à tel point que l'un des directeurs de cette enquête, M. Putnam, a pu écrire : « Pour déterminer l'attitude psychologique et morale, la satisfaction et

---

11 Wyatt et Langdon, *ouvr. cité.*

12 *Cf. Personnel Journal*, t. 10, 1932, p. 393-404.

13 *Cf.* Elton Mayo, *The human problems of an industrial civilization*, New-York, 1933 et l'excellent exposé d'ensemble de l'enquête et de ses résultats publié par Roethlisberger et Dickson (Harvard University Press, 1939).

le rendement de l'ouvrier, ses relations avec les cadres comptent davantage que n'importe [140] quel autre facteur pris isolément. » Ainsi les *leaders* de l'enquête Hawthorne, qui a duré douze ans (1927-1939) et dont les résultats devront tôt ou tard être connus et étudiés en France, insistent sur l'importance primordiale des relations de l'ouvrier à son milieu industriel pour comprendre son attitude psychologique et morale.

Les enquêtes n'ont pas seulement porté sur le travail à la chaîne, mais aussi et surtout sur des travaux mécanisés, parcellaires (assemblage de relais de téléphone) ; leurs conclusions peuvent être néanmoins extrapolées pour interpréter le travail à la chaîne. On a observé des « vagues » de changements parmi les ouvriers, changements dans le rendement, observé minute par minute, qui ne sont pas dus à des modifications physiques, mais répercutent les variations de la psychologie interne de l'équipe : soit qu'une ouvrière ait été renvoyée, soit qu'on ait modifié les places de travail, mettant en voisinage, par exemple, des jeunes filles qui ne sympathisent pas : intervient aussi l'attitude de l'ouvrier, de l'ouvrière à l'égard de la maîtrise et de l'ensemble de l'usine. Bref on s'aperçoit que ces « vagues » de changement dans le rendement reflètent l'action de facteurs collectifs, relevant de divers types de collectivités, petites ou grandes : l'équipe, l'atelier, l'usine, la classe sociale, le syndicat. Il y a toute une série de connexions souvent délicates entre le travail humain et les collectivités qui l'impliquent et l'entourent.

De sorte que, lorsqu'on veut vraiment pénétrer un problème comme celui du travail à la chaîne, on doit considérer que les réactions d'un ouvrier ne sont pas seulement celles de *cet* ouvrier à l'égard de *ce* travail qu'il fait actuellement (au cours d'un montage de moteur par exemple), mais constituent un ensemble complexe, en relation avec sa vie familiale, sa vie sociale et professionnelle. On ne peut pas soutenir que le travail à la chaîne soit un fait isolable, ni l'extraire de cet ensemble. Si l'on veut étudier l'aptitude d'un ouvrier à l'égard de telle ou telle forme d'activité, de telle ou telle tâche de l'industrie, il faut replacer cette tâche dans son milieu concret, comprendre que le travail humain est un phénomène *global* qui fait intervenir, par d'intimes connexions, à la fois des faits techniques, bio-psychologiques et sociaux. Et la « monotonie » elle-même doit être examinée à la lumière de ces réflexions.

[141] Les psychotechniciens font remarquer qu'il est impossible, à propos des effets du travail répété, de parler d'un phénomène général de

monotonie. La plupart des allusions courantes à la « monotonie » sont des réactions sentimentales et littéraires à l'égard du travail industriel. Mais, pour l'observateur scientifique, la « monotonie » n'est pas *une* réaction à *un* travail déterminé. Un travail peut sembler monotone à un moment donné et pas à un autre. Aucun mot ne saurait recouvrir des modifications aussi diverses et complexes. Tel travail répété peut paraître désagréable, « monotone », parce que l'ouvrier est en mauvaises relations avec telle personne, parce qu'il a une attitude négative à l'égard de telle ou telle catégorie professionnelle, tel ou tel groupe social. Nous n'avons qu'à consulter notre expérience. Nous savons que tel ou tel travail peut nous paraître monotone à tel moment et cesser d'être ressenti comme tel si nous l'effectuons avec un stimulant et un intérêt profonds. L'incidence du stimulant ne peut être négligée.

Je voudrais présenter, avant de conclure, quelques observations d'ensemble, en maintenant la gradation du technique au psychologique et au social.

Au point de vue *technique*, le travail à la chaîne est une étape du processus de mécanisation et d'automatisation de l'industrie et cette étape offre des avantages incontestables. Mais la mécanisation et l'automatisation, qui se substituent au travail à la chaîne, sont limitées par les possibilités techniques du moment ; car on ne peut, à n'importe quel moment, dire : nous allons confier à des organes de machine ce qui est actuellement confié à des organes humains. Ceci constitue donc une première limite, purement technique. Seconde limite, économique et financière : on introduira dans un processus industriel une certaine machine automatique, remplaçant le travail à la chaîne, à condition que cette modification soit rentable, c'est-à-dire à condition que cette machine, extrêmement coûteuse, puisse être amortie au bout d'un certain délai.

Il y a là deux limites qui ne sont pas toujours pratiquement franchissables, et on peut craindre que, pendant quelque temps, [142] une importante proportion de travaux à la chaîne ne subsiste. À un certain moment, il y a des travaux, très divisés, qui parviennent au stade de la chaîne et, d'autre part, des travaux à la chaîne qui s'automatisent et cessent d'être à la chaîne. Par exemple, il y a encore dix ans, de nombreux travaux de verrerie étaient faits par des ouvriers verriers, à la chaîne ;

au contraire, à la veille de la seconde guerre mondiale, on confiait de plus en plus à des machines automatiques les travaux de fabrication des bouteilles. J'ai visité en 1933, en Angleterre, des usines de fabrication de bouteilles, où il ne restait plus qu'une seule tâche qui se faisait à la main : toutes les autres, confiées auparavant aux muscles, aux nerfs, au souffle humains, étaient accomplies par des muscles, des nerfs et des poumons métalliques. C'était une impression tout à fait étrange, quand on voyait l'ensemble de ces ateliers, de distinguer, dans un coin, un processus de travail, et un seul, encore confié à une équipe d'ouvriers qui effectuaient ce qu'il eût été trop cher, ou trop compliqué, de faire réaliser par une machine automatique.

Au point de vue *bio-psychologique*, le travail à la chaîne est un travail parcellaire, à rythme obligatoire. Il faut donc que l'ouvrier à la chaîne soit apte à subir un travail uniforme et répété. Il faut aussi qu'il soit apte à supporter, à la longue, un travail dont le rythme n'est ni choisi par lui ni variable, mais imposé et fixe. Les psychologues ont décrit un certain nombre de procédés pour essayer de réintégrer (au moins partiellement) la personnalité dans le travail, par exemple la vue globale des opérations, le stimulant collectif du rythme fixé par l'équipe, la participation des ouvriers à l'organisation technique du travail.

Le travail à la chaîne est aussi un fait *social*. L'équipe, l'atelier, l'usine, le syndicat, la profession, la classe sociale y interviennent : autant de groupes qui ont leur incidence sur le complexe du travail à la chaîne. Celui-ci ne peut être étudié, abstraitement séparé des groupes où il s'insère, dans la réalité quotidienne.

Vous voyez, sur cet exemple, que les faits techniques et psychologiques doivent être nuancés par des facteurs sociaux. Ce phénomène, contrairement à ce qu'on a pu croire, est une étape inéluctable des civilisations industrielles et on ne saurait l'éviter. Il vient un moment où des opérations, dans la division du travail, ne [143] sont plus confiées à des machines simples, ne sont pas encore confiées à des machines automatiques, et où les hommes se trouvent alors eux-mêmes transformés en machines à répétition.

Une telle situation, complexe, n'appelle pas de remèdes simples, et je voudrais indiquer ceux que les sciences de l'homme peuvent suggérer.

Un remède radical serait la suppression du travail à la chaîne par l'automatisation totale de ces processus encore hybrides. Mais tant que cette automatisation totale n'est pas atteinte, comment essayer d'*humaniser* ces travaux ? D'abord par une combinaison d'*enseignement professionnel plus poussé* (qui redonne à l'ouvrier un certain sens technique du travail accompli et tente de faire de lui, comme disait Albert Thierry[14] dans ses admirables *Réflexions sur l'éducation*, « un physicien ») avec des *changements de travaux* : l'opérateur retrouverait ainsi une vue polyvalente de l'ensemble du travail auquel il participe.

Vous voyez là une tentative rationnelle pour essayer de réintégrer la personnalité de l'ouvrier dans le travail à la chaîne, pour essayer de retrouver, par la bande, ces éléments de « joie au travail » qui caractérisaient souvent le travail artisanal.

Par ailleurs, on humaniserait le travail à la chaîne en y intégrant le plus possible des éléments d'intérêt social et moral. Mais cette intégration dépend elle-même des rapports concrets qui existent entre l'ouvrier et les collectivités dont il fait partie ou avec lesquelles il se trouve en contact. Ce sont là des réalités sur lesquelles les sciences de l'homme ont peu de prise.

Concluons donc en disant que le travail à la chaîne ne mérite ni excès d'honneur ni indignité, ni apologie massive, ni pathétique malédiction, comme celle que Georges Duhamel a jetée sur lui dans les *Scènes de la vie future*. C'est une étape où nous nous trouvons encore et qui peut se prolonger : il est possible mais difficile de l'humaniser. Peut-être, comme l'indiquent les psychotechniciens anglais à la fin de leur enquête, le principal espoir de salut réside-t-il dans une complète automatisation, peut-être parviendra-t-on à réduire la part de l'homme dans la production industrielle et [144] à le transformer – s'il ne fait que surveiller des machines automatiques – en un guide qualifié, par conséquent à diminuer le secteur des travaux dégradés et à augmenter celui des travaux qualifiés. C'est une solution. Pendant longtemps, néanmoins, croyons-nous, il y aura, dans l'industrie, de ces travaux déspiritualisés et dégradés. Il faut essayer autant que possible de développer dans les usines le contrôle du travail humain par la psychophysiologie, accentuer le lien d'intérêt entre le travailleur et la collectivité, susciter en lui des stimulants qui relient sa personnalité à une tâche, même parcellaire : de sorte que, même s'il accomplit un travail inintéressant à nos yeux, cette tâche devienne intéressante aux siens par le lien qui la relie à une

14 *Réflexions sur l'éducation*, Paris, Alcan, 1923, p. 99.

collectivité dont il se sente, matériellement et spirituellement, un membre de plein droit. Il faut prévoir à longue échéance une durée réduite du travail, une sorte de Service social industriel réparti sur le plus grand nombre possible d'ouvriers, travail qui peut-être en soi demeurera fastidieux, mais en dehors duquel on peut rêver une humanisation des loisirs, une production de qualité, une activité humaine libre et adaptée aux possibilités de chacun. C'est en ce sens qu'on pourrait, me semble-t-il, concevoir l'humanisation du travail à la chaîne et d'autres genres de travail dégradé ; c'est ainsi, mais ainsi seulement, que prendrait un sens pratique et concret le vœu du grand philosophe[15] dont ici même, il y a quelques semaines, on saluait la mémoire : le corps de l'humanité, démesurément agrandi par les techniques, « attend un supplément d'âme ». Pour que ce noble espoir d'humanisation du travail ne demeure pas vain, la collaboration des sciences de l'homme, s'épaulant l'une l'autre, est indispensable.

Georges Friedmann

15 H. Bergson, *Les deux sources de la morale et de la religion*, Paris, Alcan, 1932, p. 335.

ANNEXE I

Notices biographiques

Sont présentées ici les notices biographiques des principaux participants à la Journée de Psychologie et d'Histoire du Travail et des Techniques du 23 juin 1941. Pour chacun d'entre eux, on indique successivement leur histoire sociale individuelle (origine sociale et itinéraire scolaire), leur carrière professionnelle et leurs activités politiques. Une courte présentation de leur œuvre, en particulier de leur contribution au champ d'étude sur le travail et les techniques, est également proposée.

ANDRÉ AYMARD
(SAINT-DENIS 1900 – ORADOUR-SUR-GLANE 1964)

Issu d'une famille d'instituteurs du Limousin.

Études secondaires au lycée de Limoges puis, à Paris, au collège Rollin et au lycée Louis-le-Grand. Études supérieures à la Sorbonne. Licence ès lettres (1920). Agrégation d'histoire-géographie (1923). Fondation Thiers (1924-1927). Doctorat ès lettres (Paris, 1939) : *Les Assemblées de la Confédération achaienne. Étude critique d'institution et d'histoire.*

Professeur de lycée (1922-1930). Maître de conférences (1930), puis professeur (1939) à l'Université de Toulouse. Suppléant, maître de conférences, professeur sans chaire, puis professeur à la Sorbonne (1942-1964). Directeur des études historiques (1955-1958), puis doyen de la Faculté des lettres et sciences humaines de Paris (1958-1964). Directeur d'étude à l'EPHE, VIe section (1954) : séminaire de « sociologie des civilisations antiques ». Président de l'Association des études grecques (1952).

Mobilisé d'avril à juin 1940.

Engagement dans le syndicalisme universitaire : secrétaire général de la Fédération des syndicats autonomes de l'Enseignement supérieur.

Historien de l'Antiquité grecque, spécialiste de l'époque hellénistique, André Aymard, qui fut un ami de jeunesse de Fernand Braudel, s'est montré ouvert aux apports de l'école des *Annales* et de la sociologie. Il proposa une approche renouvelée de certains problèmes classiques de l'histoire antique, que ce soit sur la stagnation technique, sur les causes et les effets de la guerre, « facteur de révolution interne », ou encore sur la pensée sociale des Grecs. C'est à l'occasion de la Journée d'étude de juin 1941 qu'il commença à s'intéresser à l'histoire de l'idée de travail, étudiant l'attitude de la société grecque vis-à-vis des nécessités économiques et des activités manuelles. Il développa cette question par la suite dans les recherches qu'il mena sur le mercenariat, les otages et la guerre.

Outre sa contribution aux actes du colloque de 1941, voir notamment : « Hiérarchie du travail et autarcie individuelle dans la Grèce archaïque », *Revue d'histoire de la philosophie*, 1943, p. 124-146 – « Les capitalistes romains et la viticulture italienne », *Annales ESC*, II, 1947, p. 257-265 – (avec J. Auboyer), *L'Orient et la Grèce*, Paris, PUF, coll. « Histoire générale des civilisations », Paris, PUF, coll. « Histoire générale des civilisations », 1953 – « Stagnation technique et esclavage », in L.H. Parias (dir.), *Histoire générale du travail, 1. Préhistoire et Antiquité*, Paris, Nouvelle librairie de France, 1959, p. 371-377 – « Mercenariat et histoire grecque », *Annales de l'Est*, 22, 1959, p. 16-27 – *Études d'histoire ancienne*, Paris, PUF, 1967 (recueil d'articles avec bibliographie complète).

État civil de Saint-Denis – Dossier de carrière, Archives EHESS – Dossier de carrière, Archives du Rectorat (AN) – F. Braudel, « Nécrologie. André Aymard », *Annales ESC*, 1965/3, p. 641-642 – Notice (par C. Chandezon) in C. Amalvi (dir.), *Dictionnaire biographique des historiens français et francophones. De Grégoire de Tours à Georges Duby*, Paris, La Boutique de l'Histoire, 2004 – « Allocution de M. Pierre-Maxime Schuhl », *Revue des Études grecques*, t. 78, 371-373, 1965, p. 43-52 – W. Seston, « André Aymard, 1900-1964 », in A. Aymard, *Études d'histoire ancienne*, *op. cit.*, p. XI-XIV.

MARC BLOCH
(LYON 1886 – SAINT-DIDIER-DE-FORMANS 1944)

Né dans une famille alsacienne, d'origine juive. Père, professeur d'histoire romaine à la Faculté des lettres de Paris. Mère, fille de négociant.

Lycée Louis-le-Grand. ENS Ulm (lettres, 1904). Licence ès lettres (1905). Agrégation d'histoire-géographie (1908). Bourse d'étude en Allemagne (1908-1909). Fondation Thiers (1909-1912). Doctorat ès lettres (1920) : *Rois et serfs, un chapitre d'histoire capétienne.*

Professeur de lycée (1912-1914). Chargé de cours d'histoire du Moyen Âge à la Faculté des lettres de Strasbourg à partir de 1919, puis maître de conférences, professeur sans chaire (1921), professeur (1927). Maître de conférences d'histoire économique à la Faculté des lettres de Paris (1936), puis professeur (1937). Relevé de ses fonctions en application des lois raciales d'octobre 1940. Réintégré pour « services scientifiques exceptionnels rendus à la France » ; détaché à la Faculté des lettres de Strasbourg, repliée à Clermont-Ferrand (1940-1941) ; affecté à la Faculté des lettres de Montpellier à sa demande (1941-1942). Mis à la retraite d'office en novembre 1943.

Mobilisé en 1914-1918, plusieurs citations. Mobilisé, à sa demande, en 1939.

Socialisme normalien avant 1914 ; membre du Groupe des étudiants socialistes. Signataire de l'appel du CVIA (1934). Entre juillet et septembre 1940, rédaction de *l'Étrange défaite*, « acte d'expertise » (D. Damamme) appelant à une réforme de l'État et de la société, en premier lieu de son système d'enseignement et de formation des jeunes générations et des élites politiques et administratives. Engagement dans la Résistance à Clermont-Ferrand, à Montpellier (réseau Combat) et à Lyon (réseau Franc-tireur et Mouvements unis de la Résistance) ; clandestinité à partir de 1943 ; collaboration aux *Cahiers politiques* du Comité général d'études fondé par Jean Moulin. Arrêté par la Gestapo en mars 1944 et fusillé en juin.

Historien, spécialiste du Moyen Âge. La revue les *Annales d'histoire économique et sociale*, qu'il fonda avec Lucien Febvre en 1929, fut au centre des renouvellements des sciences sociales françaises. Marc Bloch poursuivit, même pendant la guerre, sa réflexion sur la méthodologie de l'histoire, ses exigences et ses interrogations (voir *L'Apologie pour l'histoire*, livre publié à titre posthume en 1949). L'intérêt qu'il a porté à la question des techniques remonte aux années 1920 (voir ses notes sur les travaux du commandant Lefebvre des Noëttes : « Technique et évolution sociale à propos de l'histoire de l'attelage et de celle de l'esclavage », *Revue de Synthèse historique*, 41, 1926 ; « La force motrice et le rôle des inventions techniques », *Revue de Synthèse historique*, 43, 1927). Dans les années 1930, cet intérêt se décline principalement dans deux domaines de recherche : d'une part, l'étude des trajectoires technologiques, avec notamment son célèbre article sur le moulin à eau ; d'autre part, l'étude du monde rural, avec le souci de contester le mythe d'une paysannerie immobile et homogène. Sur ces deux thématiques de recherche, voir notamment : « Avènement et conquête du moulin à eau », *Annales HES*, 36, 30 nov. 1935, p. 538-563 – « Les "inventions" médiévales », *Annales HES*, 36, 30 nov. 1935, p. 634-643 – « Technique et évolution sociale. Réflexions d'un historien », *Europe*, mai 1938, p. 23-32 – *Les Caractères originaux de l'histoire rurale française*, Paris, A. Colin, 1931 – La *Terre et le paysan. Agriculture et vie rurale aux XVIIe et XVIIIe siècles*, Paris, A. Colin, 1999 (recueil de textes édités par É. Bloch, avec une préface d'E. Leroy Ladurie). Sur les écrits de M. Bloch pendant la période des deux guerres mondiales, voir M. Bloch, *L'Histoire, la Guerre, la Résistance*, Paris, Gallimard, 2006.

M. Bloch & L. Febvre, *Correspondance. Édition établie, présentée et annotée par B. Müller*, Paris, Fayard, 1994-2004, 3 vol. – H. Atsma & A. Burguière (dir.), *Marc Bloch aujourd'hui*, Paris, Éditions EHESS, 1990 – Notice (par A. Burguière) in A. Burguière (dir.), *Dictionnaire des sciences historiques*, Paris, PUF, 1986 – Notice in C. Charle (dir.), *Les professeurs de la faculté des lettres de Paris, dictionnaire biographique, volume 2 (1909-1939)*, Paris, Éditions du CNRS-INRP, 1986 – Notice (par H. Chaubin), in C. Pennetier & P. Boulland (dir.), *Le Maitron en ligne* – D. Damamme, « Un cas d'expertise, *L'Étrange défaite* de Marc Bloch », *Sociétés contemporaines*, 39, 2000, p. 95-116 – Notice (par O. Dumoulin) in C. Amalvi (dir.), *Dictionnaire biographique des historiens*, *op. cit.* – O. Dumoulin, *Marc Bloch*, Paris, Presses de Science Po, 2000 – C. Fink, *Marc Bloch, une vie au service de l'histoire*, Lyon, PUL, 1997 – P. Schöttler, « Marc Bloch et le XIVe Congrès international de sociologie, Bucarest, août 1939 », *Genèses*, 20, 1995, p. 143-154.

CHARLES CAMICHEL (MONTAGNAC 1871 – CAP-DORAT 1966)

Père, pasteur de l'Église réformée.

ENS (sciences, 1889). Agrégation de physique (1892). Doctorat ès sciences (1895).

Agrégé préparateur à l'ENS (1892-1894). Professeur au lycée de Rennes (1894-1895). Maître de conférences à la Faculté des sciences de l'Université de Lille (1895) puis de Toulouse (1900). Professeur d'électricité industrielle à la Faculté des sciences de Toulouse (1907). Directeur de l'Institut électrotechnique et de mécanique appliquée de l'Université de Toulouse (1909-1941), dont il fut le fondateur en 1907 (avec le soutien de la mairie socialiste). Correspondant de l'Académie des sciences (1922) puis membre non résidant (1936). Professeur associé à l'Université de Bruxelles (1931).

Physicien, spécialiste d'hydrodynamique. Nombreux articles dans les *Annales de la Faculté des sciences de Toulouse* et dans les *Comptes rendus de l'Académie des sciences.*

Proche des socialistes. Suspension des cours du soir (sur l'électricité industrielle) qu'il donnait, en 1902-1903, à la Faculté des sciences de Toulouse, en raison de ses prises de position politiques.

État civil de Montagnac (Hérault) – Dossier personnel, Archives de l'Académie des sciences – Notice nécrologique (par L. Escande) in *Comptes rendus de l'Académie des sciences*, t. 262, p. 61-63 (21 février 1966) – Notice in J. Leclant (dir.), *Le Second siècle de l'Institut de France*, Paris, Institut de France, 2005 – M. Grosseti (dir.), *Université et territoire. Un système local d'enseignement supérieur*, Toulouse, Presses Universitaires du Mirail, 1994.

GEORGES CANGUILHEM
(CASTELNAUDARY 1904 – MARLY-LE-ROI 1995)

Né dans un milieu rural modeste. Père, tailleur.

Études secondaires au lycée de Castelnaudary puis à Henri IV, où il fut l'élève du philosophe Alain. ENS (lettres, 1924). Agrégation de philosophie (1927). Études de médecine (1936-1943). Doctorat de médecine (1943), republié sous le titre *Le normal et le pathologique* (PUF, 1966).

Professeur de lycée puis, à partir de 1936, à la khâgne de Toulouse. Demande de mise en congé en novembre 1940. Remplace J. Cavaillès (appelé comme suppléant à Paris) à la Faculté des lettres de l'Université de Strasbourg, repliée à Clermont Ferrand (avril 1941). Professeur à la Faculté des lettres de Strasbourg (1945-1948). Inspecteur général (1948-1955). Professeur à la Sorbonne et directeur de l'Institut d'histoire des sciences et des techniques (1955-1971).

Mobilisé en 1939-1940.

Proche du philosophe Alain : collaboration aux *Libres propos* puis aux *Feuilles libres de la Quinzaine*. Antimilitarisme et pacifisme radical, dont il s'éloigna après 1934. Collaboration à *Europe* (1929-1936). Membre du CVIA : rédaction de la brochure *Le fascisme et les paysans* (1935). Résistance, à partir d'avril 1941, à Toulouse et à Clermont-Ferrand, où il fut membre fondateur du mouvement Libération ; participation aux Mouvements unis de la Résistance (membre du directoire régional d'Auvergne en 1944 comme représentant du mouvement Libération) ; chef de cabinet du Commissaire régional de la République pour l'Auvergne.

Historien et philosophes des sciences, Georges Canguilhem est, avec Gaston Bachelard (son directeur de thèse) et Michel Foucault (son élève), un des principaux représentants de la tradition française de l'épistémologie historique. La préoccupation technique a constitué « un des foyers de sa philosophie » (J. Sebestik) dès les années 1930. Contestant la thèse de l'antériorité de la connaissance sur ses applications, il rejette le postulat du « savoir pour agir » : une telle conception des rapports entre science et technique, qui relève, selon lui, d'une vision mécaniste réduisant le biologique au mécanique, l'humain à la machine, s'est imposée au XIXe siècle dans tous les secteurs d'activité – aussi bien dans le domaine de la médecine que dans celui de l'organisation du travail (voir les réflexions qu'il propose à ce sujet à partir des travaux de G. Friedmann, notamment dans « Milieu et normes de l'Homme au Travail », *Cahiers internationaux de sociologie*, 3, 1947, p. 120-136). À rebours de cette conception, il étudie la science et la technique comme deux types d'activités, « dont l'un ne se greffe pas sur l'autre », même s'ils entretiennent des rapports constants, et souligne combien la science dérive de la technique, dans la mesure où l'échec oblige à s'interroger sur les résistances rencontrées : « l'initiative de la technique est dans les exigences du vivant ». Canguilhem, par cette critique, s'est efforcé de renouveler le rationalisme en l'ancrant dans une philosophie du vivant et en affirmant le primat du vital et de l'humain sur le mécanique. Voir les volumes de ses *Œuvres complètes* publiées chez Vrin (2011-2018).

Fonds G. Canguilhem (CAPHÈS/ENS) – G. Bianco, « The Origins of Georges Canguilhem's "Vitalism" : Against the Anthropology of Irritation », in S. Normandin & C.T. Wolfe (eds.), *Vitalism and the Scientific Image in Post-Enlightenment Life Science, 1800-2010*, Dordrecht, Springer, 2013, chap. 10 – J.-F. Braunstein (dir.), *Canguilhem. Histoire des sciences et politique du vivant*, Paris, PUF, 2007 – Coll., *Georges Canguilhem. Philosophe, historien des sciences*, Paris, A. Michel, 1993 – F. Delaporte, *A Vital Rationalist. Selected Writings from Georges Canguilhem*, New York, Zone Books, 1994 – L. Ferté *et alii* (dir.), *La Formation de Georges Canguilhem. Un entre-deux-guerres philosophique*, Paris, Hermann, 2013 – D. Lecourt, *Georges Canguilhem*, Paris, PUF, 2008 – P. Macherey, *De Canguilhem à Foucault. La force des normes*, Paris, La Fabrique Éditions, 2009 – X. Roth, *Georges Canguilhem et l'unité de l'expérience. Juger et agir (1926-1939)*, Paris, Vrin, 2013 – *Id.*, « Le jeune Canguilhem, lecteur de Bergson (1927-1939) », *Dialogue. Revue canadienne de philosophie*, 52/4, décembre 2013, p. 625-647 – J. Sebestik, « Le rôle de la technique dans l'œuvre de G. Canguilhem », in coll., *Georges Canguilhem. Philosophe, historien des sciences*, *op. cit.*, p. 243-250 – M. Trebitsch, « L'intellectuel dans l'action. Lettres de Georges Canguilhem à Jean-Richard Bloch (1927-1946) », *Vingtième siècle. Revue d'histoire*, 50, avril-juin 1996, p. 111-121.

ÉTIENNE DELARUELLE
(LA-MADELEINE-LÈS-LILLE 1904 – TOULOUSE 1971)

Fils de Louis Delaruelle, agrégé de grammaire, spécialiste de littérature française, nommé maître de conférences à la Faculté des lettres de Toulouse en 1905.

Études primaires, secondaires et universitaires à Toulouse. Licence d'histoire-géographie (1924). Agrégation d'histoire-géographie (1930). Ordonné prêtre en 1934. Doctorat en théologie (1935). Doctorat ès lettres (Toulouse, 1947) : *Sainte Catherine de Sienne et la chrétienté de son temps.*

Professeur d'histoire ecclésiastique et de théologie dogmatique au Grand séminaire de Toulouse. Direction du Petit séminaire. Professeur à l'Institut catholique de Toulouse (1949-1971). Fondateur en 1965, avec le dominicain M.-H. Vicaire, des colloques et des *Cahiers* de Fanjeaux, consacrés à l'histoire religieuse du Moyen Âge méridional.

Membre actif de l'association des étudiants catholiques durant sa jeunesse. Sensible un temps aux idées de l'Action française, qu'il rejeta néanmoins après la condamnation par Rome en 1926. Soutien aux prêtres ouvriers dès 1942. Collaboration à *Économie et humanisme* après-guerre. Il fut favorable au concile Vatican II, dont les conclusions rejoignaient la conception qu'il défendait, dans ses recherches et dans son sacerdoce, de l'Église comme peuple.

Médiéviste, spécialiste d'histoire religieuse, Étienne Delaruelle fut attentif aux débats de méthode en sciences sociales et contribua à introduire dans son domaine de recherche les innovations de l'école des *Annales*. Il fut ainsi, à partir des années 1930-1940, un des artisans du renouvellement de l'histoire religieuse (voir ses contributions à la revue *Masses ouvrières* parues en 1955 : « Réflexions sur l'histoire » ; « L'intérêt du marxisme pour ceux qui n'y adhèrent pas »). L'originalité de son œuvre tient en effet à l'attention qu'il a su porter au « peuple » chrétien, à la vie collective et aux pratiques religieuses populaires (pèlerinage, croisade, piété), ainsi qu'aux questions de « psychologie collective ». Bien que sa définition du populaire soit restée floue et qu'elle renvoyât à une vision optimiste du rôle du peuple dans l'histoire, il marqua une rupture par rapport à l'histoire traditionnelle de l'Église, centrée auparavant sur le clergé et les institutions ecclésiastiques. Voir la bibliographie de ses travaux dans É. Delaruelle, *La piété populaire au Moyen Âge*, Turin, Bottega d'Erasmo, 1975. Voir également le recueil d'articles *L'idée de croisade au Moyen Âge* (Turin, Bottega d'Erasmo, 1980) et ses ouvrages de synthèse : (avec E.-R. Labande et P. Ourliac), *L'Église au temps du Grand Schisme et de la crise conciliaire (1378-1449)* [tome 14 de J.-B. Duroselle *et alii* (dir.), *Histoire de l'Église depuis les origines jusqu'à nos jours*], Paris, Bloud & Gay, 2 vol., 1962-1964 – (avec A. Latreille et J.-R. Palanque), *Histoire du catholicisme en France*, Paris, Spes, 1960.

Institut catholique de Toulouse, *Chronique*, 1, 1972 [Hommages de P. Wolff, J. Lyon, L. de Maurois] – Notice (par J.-L. Biget) in C. Amalvi (dir.), *Dictionnaire biographique des historiens*, *op. cit.* – B. Guillemain, « Le chanoine É. Delaruelle, historien de la vie religieuse », *Annales du Midi*, t. 84/3, 1972, p. 353-360 – É. Magnou-Nortier, « Nécrologie. À la mémoire du chanoine Delaruelle », *Le Moyen Âge*, 1, 1972, p. 185-188 – R. Manselli & A. Vauchez, « Étienne Delaruelle, historien », in É. Delaruelle, *La piété populaire au Moyen Âge*, *op. cit.* – Notice (par C. Nastorg) in G. Reynal (dir.), *Dictionnaire des théologiens et de la théologie chrétienne*, Paris, Bayard Éditions / Centurion, 1998 – P. Ourliac, « Trois historiens », *Bulletin de littérature ecclésiastique*, vol. 83, 1982, p. 135-145 – J.-C. Schmidt, « "Religion populaire" et culture folklorique », *Annales HSS*, 5, 1946, p. 941-953 – P. Wolff, « Étienne Delaruelle, guide dans l'étude de la spiritualité médiévale », *Revue d'histoire de la spiritualité*, 48, 1972, p. 477-490.

DANIEL FAUCHER
(ROMANS 1882 – LORIOL-SUR-DRÔME 1970)

Issu d'un milieu populaire d'artisans. Père, ébéniste.

Marié à une institutrice, de religion protestante.

Élève-maître à l'École normale d'instituteurs (Valence, 1897). Études universitaires à la Faculté des lettres de Grenoble, où il fut l'élève de Raoul Blanchard. Doctorat ès lettres (Grenoble, 1927) : *Plaines et bassins du Rhône moyen entre Bas-Dauphiné et Provence. Étude géographique.*

Professeur à l'École primaire supérieure de Loriol (1900-1914), puis à l'École normale de Valence (1919-1926). Chargé de cours à l'Université de Toulouse (chaire de géographie) à partir de 1926, puis professeur (1928).

Doyen de la Faculté des lettres de Toulouse (1944-1952). Fondateur de l'Institut de géographie de l'Université de Toulouse, qui, à partir de 1930, publia la *Revue géographique des Pyrénées et du Sud-Ouest*. Fondateur avec Georges Duby de la revue *Études rurales*. Président de la Commission de Géographie agraire de l'Union géographique internationale. Secrétaire général puis président de la Fédération des Sociétés académiques et savantes de Languedoc-Pyrénées-Gascogne. Correspondant de l'Institut, Académie des sciences morales et politiques (élu en 1954).

Officier d'artillerie pendant la Première Guerre mondiale.

Militant socialiste depuis 1905 (SFIO) et de la Ligue des droits de l'homme, dont il fut président de la fédération départementale à Valence. Membre de la Ligue de l'enseignement. Nombreuses actions universitaires en faveur des étudiants : notamment, secrétaire général du Comité de patronage des étudiants ; président de l'association d'aide aux étudiants d'Outre-mer ; soutien aux étudiants espagnols réfugiés à Toulouse. Il permit aussi la construction de la première cité étudiante après-guerre à Toulouse. Pendant la Seconde Guerre mondiale, à Toulouse : animateur d'un groupe de résistance ; aide aux étudiants juifs, étrangers ou menacés en raison de leurs actions dans la Résistance.

Reconnu d'abord pour ses enquêtes de géographie régionale (sur les régions du Rhône et du Sud-Ouest), Daniel Faucher devint par la suite un « spécialiste incontesté des problèmes agricoles » (P. Wolff). Deux thèmes furent au centre de ses recherches à partir des années 1940 : *1°)* les systèmes de culture et « les complexes bio-techniques » qui en résultent ; les techniques agraires, leurs transformations sous l'effet de la révolution agricole et de la mécanisation ; *2°)* la mentalité paysanne, l'attitude face aux réalités du travail et l'évolution des « genres de vie » en milieu rural, avec notamment une étude critique de la notion de « routine paysanne ». Nombreux articles sur ces deux thèmes : voir sa bibliographie complète dans les *Annales de géographie*, 440, juillet-août 1971, p. 388-396. Parmi ses principales publications : *Géographie agraire, types de culture*, Paris, Médicis, 1949 – *Le paysan et la machine*, Paris, Éditions de Minuit, 1954 – *La vie rurale vue par un géographe*, Toulouse, Institut de géographie, 1962 (recueil d'articles). Voir également ses contributions sur l'histoire des techniques agricoles dans M. Daumas (dir.), *Histoire générale des techniques*, Paris, PUF, 4 vol., 1962-1978.

R. Marconis, « La *Revue géographique des Pyrénées et du Sud-Ouest*, de 1930 au début des années 1970 », *Géocarrefour*, vol. 86/3-4, 2011 – L. Papy, « Daniel Faucher (1882-1970) », *Annales de géographie*, 440, juillet-août 1971, p. 385-396 – G. Perie, « La vie de Daniel Faucher et son rôle dans l'aide matérielle aux étudiants », en ligne : https://citesuniversitaires.wordpress.com/ – F. Taillefer, « Daniel Faucher », *Revue géographique des Pyrénées et du Sud-Ouest*, 3-4, 1970 P. Wolff & É. Juillard, « Daniel Faucher (1882-1970) », *Études rurales*, 41, janvier-mars 1971, p. 7-14 – *Quatre-vingtième anniversaire de Monsieur Daniel Faucher*, Toulouse, 1962.

LUCIEN FEBVRE
(NANCY 1878 – SAINT-AMOUR 1956)

Père, normalien, agrégé de grammaire, professeur de lycée (Nancy).

Études secondaires au lycée de Nancy. Licence ès lettres (1896, Nancy). ENS (lettres, 1897). Agrégation d'histoire-géographie (1902). Fondation Thiers (1903-1906). Doctorat ès lettres (1911) : *Philippe II et la Franche-Comté. Étude d'histoire politique, religieuse et sociale.*

Professeur de lycée (1902-1903 ; 1907-1911). Chargé de cours (1912), puis professeur titulaire (1914) à l'Université de Dijon. Professeur à la Faculté des lettres de Strasbourg (1919-1933). Professeur au Collège de France, chaire d'histoire de la civilisation moderne (1933-1949). Directeur général puis président du comité de *L'Encyclopédie française* (1934-1940). Directeur d'étude d'histoire de la Réforme et du protestantisme à l'EPHE. Fondateur et président (avec Charles Morazé puis Fernand Braudel) (1948-1956) de la VIe section de l'EPHE. Membre du directoire du CNRS et président de la Commission histoire. Membre de l'Académie des sciences morales et politiques (1949).

Mobilisé en 1914-1918, blessé à plusieurs reprises, nombreuses citations.

Dreyfusard. Adhésion au Parti socialiste français de Jaurès (1905) : militantisme politique et syndical jusqu'à son arrivée à Dijon en 1912. Engagement antifasciste, notamment au CVIA (1934). Opposition à la guerre d'Indochine.

Historien moderniste. Fondateur avec Marc Bloch de la revue des *Annales d'histoire économique et sociale* (1929). Impliqué dès les années 1930 dans de multiples entreprises collectives (outre les *Annales*, *L'Encyclopédie française*, le Centre de Synthèse, etc.), il s'efforça de promouvoir une pratique de l'histoire, ouverte aux problèmes contemporains et en rupture avec le cloisonnement disciplinaire. Il fut une figure centrale des sciences sociales après la Seconde Guerre mondiale, notamment avec la création de la VIe section (sciences sociales et économiques) de l'EPHE, dont il fut le premier président en 1947. Dans l'entre-deux-guerres, ses recherches s'orientèrent vers l'histoire des « mentalités », des « sensibilités », développant, à rebours d'une histoire traditionnelle des idées, une réflexion sur la notion d'« outillage mental » (voir ses biographies de Luther, Rabelais et Marguerite de Navarre). Dans les années 1930, il s'efforça aussi, avec Marc Bloch, de promouvoir une histoire des techniques, dont il posa les jalons dans l'introduction du numéro spécial des *Annales* consacré à ce sujet en 1935 (« Réflexions sur l'histoire des techniques ») et qui devait, selon lui, articuler « trois grands chapitres » : une « histoire technique de la technique », écrite par les techniciens eux-mêmes ; une histoire « des rapports de la science et de la technique », de la théorie et de la pratique ; enfin une histoire sociale analysant « comment [...] la technique subit l'influence de ce qu'on peut nommer l'histoire générale – et, en même temps, agit sur cette histoire ». Sur sa contribution à l'histoire des techniques, voir également son article (« Les techniques, la science et l'évolution humaine ») paru dans la série de numéros de la revue *Europe* sur « L'homme, la technique et la machine » (1938).

Fonds L. Febvre (AN) – M. Bloch & L. Febvre, *Correspondance...*, *op. cit.* – Notice (par D. Bilogh) in C. Amalvi (dir.), *Dictionnaire biographique des historiens*, *op. cit.* – Notice in C. Charle & E. Telkès (dir.), *Les professeurs du Collège de France, dictionnaire biographique (1901-1939)*, Paris, Éditions du CNRS-INRP, 2003 – Notice in J. Leclant (dir.), *Le Second siècle de l'Institut de France*, *op. cit.* – L. Febvre, « Quatre leçons sur le syndicalisme français (1919-1920) » (avec une introduction de J. Lecuir), *Le Mouvement social*, 238, janvier-mars 2012, p. 3-51 – B. Müller, *Lucien Febvre, lecteur et critique*, Paris, A. Michel, 2003 – Y. Potin, « Avant-propos », in L. Febvre, *Michelet, créateur de l'histoire de France*, Paris, Vuibert, 2014 — Notice (par N. Racine) in C. Pennetier & P. Boulland (dir.), *Le Maitron en ligne* – Notice (par J. Revel) in A. Burguière (dir.), *Dictionnaire des sciences historiques*, *op. cit.* – P. Schöttler, « Marc Bloch et Lucien Febvre face à l'Allemagne nazie », *Genèses*, 21, 1995, p. 75-95 – M. Wessel, « Entre liberté et servage. Lucien Febvre, l'Encyclopédie française et l'Occupation allemande », *Cahiers Jaurès*, 163-164, 2002/1, p. 149-159.

GEORGES FRIEDMANN
(PARIS 1902 – PARIS 1977)

Issue de la bourgeoisie financière (père, banquier). D'origine juive.

Licence de philosophie (1922). ENS (lettres, 1923). Agrégation de philosophie (1926). Doctorat ès lettres (1946) : *Les problèmes humains du machinisme industriel.*

Professeur agrégé au lycée de Bourges (1929-1930). Assistant au Centre de documentation sociale de l'ENS (1932-1934). Professeur à l'École Boulle (1935-1939). Inspecteur général de l'enseignement technique (1945). Professeur au CNAM, chaire d'histoire du travail et des relations industrielles (1946-1958). Directeur d'étude à l'EPHE, VIe section, séminaire de « sociologie de la civilisation technicienne » (directeur cumulant de 1950 à 1958, puis non-cumulant jusqu'en 1968). Collaborateur des *Annales*, dont il fut, après la Seconde Guerre mondiale, membre du comité de direction. Président de l'Association internationale de sociologie (1956). Directeur du Centre d'études sociologiques (1949). Fondateur de l'Institut des sciences sociales du travail (1951). Fondateur du Centre d'étude des communications de masse (1960), devenu Centre Edgar Morin.

Lié au mouvement pacifiste après la Première Guerre mondiale : collaboration aux revues *Clarté* et *Europe*. Membre du groupe Philosophies (1925-1929). Militant antifasciste dans les années 1930. Plusieurs voyages en URSS : sept.-oct. 1932, sept.-oct. 1933, fin août-octobre 1936. Engagement actif aux côtés du mouvement communiste jusqu'en 1939 : enseignement à l'Université ouvrière ; participation au Cercle de la Russie neuve ; directeur de la collection « Socialisme et culture » aux Éditions sociales internationales (1935). Publication de *De la Sainte Russie à l'URSS* (Paris, Gallimard, 1938) : livre condamné par les instances communistes. Écarté de toute responsabilité au sein du monde communiste à la fin des années 1930. Engagement dans la Résistance : participation aux activités du réseau du « Musée de l'homme », puis à divers réseaux et mouvements (Combat, presse clandestine) ; membre de l'équipe clandestine du Commissariat de la République de Toulouse (avec Jean Cassou puis Pierre Bertaux). Collaboration à l'ouvrage collectif

L'Heure du choix (Éditions de Minuit, 1947) : réaffirmation nuancée de sa confiance dans le rôle historique du communisme. Départ du Comité directeur de la revue *Europe* (1950).

Georges Friedmann, depuis les enquêtes qu'il mena dans les années 1930 en France et en Union soviétique, s'est intéressé au travail ouvrier et, plus largement, à ce qu'il appelait « les problèmes du machinisme ». Dès ses premiers ouvrages (*Problèmes du machinisme en URSS et dans les pays capitalistes* publié en 1934 aux Éditions sociales internationales ; *La Crise du progrès* paru en 1937 chez Gallimard), il défendit une approche marxiste et proposa, en combinant les apports de la sociologie, de la psychologie et des *Annales*, une analyse de la « civilisation technicienne ». Son travail sociologique se présentait alors comme une réponse à la multiplication des discours littéraires contestant l'idée de progrès et le rationalisme. Après la Seconde Guerre mondiale, il participa à la réorganisation des sciences sociales françaises et contribua à former toute une nouvelle génération de sociologues (A. Touraine, P.-H. Chombart de Lauwe, J.-D. Reynaud *et alii*). Sa contribution à la Journée d'études de juin 1941 peut être considérée, selon G. Rot et F. Vatin, comme « l'acte fondateur de la sociologie du travail française », dont il fut, après 1945, le chef de file. Parmi ses principaux ouvrages publiés après la Seconde Guerre mondiale : *Problèmes humains du machinisme industriel*, Paris, Gallimard, 1946 [rééd. en 2009 par T. Pillon, Paris, Ellipses éditions] – *Où va le travail humain ?*, Paris, Gallimard, 1950 – *Le travail en miettes*, Paris, Gallimard, 1958 – (avec P. Naville) (dir.), *Traité de sociologie du travail*, 2 vol., Paris, A. Colin, 1961-1962 – *Sept études sur l'homme et la technique*, Paris, Gonthier, 1966 – *La puissance et la sagesse*, Paris, Gallimard, 1970. Voir sa bibliographie complète (jusqu'en 1973) publiée dans *Une nouvelle civilisation ? Hommage à Georges Friedmann*, Paris, Gallimard, 1973.

Dossier d'élève, Archives ENS (AJ/61/250, AN) – Dossier de carrière, Archives du Rectorat (AN) – Fonds G. Friedmann (AN) – P. Grémion & F. Piotet (dir.), *Georges Friedmann, un sociologue dans le siècle, 1902-1977*, Paris, CNRS Éditions, 2004 – I. Gouarné, « Engagement philosoviétique et posture sociologique dans l'entre-deux-guerres : le rôle politico-intellectuel de Georges Friedmann », *Sociologie du travail*, 54/3, 2012, p. 356-374 – Notice (par N. Racine) in C. Pennetier & P. Boulland (dir.), *Le Maitron en ligne* – G. Ribeill, « Approches critiques du travail industriel entre les deux guerres : la place de Georges Friedmann », *Sociologie du travail*, 41, 1999, p. 23-39 – G. Rot & F. Vatin, « Les avatars du "travail à la chaîne" dans l'œuvre de Georges Friedmann (1931-1966) », *Genèses*, 57, déc. 2004, p. 23-40 – F. Vatin, « Machinisme, marxisme, humanisme. Georges Friedmann avant et après-guerre », *Sociologie du travail*, 46, 2004, p. 205-223.

JACQUES HADAMARD
(VERSAILLES 1865 – PARIS 1963)

Père, professeur de latin. Mère, professeur de piano. D'origine juive.

Lycée Charlemagne puis lycée Louis-le-Grand (Paris). ENS (sciences, 1884) ; reçu la même année à Polytechnique. Licence ès sciences (1886). Agrégation de mathématiques (1887). Docteur ès sciences (1892).

Professeur de mathématiques au lycée, puis à l'Université (1893). Professeur à la Faculté des sciences de Bordeaux (1896). Maître de conférences à la Faculté des sciences de Paris (1897), puis professeur adjoint (1900). Professeur de mécanique au Collège de France (1909-1937). Professeur d'analyse à l'École polytechnique (1912-1937) et à l'École centrale (1920-1937). Président de la Société mathématique de France (1906). Élection à l'Académie des sciences (1912). Nombreux prix scientifiques.

Dreyfusard convaincu (Alfred Dreyfus était un cousin éloigné de sa femme). Membre actif de la Ligue des Droits de l'homme et de l'Union rationaliste (comité d'honneur). Engagement antifasciste dans les années 1930. Membre du Syndicat de l'enseignement supérieur. Exil aux États-Unis (1941), puis à Londres (1944-1945). Sympathisant communiste après la Seconde Guerre mondiale.

Mathématicien de renommée internationale, connu pour sa contribution à la théorie des nombres. Jacques Hadamard s'est intéressé, parallèlement à ses recherches en mathématiques, à la philosophie et à l'histoire des sciences. Voir notamment : *Essai sur la psychologie de l'invention dans le domaine mathématique*, Paris, Gauthier-Villars, 1959.

Notice in C. Charle & E. Telkès (dir.), *Les professeurs du Collège de France*, *op. cit.* – Notice in J. Leclant (dir.), *Le Second siècle de l'Institut de France*, *op. cit.* – S. Mandelbrojt &

L. Schwartz, « Jacques Hadamard (1865-1963) », *Bulletin of the American Mathematical Society*, 71, 1965, p. 107-129 – V. G. Maz'ya & T. Shaposhnikova, *Jacques Hadamard, un mathématicien universel*, Paris, EDP Sciences, 2005.

ANDRÉ LALANDE
(DIJON 1867 – ASNIÈRES-SUR-SEINE 1963)

Né dans une famille d'universitaires. Son père, ancien élève de l'ENS, fut professeur, puis censeur au lycée de Dijon, enfin, à partir de 1875, inspecteur d'académie.

Élève dans des lycées de Province (notamment à Sens, où il eut comme professeur de philosophie Émile Durkheim) puis au lycée Henri IV (Paris). ENS (lettres, 1885). Licence ès lettres (1886). Élève à l'EPHE. Agrégation de philosophie (1888). Doctorat ès lettres (Paris, 1899) : *La dissolution opposée à l'évolution dans les sciences physiques et morales*.

Professeur à l'école Monge, où sont alors mises en œuvre les méthodes de la pédagogie nouvelle (1888-1894). Professeur dans les lycées parisiens. Maître de conférences à la Sorbonne, chaire de logique et philosophie des sciences (1906), puis professeur adjoint (1909), professeur titulaire (1918) et directeur des études de philosophie (1918). Enseignement à l'École normale de Sèvres (1901-1934). Mission d'enseignement à l'Université du Caire nouvellement créée (1926-1928, 1929-1930) : il y retourna en 1937-1940 comme professeur titulaire, après avoir pris sa retraite en France. Fondateur en 1901, avec Xavier Léon, de la Société française de philosophie, dont il fut le secrétaire général (1901-1937), puis le président honoraire et président d'honneur. Membre du Comité consultatif de l'enseignement supérieur (1927-1937). Membre de l'Académie des sciences morales et politiques (1922).

Républicain, laïc. Sympathie pour le protestantisme auquel sa femme s'est convertie. Soutien au « bloc des gauches » après l'affaire Dreyfus.

Philosophe des sciences, André Lalande fut un des principaux représentants du rationalisme français, d'inspiration kantienne, qui a dominé l'Université sous la IIIe République. Ses réflexions sur la Raison (distinction entre Raison constituée et Raison constituante, avec ses exigences d'unité, d'identité et d'assimilation) sont sous-tendues par le souci d'élaborer une morale universelle conforme à la Raison. Déjà, sa thèse, rééditée sous le titre *Les illusions évolutionnistes* en 1930, avait pour objectif de « critiquer et de compléter la doctrine évolutionniste, en montrant que dans l'histoire des idées logiques et morales, le progrès se fait au contraire vers un état qui rend les êtres de plus en plus égaux, plus semblables entre eux et plus libres à l'égard du tout dont ils font partie ». Parmi ses écrits, voir également : *Lectures sur la philosophie des* sciences, Paris, Hachette, 1893 – *La Raison et les normes*, Paris, Hachette, 1948. Son nom reste aujourd'hui attaché à cette entreprise collective d'unification intellectuelle que fut le *Vocabulaire technique et critique de la philosophie*, réalisé dans le cadre de la Société française de philosophie.

Dossier de carrière, Archives du Rectorat de Paris (AN) – *André Lalande par lui-même* (préface de G. Davy), Paris, Vrin, 1967 (avec bibliographie de ses principaux travaux) – Notice nécrologique in l'*Annuaire de l'Association amicale des anciens élèves de l'École normale supérieure*, 1965, p. 35-40 – Notice in C. Charle (dir.), *Les professeurs de la faculté des lettres de Paris*, *op. cit.* – Notice in J. Leclant (dir.), *Le Second siècle de l'Institut de France*, *op. cit.* – N. Lubnicki, « André Lalande dans les souvenirs d'un de ses disciples », *Revue de Métaphysique et de Morale*, 2, avril-juin 1965, p. 165-172 – R. Poirier, « André Lalande », *Revue de Métaphysique et de Morale*, 2, avril-juin 1965, p. 140-164 – Notice (par R. Poirier) in D. Huisman (dir.), *Dictionnaire des philosophes*, Paris, PUF, 2009 [1984] – P.-M. Schuhl, « L'œuvre de M. André Lalande », *Revue philosophique de la France et de l'étranger*, t. 148, 1958, p. 1-6.

MARCEL MAUSS
(ÉPINAL 1872 – PARIS 1950)

Père, négociant. Neveu d'Émile Durkheim. D'origine juive.

Lycée d'Épinal. Études secondaires à Bordeaux où Durkheim est professeur. Agrégation de philosophie (1895). Études supérieures à l'EPHE.

Maître de conférences (1901) puis directeur d'étude (1907) à l'EPHE, V^e^ section. Membre du Comité directeur de l'Institut d'ethnologie de l'Université de Paris créé en 1925. Professeur au Collège de France, chaire de sociologie (1931-1942). Directeur de l'*Année sociologique*. Président de la Ve section de l'EPHE (1938). Il démissionna en octobre 1940 de ses fonctions et est alors admis à la retraite.

Engagé volontaire en 1914-1918.

Membre du Parti ouvrier français à Bordeaux. Militant du groupe des Étudiants collectivistes à Paris. Adhésion au Parti ouvrier socialiste révolutionnaire (1891-1899). Participation active au mouvement coopératif. Dreyfusard. Membre de la SFIO. Proche de Jaurès. Collaborateur avant 1920 du journal *L'Humanité*, à la fondation duquel il avait participé, ainsi qu'au *Mouvement socialiste*, à la *Vie socialiste* et au *Populaire*.

Neveu et héritier intellectuel d'Émile Durkheim, Marcel Mauss fut dans l'entre-deux-guerres un des principaux représentants de l'école sociologique française. Bien qu'il n'ait proposé aucun ouvrage de synthèse ni de méthode, ses réflexions, en particulier sur la notion de « fait social total », apportèrent un profond enrichissement à la pensée durkheimienne. En outre, grâce à son souci du concret et à son ouverture intellectuelle, il éveillera nombre de vocations sociologiques ou ethnologiques parmi les jeunes générations des années 1920-1930, pourtant très critiques à l'égard du durkheimisme. Les écrits de Mauss traitent aussi bien des problèmes de sciences de religion, que de questions particulières d'ethnologie, d'histoire sociale des catégories mentales ou encore des techniques. Alors que la technologie avait été marginalisée dans l'entreprise sociologique de Durkheim, Mauss en fera un objet de recherche privilégié. Dès ses premiers travaux, il s'interrogeait sur le rôle de la technique, notamment dans ses rapports avec la magie, et, à partir de 1901, il fut en charge, avec Henri Hubert, de la rubrique « Technologie » de l'*Année sociologique.* C'est toutefois surtout à partir de la fin des années 1920 que son œuvre témoigne d'un souci croissant pour cette question : dans les années 1930, il affirma même le primat social des techniques et prit des positions nettement technophiles. Voir le recueil de textes (édité par N. Schlanger), *Techniques, technologie et civilisation* (Paris, PUF, 2012), dans lequel on peut lire les différents écrits que Mauss a consacrés à cette thématique : sa contribution à la Journée de juin 1941, mais aussi « Essai sur les variations saisonnières des sociétés eskimos » (1906), « Les civilisations. Éléments et formes » (1930) ou encore « Les techniques du corps » (1935).

Fonds Marcel Mauss (57CDF 1-161, Collège de France) – Notice (par J. Cazeneuve) in *L'Encyclopædia Universalis*, en ligne – Notice in C. Charle & E. Telkès (dir.), *Les professeurs du Collège de France*, *op. cit.* – S. Dzimira, *Marcel Mauss, savant et politique*, Paris, La Découverte, 2007 – M. Fournier, *Marcel Mauss*, Paris, Fayard, 1994 – Notice (par J. Gaumont) in C. Pennetier & P. Boulland (dir.), *Le Maitron en ligne* – N. Schlanger, « Une technologie engagée. Marcel Mauss et l'étude des techniques dans les sciences sociales », in M. Mauss, *Techniques, technologie et civilisation*, *op. cit.* – F. Vatin, « Mauss et la technologie », *Revue du MAUSS*, 23, 2004, p. 418-433.

IGNACE MEYERSON (VARSOVIE 1888 – BOULOGNE-BILLANCOURT 1983)

Né en Pologne dans une famille juive d'intellectuels. Père, médecin. Neveu du célèbre philosophe des sciences Émile Meyerson. Il quitte la Pologne en 1905, après avoir participé au mouvement insurrectionnel comme socialiste-internationaliste, et s'exile d'abord en Allemagne, puis, à partir de décembre 1906, en France. Naturalisé français par décret du 20 février 1923.

Études de médecine (1909-1916). Licence ès sciences (1913). Licence ès lettres (1918). Doctorat ès lettres (1947) : *Les fonctions psychologiques et les œuvres*.

Nommé externe des hôpitaux de Paris (1909), délégué dans les fonctions d'interne des hôpitaux (1916-1919). Attaché de recherche au laboratoire de physiologie de l'Institut Marey (1913-1914). Assistant au laboratoire d'électroradiologie de la Salpêtrière (1914). Préparateur au Laboratoire de psychologie expérimentale dirigé par Henri Piéron à l'EPHE (1921) : il en deviendra directeur-adjoint en 1923, après avoir obtenu la nationalité française. Secrétaire de l'Institut de psychologie de l'Université de Paris (1920). Principal animateur du *Journal de psychologie normale et pathologique* (*JP*), dont il est secrétaire de rédaction (1919-1938), puis codirecteur avec Charles Blondel et Paul Guillaume (1938) et directeur (1962). Secrétaire de la Société française de psychologie (1920). Secrétaire général de la Fédération des Sociétés françaises de sciences philosophiques, historiques, philologiques et juridiques (1921). Assistant à la Faculté des lettres de l'Université de Paris (1922-1940). Détaché de l'EPHE à l'Université de Toulouse en octobre 1940. Révoqué de son poste en novembre 1940. Professeur à l'Université de Toulouse (1945-1951), puis à l'EPHE, VIe Section (1951-1961). Fondateur et directeur du Centre de recherches de psychologie comparative (1953).

Engagé volontaire en 1914 dans la Légion étrangère, réformé en juillet 1915 pour raisons de santé.

Engagement socialiste en Pologne puis en France, notamment au Groupe des étudiants socialistes révolutionnaires (avec Yvonne Basch, Jeanne Halbwachs, Jean Texcier et d'autres) durant ses années étudiantes à Paris. Proche de Lucien Herr. Lié au milieu universitaire dreyfusard républicain formé par les Seignobos, Curie, Langevin, Perrin, Borel à partir des années 1910. Engagement antifasciste dans les années 1930. Résistance, sous le pseudonyme de Julien Montfort, aux côtés de Jean-Pierre Vernant, dans l'Armée secrète, les Corps francs de la libération et les Forces françaises de l'intérieur. Clandestinité après l'entrée des Allemands en zone Sud. Membre du Parti communiste après la Seconde Guerre mondiale.

Psychologue reconnu depuis l'entre-deux-guerres, Ignace Meyerson a d'abord mené des recherches de psychologie animale, examinant notamment « l'usage de l'instrument chez le singe » (série de quatre articles, co-écrits avec Paul Guillaume et publiés dans le *JP* entre 1931 et 1937). Il élabora par la suite un programme de « psychologie historique », dont l'ambition était d'étudier les « fonctions psychologiques » (la personne, le travail, l'action, la mémoire, l'espace, le temps, par exemple) à travers les « œuvres » des hommes (langues, institutions sociales, religions, techniques, sciences, arts, par exemple). Les principes de ce programme furent exposés dans sa thèse, *Les fonctions psychologiques et les œuvres*, soutenue en Sorbonne en 1947 (rééd. A. Michel, 1995). C'est donc en suivant cette perspective que Meyerson s'est intéressé au travail comme « conduite » et comme « fonction psychologique ». Outre sa contribution à la Journée d'étude de juin 1941, voir notamment : « Discontinuités et cheminements autonomes dans l'histoire de l'esprit », *JP*, XLI, 1948, p. 273-289 – « Comportement, travail, expérience, œuvre », *L'Année sociologique*, 1948, p. 77-82 – « Le travail, fonction psychologique », *JP*, LII, 1955, p. 3-17 – « L'entrée dans l'humain », *Revue philosophique de la France et de l'étranger*, 1952, p. 1-13 – « Problèmes d'histoire psychologique des œuvres : spécificité, variation, expérience », in *Éventail de l'histoire vivante. Hommage à Lucien Febvre*, Paris, A. Colin, 1953, p. 207-218 – « Le mythe et la machine, selon M. Lewis Mumford », *JP*, LXXI, 1974, p. 471-481. Articles repris dans I. Meyerson, *Écrits 1920-1983. Pour une psychologie historique*, Paris, PUF, 1987.

Fonds Ignace Meyerson (521AP, AN) – Dossier de carrière, Archives EHESS – Dossier de naturalisation (BB/11/6505, AN) – C. Bresson, « Chronologie de la vie de Meyerson », in I. Meyerson, *Forme, couleur, mouvement*, Paris, Adam Biro, 1991 – R. Di Donato, « Pour une histoire de la psychologie historique. Lettres et notes d'I. Meyerson », *Technologies, Idéologies, Pratiques*, 8 (1-4), 1990, p. 65-91 – F. Fruteau de Laclos, *La psychologie des philosophes, de Bergson à Vernant*, Paris, PUF, 2012 – Notice (par I. Gouarné) in C. Pennetier & P. Boulland (dir.), *Le Maitron en ligne* – F. Parot (dir.), *Pour une psychologie historique. Écrits en hommage à Ignace Meyerson*, Paris, PUF, 1996 – N. Pizarroso López, *La psychologie historique d'Ignace Meyerson*, Résumé de thèse (en français), Université Paris Descartes / Université Complutense de Madrid, 2008 – *Id.*, *Ignace Meyerson*, Paris, Les Belles Lettres, 2018 – J.-P. Vernant, *Entre mythe et politique*, Paris, Seuil, 1996.

JEAN-PIERRE VERNANT
(PROVINS 1914 – SÈVRES 2007)

Père, agrégé de philosophie, directeur d'un journal républicain et anticlérical, mort à la guerre en 1915.

Études secondaires à Paris, lycée Carnot puis lycée Louis-le-Grand. Études supérieures à la Sorbonne. Agrégation de philosophie (1937).

Professeur au lycée de Toulouse (1940-1946). Détaché au CNRS (janvier-octobre 1946). Professeur au lycée Decour (1946-1948). Détaché au CNRS comme attaché (1948-1952), puis chargé de recherche (1952-1958). Élu directeur d'étude à l'EPHE, VIe section (1958) puis V^e^ section (1968). Professeur au Collège de France, chaire d'Étude comparée des religions antiques (1975-1984). Fondateur en 1964 et directeur du Centre d'études comparées sur les sociétés anciennes, devenu Centre Louis Gernet.

Adhésion aux Jeunesses communistes en 1932 puis au Parti communiste. Voyage en Union soviétique en 1934. Militant antifasciste.

Résistance à Toulouse, sous le pseudonyme de colonel Berthier : mouvement Libération Sud, chef départemental de l'Armée secrète (à partir de 1942), chef des Forces françaises de l'Intérieur de Toulouse et de Haute-Garonne, puis chef régional de la région R4. Compagnon de la Libération. Membre du Parti communiste après la Seconde Guerre mondiale. Journaliste à *Action* (1946-1948). Opposition interne au Parti communiste à partir de 1956, puis exclusion en 1970. Engagement contre la Guerre d'Algérie : signataire du Manifeste des 121 ; membre du Comité Maurice Audin. Soutien aux dissidents soviétiques. Membre actif de l'Association Jan Huss de soutien aux intellectuels tchécoslovaques.

Philosophe de formation, Jean-Pierre Vernant fut fortement influencé par l'école sociologique durkheimienne, d'abord par Marcel Mauss, qu'il eut comme professeur avant la guerre, et aussi par Louis Gernet, son « maître » dans l'étude de l'Antiquité grecque. Les recherches qu'il mena sur ce sujet après la Seconde Guerre mondiale s'inscrivaient dans le programme de « psychologie historique » élaboré par Ignace Meyerson, dont il avait été l'élève à la Sorbonne et dont il devint le proche collaborateur à Toulouse pendant la Guerre. Ses premiers travaux furent ainsi consacrés au travail et à la pensée technique des Grecs, dans la lignée du colloque de juin 1941, auquel il avait assisté et dont il assura l'édition des actes dans le *Journal de psychologie normale et pathologique* en 1948. Voir ses premiers écrits regroupés dans *Mythe et pensée chez les Grecs. Études de psychologie historique* (Paris, Maspero, 1965). De nouveaux développements sur cette question de la technique sont proposés dans *Les ruses de l'intelligence. La mètis des Grecs* (avec M. Détienne, Paris, Flammarion, 1974) et *Travail et esclavage en Grèce ancienne* (avec P. Vidal-Naquet, Paris, La Découverte, 1985). Consacrée à « une histoire intérieure de l'homme grec », son œuvre est sous-tendue par une réflexion sur les limites et les impensés du rationalisme des Lumières, repris alors, sous une forme réaménagée, dans la pensée marxiste. L'ensemble des écrits de J.-P. Vernant a été réédité sous le titre *Œuvres. Religions, Rationalités, Politique* (Paris, Seuil, 2007).

Fonds J.-P. Vernant (IMEC) – Fonds J.-P. Vernant en ligne sur le site de l'Université de Pise : http://lama.fileli.unipi.it/fr/ – Dossier de carrière, Archives CNRS (AN) – Dossier de carrière, Archives EHESS – J.-P. Vernant, *Entre mythe et politique*, *op. cit.* – *Id.*,

La traversée des frontières, Paris, Seuil, 2004 – *Id.*, *De la Résistance à la Grèce ancienne. Édition établie et présentée par F. Hartog*, Paris, Éditions EHESS, 2014 – M. Olender & F. Vitrani, *Jean-Pierre Vernant, dedans dehors*, Paris, Seuil, 2013 – « Jean-Pierre Vernant », *Europe*, n° 964-965, août-septembre 2009 – Notice (par I. Gouarné) in C. Pennetier & P. Boulland (dir.), *Le Maitron en ligne*– Notice nécrologique (par J. Scheid) sur le site du Collège de France.

PAUL VIGNAUX (PÉRONNE 1904 – SARAGOSSE 1987)

Fils unique d'une famille modeste, catholique pratiquante, d'esprit libéral et républicain. Père, fonctionnaire des contributions indirectes, originaire des Hautes-Pyrénées, militant syndical.

Études au lycée de Bordeaux. ENS (lettres, 1923). Agrégation de philosophie (1927). Fondation Thiers (1928-1931). Secrétaire-archiviste au Centre de documentation sociale dirigé par Célestin Bouglé à l'ENS (1927-1928).

Professeur dans des lycées de province, puis directeur d'étude à l'EPHE (1934-1976), à la section sciences religieuses, dont il fut secrétaire puis président (1962-1971). Mis à disposition de l'Université de Toulouse en octobre 1940.

Membre de l'Association catholique de la jeunesse française, dont il fit partie de l'équipe dirigeante (1923-1928), et de la Jeunesse étudiante chrétienne. Collaborateur de *Politique*, revue de la mouvance démocrate-chrétienne (1927-1939), dont il fut membre du comité de rédaction à partir de 1930 : réflexions sur le marxisme, la classe ouvrière et la rationalisation. Militant syndical à la CFTC dès les années 1930, il contribua à la création du SGEN (1937), dont il fut le secrétaire général (1948-1970) : défense de positions laïques, affirmation d'une nécessaire déconfessionnalisation de l'action syndicale et opposition à la tradition corporatiste du catholicisme social. Militant antifasciste, notamment durant la Guerre d'Espagne. Opposition au régime de Vichy. Exil aux États-Unis (1941-1945) : action de propagande et agent de renseignement de l'OSS (Office of Strategic services) ; professeur à l'École libre des hautes études à New York. Après la Seconde Guerre mondiale : un des fondateurs du groupe « Reconstruction » visant à réformer le syndicalisme chrétien et à le dégager de toute influence cléricale ; secrétaire général du SGEN (1948-1970) ; membre du Bureau confédéral CFTC (1948-1952, 1953-1956) puis de la CFDT (1961-1972). Considéré comme un des principaux inspirateurs de la « deuxième gauche ».

Historien de la philosophie, Paul Vignaux fut à l'EPHE le successeur d'Étienne Gilson à la chaire d'« Histoire des doctrines et des dogmes » (rebaptisée « Histoire des théologies médiévales »). Influencé par l'école sociologique durkheimienne, il contribua à ouvrir l'histoire religieuse aux sciences sociales (voir H.-C. Puech & P. Vignaux, « La Science des religions », in *Les Sciences sociales en France. Enseignement et recherche*, Paris, Hartmann, 1937). Intellectuel catholique et militant politique et syndical, soucieux de « ne pas renier » ses origines populaires, il s'efforça d'articuler ses engagements et son activité de recherche. Éclairer les débats de son temps par un retour historique sur les anciennes pensées théologiques, cette démarche sous-tend l'ensemble de son œuvre, dont les principales orientations furent définies dès ses premiers écrits (voir notamment *La Pensée au Moyen Âge*, publié en 1938, réédité en 1958 et 1987 sous le titre *La Philosophie au Moyen Âge* avec une autobiographie intellectuelle) : intérêt pour le XIVe siècle, considéré auparavant comme une période de décadence de la pensée médiévale ; élargissement du champ de la philosophie avec l'insertion des thèmes théologiques ; accent sur la diversité des modes de pensée. L'intérêt que Paul Vignaux porta à la question des techniques et du travail relève ainsi d'une double démarche, politique et historienne. Il remonte à la fin des années 1920 et aux débats de cette époque sur le machinisme, la civilisation industrielle et la rationalisation du travail. Favorable au dialogue entre chrétiens et marxistes, Paul Vignaux soulignait alors l'importance du travail dans l'histoire de l'humanité. Il s'attachait à rénover la notion de travail, en la dégageant de tout « optimisme technique » et en puisant des éléments de réflexion dans l'étude des doctrines anciennes (notamment franciscaines) : la visée, par là, était de procéder à une révision globale des valeurs du mouvement ouvrier, sans laquelle aucune véritable Révolution sociale n'était, selon lui, possible. Sa contribution à la Journée de juin 1941 prolonge ainsi les écrits qu'il avait publiés au cours des années 1920-1930 sur le travail et la classe ouvrière dans les revues chrétiennes. Voir par exemple : « Henri de Man, psychologue du prolétariat », *Politique*, 2, 1929, p. 119-133 – « Autour de l'idée de classe », *Politique*, 7, 1930, p. 641-652 – « Retour à Marx », *Politique*, 2, 1935, p. 900-914 – « Introduction au marxisme », *La vie intellectuelle*, 48/1, 1937, p. 85-94 – « Réflexions sur les relations du travail », *Esprit*, 6, 1938, p. 474-487. Voir la bibliographie complète de Paul Vignaux (par J. Lecuir) dans O. Boulnois (dir.), *Paul Vignaux, citoyen et philosophe*, Turnhout, Brepols, 2013.

P. Vignaux, « Témoignage sur une jeunesse étudiante (1925-1932) », in H.-I. Marrou, *Crise de notre temps et réflexion chrétienne (de 1930 à 1975)*, Paris, Éditions Beauchesne, 1978, p. 105-113 – O. Boulnois (dir.), *Paul Vignaux, citoyen et philosophe*, *op. cit.* – CFDT (dir.), *Paul Vignaux : un intellectuel syndicaliste*, Paris, Syros/Alternatives, 1988 – L. Jeanpierre, « Paul Vignaux, inspirateur de la "Deuxième gauche" : récits d'un exil français aux États-Unis pendant la Seconde Guerre mondiale », *Matériaux pour l'histoire de notre temps*, 60, 2000, p. 48-56 – J. Jolivet & A. de Libera, « Paul Vignaux », *Annuaire EPHE, section des sciences religieuses*, t. 96, 1987-1988, p. 22-25 – J. Lecuir, « De philosophia Franciscana. L'esprit franciscain de Paul Vignaux (1920-1930) », *Études franciscaines*, 6, 2013, p. 309-350 – E. Loyer, *Paris à New York. Intellectuels et artistes français en exil, 1940-1947*, Paris, Grasset, 2005 – É. Poulat, « Paul Vignaux ou le principe d'autonomie », in *La question religieuse et ses turbulences au* XXe *siècle*, Paris, Berg International, 2005, p. 263-267 – Notice (par M. Singer) in C. Pennetier & P. Boulland (dir.), *Le Maitron en ligne.*

ANNEXE II

La Société toulousaine d'études psychologiques

DOCUMENTS

Les Statuts de la Société
Les conférences de la Société (1941-1946)
Séance constitutive de la Société d'études psychologiques (15 mai 1941)
Séance du 22 mars 1946 de la Société d'études psychologiques

LES STATUTS DE LA SOCIÉTÉ[1]

LETTRE D'HENRI VALLOIS AU PRÉFET DE TOULOUSE, 12 MAI 1941

Monsieur le Préfet,

J'ai l'honneur de vous faire part de la création à Toulouse d'une SOCIÉTÉ D'ÉTUDES PSYCHOLOGIQUES dont le but est de favoriser les études et les recherches de psychologie et des sciences connexes à Toulouse et dans la région.

Son siège social est à Toulouse à la Faculté des Lettres.

Son bureau est ainsi composé : Mr VALLOIS Henri, professeur à la Faculté de Médecine, 40 place des Carmes, Toulouse, président ; MM. FAUCHER Daniel, professeur à la Faculté des Lettres, 22 rue Neuve de la Balance, Toulouse et AYMARD André, professeur à la Faculté des Lettres, 51 rue Grande St Michel, Toulouse, vice-présidents ; Mr MAGNIEN Victor,

1 Dossier d'association de la Société d'études psychologiques de Toulouse (Archives départementales de Haute-Garonne, Toulouse).

professeur à la Faculté des Lettres, 14 rue Gravelotte, Toulouse, trésorier ; Mr. MEYERSON Ignace, directeur adjoint à l'École des Hautes études, 47 bd Armand Duportal, Toulouse, administrateur ; Mr VERNANT Jean-Pierre, professeur au lycée de Garçons, 78 rue Maignan, secrétaire.

Veuillez agréer, Monsieur le Préfet, l'expression de ma considération la plus distinguée et de mes sentiments respectueux.

Toulouse, le 12 mai 1941
Le Président
Henri Vallois
professeur à la Faculté de Médecine
de l'Université de Toulouse

ANNONCE DE LA CRÉATION DE LA SOCIÉTÉ D'ÉTUDES PSYCHOLOGIQUES PARUE DANS LE *JOURNAL OFFICIEL DE L'ÉTAT FRANÇAIS* DU 29 MAI 1941

Déclaration à la préfecture de Toulouse du 15 mai 1941. SOCIÉTÉ D'ÉTUDES PSYCHOLOGIQUES DE TOULOUSE. But : conférences, publications, recherches. Siège social : faculté des lettres, rue de l'Université, Toulouse.

STATUTS DE LA SOCIÉTÉ D'ÉTUDES PSYCHOLOGIQUES DÉPOSÉS À LA PRÉFECTURE LE 12 MAI 1941

SOCIÉTÉ D'ÉTUDES PSYCHOLOGIQUES DE TOULOUSE
STATUTS

Article 1. La Société a pour but de favoriser les études et les recherches de psychologie et de sciences connexes à Toulouse et dans la région.

Article 2. À cet effet : 1°) Elle tiendra des réunions périodiques consacrées à l'audition et à la discussion des communications de ses membres et à l'étude des questions de son domaine ; 2°) Elle organisera des conférences de ses membres ou de personnes extérieures à elle ; 3°) Elle pourra tenir des congrès ou participer à des congrès ; 4°) Elle pourra publier un bulletin périodique ou des recueils de travaux ou favoriser de semblables publications. – Les détails de ces activités pourront être précisés dans le Règlement intérieur.

Article 3. Son siège social est à Toulouse.

Article 4. Sa durée est illimitée.

Article 5. Elle est composée de membres titulaires, de membres associés étrangers et de membres d'honneur.

Les membres des trois catégories font partie de l'Assemblée, peuvent présenter des communications et prendre part aux discussions. Ils reçoivent les publications de la Société dans les conditions précisées par le Règlement intérieur. Le nombre de membres n'est pas limité.

Article 6. L'admission de membres nouveaux titulaires et des associés étrangers est soumise à un vote de l'Assemblée, après présentation par deux membres titulaires pour les membres titulaires, sur la proposition du Bureau pour les associés étrangers. La qualité de membres d'honneur est conférée par l'Assemblée sur la proposition du Bureau à des membres de la Société ou à des personnes extérieures à elle ayant illustré la science psychologique ou ayant rendu à la Société des services éminents. – La procédure de nomination des trois catégories de membres pourra être précisée par le Règlement intérieur.

Article 7. La qualité de membre de la Société se perd : primo, par démission ; secundo, par radiation : pour non paiement de la cotisation ou pour motifs graves. La radiation est prononcée par le Conseil, le membre intéressé ayant été au préalable dûment convoqué et invité à fournir des explications. Le membre radié par le Conseil peut faire appel de cette décision devant l'Assemblée.

Article 8. Les ressources de la Société sont constituées par : 1°) Les cotisations de ses membres ; le taux de la cotisation sera fixé par le Règlement intérieur ; il pourra être modifié au début de chaque année par un simple vote de l'Assemblée ; 2°) Des droits d'entrée à certaines conférences ; 3°) Des subventions de l'État, de collectivités publiques, d'établissements scientifiques publics et privés.

Article 9. La Société est administrée par un Bureau et dirigée par un Conseil, composé et fonctionnant comme suit : le Bureau comprend un président, deux vice-présidents, un trésorier, un administrateur, un secrétaire. Le président préside les réunions de la Société, du Bureau et du Conseil ; il représente la Société au dehors, ainsi que dans les actes judiciaires. Les vice-présidents assistent et suppléent le président. Le trésorier perçoit les cotisations et autres revenus de la

Société, gère les fonds, règle les dépenses. L'administrateur prépare l'ordre du jour des séances et assure la publication des travaux de la Société. Le secrétaire a la charge des convocations, du local, des procès-verbaux, des archives. – Les membres du Bureau sont élus pour un an. Le mandat de président n'est pas renouvelable.

Le Conseil est composé de quinze membres : d'office les six membres du Bureau, 9 autres membres élus pour un an. Le Conseil statue sur les questions de direction générale de la Société qui lui sont soumises par le Bureau. Les mandats des membres du Conseil sont renouvelables.

D'autres détails concernant la désignation ou le mandat des membres du Bureau et du Conseil pourront être précisés par le Règlement intérieur.

Article 10. La modification des statuts et la dissolution de la Société ne pourront être effectuées que par une Assemblée comprenant la moitié au moins des membres titulaires. Si ce quorum n'est pas atteint, une nouvelle Assemblée est convoquée qui pourra valablement délibérer, quel que soit le nombre de membres présents. Le vote, dans tous les cas, ne pourra être acquis que pour une majorité de deux tiers.

Toulouse, le 12 mai 1941
Pour le Président
Le Secrétaire
JP Vernant

LETTRE MANUSCRITE DE JEAN-PIERRE VERNANT À LA PRÉFECTURE, 15 JUILLET 1942 (MODIFICATION DES STATUTS)

Société d'études psychologiques de Toulouse

Modification de l'article IX des Statuts (adoptée à l'unanimité par l'Assemblée générale du 26 juin 1942)

Art. IX

La Société est administrée par un Bureau et dirigée par un Conseil composés et fonctionnant comme suit. Le Bureau comprend un Président, un vice-président ; un secrétaire général, un secrétaire ; un trésorier, un trésorier adjoint.

Le Président préside les réunions de la Société, du Bureau et du Conseil. Il représente la Société en dehors, ainsi que dans les actes judiciaires. Le vice-président assiste et supplée le président. Le secrétaire-général prépare l'ordre du jour des séances et assure la publication des travaux de la Société. Le secrétaire a la charge des convocations, du local, des procès-verbaux, des archives. Le trésorier perçoit les cotisations et autres revenus de la Société, gère les fonds, règle les dépenses. Le trésorier adjoint assiste et supplée le trésorier, spécialement en ce qui concerne la perception des cotisations.

Les membres du Bureau sont élus pour un an. Le mandat du Président n'est pas renouvelable.

(Le reste de l'article sans changement).

Le Bureau pour 1942 se trouve ainsi composé :

Président : M. D. Faucher

Vice-Président : M. J. Maury

Secrétaire général : M. I. Meyerson

Secrétaire : M. J.P. Vernant, 12 rue Auguste Dide, Tse [Toulouse]

Trésorier : M. V. Magnien, 9 rue Brouardel, Tse.

Trésorier adjoint : M. N...

Pour le Président
Le Secrétaire
JP Vernant

LES CONFÉRENCES DE LA SOCIÉTÉ (1941-1946)

Les activités de la Société toulousaine d'études psychologiques ont pu être reconstituées à partir du dépouillement du *Bulletin de l'Université et de l'Académie de Toulouse*, où figure un résumé de chaque séance. On trouvera ici une présentation chronologique des réunions qu'elle a organisées entre 1941 et 1946. Sont également republiés ci-dessous le compte rendu de la séance constitutive de la Société (15 mai 1941), ainsi que celui de la réunion de reprise des travaux après la Libération (22 mars 1946).

Séance constitutive du 15 mai 1941 Faculté des lettres, amphithéâtre Marsan Présidence de D. Faucher, le président de la Société H. Vallois étant excusé *Cf. Bull.*, oct.-nov. 1941, p. 19-25	Introduction d'I. Meyerson, directeur à l'École des Hautes Études : présentation du programme de la Société. Suit une série d'exposés sur les rapports des autres disciplines à la psychologie : H. Vallois (anthropologie) ; le Comte Bégouën (préhistoire) ; D. Faucher (géographie) ; V. Magnien (études philologiques et linguistiques) ; A. Aymard (histoire) ; R. Naves (études littéraires) ; J. Maury (sciences juridiques) ; Mgr de Solages (études religieuses). Vote des Statuts et du Règlement intérieur. Élection du bureau et du conseil : H. Vallois (président) ; D. Faucher et A. Aymard (vice-présidents) ; I. Meyerson (administrateur) ; V. Magnien (trésorier) ; J.-P. Vernant (secrétaire). Membres du Conseil : Melle F. Arduin ; Mme J. Calbairac ; P. Dottin ; V. Jankélévitch ; J. Maury ; R. Naves ; J.-S. Pons ; B. de Solages.
Séance du 23 juin 1941 Faculté des lettres, amphithéâtre Marsan	Journée de Psychologie et d'Histoire du Travail et des Techniques. Avant-propos d'I. Meyerson. Deux symposia : I – Histoire de l'idée de travail : L. Febvre (absent), A. Aymard, É. Delaruelle, P. Vignaux ; II – Techniques et Esprit : M. Mauss (absent), A. Lalande (absent), D. Faucher, M. Bloch, Ch. Camichel, G. Friedmann. Actes du colloque publiés pour la première fois dans le *Journal de psychologie normale et pathologique* en 1948.

Séance du 17 décembre 1941 Faculté des lettres, salle de géographie, 17h-19h Présidence de D. Faucher, vice-président de la Société *Cf. Bull.*, mai 1942, p. 303-305	Démission du président de la Société H. Vallois, nommé à Paris professeur d'ethnologie au Muséum d'histoire naturelle. Communication de Victor Magnien, professeur à la Faculté des lettres : « La Catharsis chez Aristote et dans la tragédie grecque ». Interventions de MM. Caster, Herland, Naves, Raphael, Bastide, Friedmann, Aymard, Laumonier, Benjamin Crémieux et Mme Calbairac.
Séance du 30 janvier 1942 Faculté des lettres, salle de géographie, 17h-19h Présidence d'I. Meyerson, administrateur de la Société *Cf. Bull.*, mai 1942, p. 305-308	Compte rendu financier pour l'exercice 1941 par V. Magnien. Élection d'un nouveau président : D. Faucher, professeur à la Faculté des lettres. Communication de Louis Herland, professeur au lycée de Toulouse : « La crainte et la terreur tragiques ». Interventions de MM. Magnien, Naves, Calbairac, Thieberger, Benjamin Crémieux, Bastide, Vichniac.
Séance du 13 février 1942 Faculté des lettres, salle de géographie, 17h-19h Présidence de D. Faucher, président de la Société *Cf. Bull.*, juin-juillet 1942, p. 322-323	D. Faucher annonce que le Centre national de la Recherche scientifique alloue à la Société une subvention pour la publication de ses premiers travaux. Communication de Marcel Riser, professeur à la Faculté de médecine : « Somnambulisme et hypnose ». Interventions de MM. Meyerson, Bastide et Mme Calbairac.

Séance du 20 mars 1942 Faculté des lettres, salle de géographie, 17h-19h Présidence de D. Faucher *Cf. Bull.*, juin-juillet 1942, p. 323-328	Annonce de la mort de l'historien Paul Raphaël par D. Faucher. Communication de Joseph Magnol, doyen de la Faculté de droit : « L'intention criminelle et la tentative ». Interventions de MM. Maury, Meyerson, Calbairac.
Séance du 24 avril 1942 Faculté des lettres et de droit, Grand amphithéâtre, 17h-19h Présidence de D. Faucher *Cf. Bull.*, juin-juillet 1942, p. 328-329	Communication du philosophe Gabriel Marcel : « Esquisse d'une phénoménologie de l'Espérance ». Interventions de MM. Borne et Bastide.
Séance du 22 mai 1942 Faculté des lettres, salle de géographie, 17h-19h Présidence de D. Faucher *Cf. Bull.*, mars 1943, p. 196-198	Annonce par D. Faucher de la mort de M. Thomas, professeur et doyen honoraire de la Faculté de droit. Résumé des activités de la Société entre mai 1941 et mai 1942. Communication de Bertrand Nogaro, professeur à la Faculté de droit de Paris : « Le rôle de la psychologie dans l'élaboration de la théorie économique (exemples pris dans la théorie de la valeur et dans la théorie de la monnaie) ». Interventions de MM. Vigreux, Friedmann, Mme Calbairac et M. Faucher.

Séance du 26 juin 1942 Faculté de droit, salle Garrigou, 17h-19h Présidence de D. Faucher *Cf. Bull.*, mars 1943, p. 198-200	Assemblée générale Annonce de la mort de M. Dupeyroux, professeur à la Faculté de droit. Modification des statuts portant sur la composition du bureau : le bureau est composé d'un président, un vice-président, un secrétaire général, un trésorier, un trésorier adjoint. Élection de deux nouveaux membres du Conseil : Robert Blanché, professeur à la Faculté des lettres ; Louis Bugnard, professeur à la Faculté de médecine. Annonce de la fondation d'une fédération des Sociétés savantes du Languedoc, à laquelle a adhéré la Société d'études psychologiques. Communication du philosophe Vladimir Jankélévitch : « La pudeur ». Interventions de Mgr de Solages, MM. Thieberger, Bastide, Herland et Mme Calbairac.
Séance du 22 mars 1946 Faculté des lettres, salle de géographie Présidence de V. Magnien (président de la Société), assisté d'I. Meyerson (secrétaire général de la Société) *Cf. Bull.*, mai-juillet 1946, p. 289-292	Intervention du doyen D. Faucher « pour rendre hommage aux membres de la Société morts dans la Résistance ou en déportation ». Reprise des travaux de la Société pour une journée consacrée à « la psychologie des "ruptures de vie" : captivité et déportation ». Communications faites par des prisonniers de guerre (Maxime Chastaing, Robert Lucot, Pierre-Maxime Schuhl) et par des déportés politiques (Marinette Dambuyant et Mgr Bruno de Solages).

SÉANCE CONSTITUTIVE DE LA SOCIÉTÉ D'ÉTUDES PSYCHOLOGIQUES (15 MAI 1941)

INVITATION À LA RÉUNION FONDATRICE DE LA SOCIÉTÉ D'ÉTUDES PSYCHOLOGIQUES[2]

Société d'études psychologiques

L'effort scientifique en psychologie fait une place très grande aujourd'hui aux recherches comparées. L'étude des conduites, des sentiments, de la pensée s'appuie de plus en plus sur le concret. Elle s'applique à analyser les produits de l'activité, de la pensée humaines, l'histoire de l'effort spirituel et matériel ; de façon plus générale, l'histoire naturelle et sociale de l'homme, celle aussi des animaux, vues à travers un nombre aussi grand que possible de manifestations. Ces recherches, dont les résultats s'avèrent importants, impliquent la convergence de techniques diverses : le psychologue doit faire appel à la collaboration des anthropologistes, des ethnologues, des géographes ; des linguistes et des philologues ; des historiens, des historiens des lettres, des arts, des religions ; des juristes, autant qu'à celui, plus anciennement acquis, des philosophes, des biologistes, des physiciens.

Les soussignés ont pensé qu'il convenait de rendre plus facile cette collaboration nécessaire et de systématiser ces efforts convergents, dans notre région, en fondant une

SOCIÉTÉ D'ÉTUDES PSYCHOLOGIQUES

Ils pensent que vos travaux et vos réflexions vous orientent dans le même sens. Ils vous convient à la réunion constitutive de cette Société qui aura lieu le

JEUDI, 15 MAI 1941

à la Faculté des Lettres, salle de Géographie. Réunion libre à 16 heures 15, séance à 16 heures 30 précises.

---

2 Fonds G. Friedmann/AN.

ORDRE DU JOUR

I. M. H. VALLOIS – But de la société.

II. M. I. MEYERSON – Quelle aide la recherche objective en psychologie demande aux disciplines voisines.

III. M.M. H. VALLOIS, D. FAUCHER, V. MAGNIEN, A. AYMARD, R. NAVES, J. MAURY, Mgr de SOLAGES – Ce que l'Anthropologie, la Géographie, la Philologie, l'Histoire, l'Histoire littéraire, les Sciences juridiques, les Études religieuses offrent, ce qu'elles demandent à la psychologie.

IV. – Approbation des Statuts et du Règlement intérieur.

V. – Élection du Bureau et du Conseil.

F. ARDUIN
A. AYMARD
J. CALBRAIRAC
P. DOTTIN
D. FAUCHER
V. JANKELEVITCH
V. MAGNIEN
J. MAURY
I. MEYERSON
R. NAVES
J.S. PONS
B. DE SOLAGES
H. VALLOIS
J.P. VERNANT

EXTRAIT DU *BULLETIN DE L'UNIVERSITÉ ET DE L'ACADÉMIE DE TOULOUSE* D'OCTOBRE-NOVEMBRE 1941 (P. 19-25)

Société d'Études psychologiques de Toulouse

La séance constitutive de la Société s'est tenue le jeudi 15 mai 1941 à la Faculté des Lettres, amphithéâtre Marsan, sous la présidence de M. Daniel FAUCHER, Professeur à la Faculté des Lettres. Devant une nombreuse assistance de savants, de professeurs et d'étudiants, M. Faucher ouvre la séance en présentant les excuses de M. VALLOIS, Professeur à la Faculté de Médecine, qui avait accepté de présider cette première réunion, et qu'un départ brusque a éloigné de Toulouse. Avant de donner la parole aux différents orateurs, il indique l'extrême intérêt que présente une confrontation, avec la psychologie, des diverses techniques et disciplines voisines.

M. MEYERSON, Directeur à l'École des Hautes Études, s'attache à marquer la double préoccupation de la *Psychologie scientifique* d'aujourd'hui : celle de *l'objectivité*, celle du *concret*. L'analyse des faits mentaux montre ce qui, dans le fonctionnement de l'esprit, conduit à cette objectivité, et nous permet, en même temps, d'en comprendre le sens. – 1° Toute activité de l'esprit est symbolisante. L'esprit crée des symboles ; ces médiateurs créés par lui, l'esprit les détache de lui, les projette au dehors, les insère dans la trame du réel, les traite comme des concrets. C'est ce dont les mathématiques nous donnent des exemples frappants. – 2° Cet effort symbolisant de l'esprit est fixé et conservé sous forme d'œuvres et d'institutions où nous pouvons redécouvrir la pensée qui les a créées. – 3° Cette étude des œuvres et des institutions conduit au souci du concret et du complexe. Les unes et les autres ont une date, un lieu, d'où nécessité d'une étude historique et génétique. – 4° Cette étude génétique ne s'applique pas uniquement à des fonctions synthétiques et complexes, mais même à ces fondements de la vie mentale que sont la perception et la mémoire, et aux principes directeurs de la pensée comme l'identité et la causalité. – 5° On peut, sur un exemple tel que la notion de personne, constater à la fois la nécessité et la fécondité de la méthode historique, et aussi l'intrication des diverses lignes de recherches. Les faits linguistiques, esthétiques, juridiques, religieux, par exemple, ont tour à tour contribué à la formation de cette notion de personne. Ils doivent être analysés par le psychologue, qui a donc besoin des spécialistes de ces diverses disciplines. Une démonstration analogue peut être faite pour les notions de volonté, de cause, d'identité, etc…

Au nom de M. Vallois, M. Faucher résume ensuite les rapports de l'*Anthropologie* et de la psychologie. – 1° L'anthropologie étudie d'abord les rapports du groupe humain avec les groupes zoologiques voisins. Cette recherche a été faite du point de vue morphologique d'une façon large d'abord (anatomie en général), puis d'une façon plus restrictive (anatomie comparée des Anthropoïdes). Les questions de la place de l'homme dans la nature, de l'origine de la forme « Homo » et de son esprit, etc… se greffent sur ces études. – 2° L'anthropologie étudie ensuite les rapports des groupes humains entre eux. Du point de vue morphologique, on a distingué des races et on les a différenciées des ethnies (peuples). Du point de vue psychologique, il y aurait lieu d'établir une différenciation parallèle : il ne faut pas confondre psychologie raciale et psychologie ethnique. Cette distinction est d'autant plus importante que la première repose sur des qualités (psychiques) héréditaires et la seconde sur le développement de ces qualités en fonction d'un milieu (ethnique) extérieur. Les recherches ont prouvé l'existence d'une psychologie ethnique ; mais y a-t-il une psychologie raciale ; ou n'est-ce qu'une conception théorique ?

M. le Comte BÉGOUËN, chargé de cours à la Faculté des Lettres, souligne la nécessité d'une liaison intime entre la *Préhistoire* et la psychologie. La préhistoire s'efforce de retrouver la mentalité des hommes d'époques très reculées d'après des objets « matériels ». Dans ses hypothèses, dans ses déductions, elle ne peut s'appuyer que sur la psychologie. C'est ainsi que la religion et la magie apparaissent comme les mobiles psychologiques des sculptures et des peintures préhistoriques.

M. FAUCHER remarque que la *Géographie*, dans son étude des rapports de l'homme avec le monde physique, apporte à la psychologie comparée, une contribution évidente. Il suffit de citer des phénomènes, comme celui des migrations, qui aboutissent à la création d'une mentalité particulière, permanente ou occasionnelle. De la même façon, M. Mauss a montré comment, chez les Esquimaux, le rythme de l'existence commandé par le climat influe sur l'organisation familiale et sur celle du groupe, sur le droit individuel et collectif. Ce rapport de la géographie à la psychologie se fait à la fois plus subtil et plus fort quand le géographe affine et précise ses recherches. – 1° Quand on se contente, par exemple, de caractériser les phénomènes climatiques par des moyennes annuelles ou saisonnières, on laisse échapper les écarts exceptionnels de température, de pluviosité, des phénomènes violents mais brefs comme les chutes de grêle, etc. Quand ces écarts se répètent avec insistance, ils peuvent devenir un facteur déterminant du genre de vie et, par là, de la mentalité. – 2° L'étude détaillée du relief amène à des constatations analogues. Les Pyrénées, par exemple, voient la population se grouper dans les vallées ou sur leur flanc où elle établit ses cultures, prolongement de celles des plaines. Au-dessus de ces vallées, entre 1 600 et 2 600 m. d'altitude, s'étalent les surfaces où le bétail est conduit pendant l'été. Ce domaine des estives est généralement propriété collective, tandis que celui des prairies et des champs, aux étages inférieurs, est d'appropriation individuelle. La mentalité du montagnard pyrénéen est ainsi liée à un double régime de droit et aux usages qui en dépendent. Pour la pénétrer scientifiquement, c'est sous ce double aspect qu'il la faut considérer, comme l'ont d'ailleurs tenté, avec plus ou moins de bonheur, certains disciples de Le Play. – 3° Le maintien au Pays Basque de certaines coutumes, la survivance de traditions familiales et d'une langue originale posent un problème à la solution duquel la géographie peut collaborer. Le Pays Basque semble particulièrement ouvert à la pénétration : comment dans ces conditions a-t-il pu garder sa spécificité ? C'est qu'à y regarder de plus près, ce pays, s'il est pénétrable en des points précis, est un pays coupé ; le passage est difficile d'un village à l'autre, et quelques fois d'une ferme à une autre. Chaque famille s'organise à part dans un domaine complet ; pour elle l'isolement est la règle.

Inversement, la géographie a beaucoup à attendre de la psychologie. Le milieu n'agit pas sur l'homme suivant une nécessité mécanique ; invention, expérimentation, initiative individuelle ou collective, transformation du milieu par l'homme, toujours à la fois actif et passif : autant de questions où le psychologue a son mot à dire.

M. MAGNIEN, Professeur à la Faculté des Lettres, souligne les aspects psychologiques des *Études philologiques et linguistiques.* La pensée et l'âme s'expriment au dehors par le langage, par conséquent les lois du langage viennent souvent s'insérer dans les lois psychologiques. Toute expression, avant d'être émise, est conçue par la pensée et esquissée dans l'appareil vocal : les lois de la phonétique générale et de la phonétique particulière à chaque langue dépendent donc de principes psychologiques. Des conditions psychologiques (en plus des conditions sociales, des conditions de lieu, des conditions de temps) déterminent la dissociation des groupes linguistiques ou la formation de langues nouvelles. Un état d'esprit collectif forme, dirige, maintient, embellit chaque langue particulière. Dans une langue donnée, telle langue particulière, comme la langue poétique, relève de conditions qu'il faut étudier en psychologue. L'emploi de tel vocabulaire, l'expression claire ou voilée, l'expression directe ou l'expression imagée traduisent la condition d'âmes plus ou moins religieuses, cultivées, grandes, nobles.

M. AYMARD, Professeur à la Faculté des Lettres, parle des rapports de l'*Histoire* et de la psychologie. À celle-ci, l'histoire fournit d'innombrables exemples de faits humains, individuels ou collectifs, d'autant plus précieux qu'il n'est pas paradoxal de penser que l'étude du passé est souvent plus complètement et plus impartialement possible que celle du présent. Elle fournit aussi sa méthode critique qui seule permet d'utiliser les témoignages. Enfin elle pose et elle permet d'éclairer deux problèmes auxquels se heurte nécessairement la psychologie : celui des rapports entre l'individu et la collectivité, sous ses divers aspects et notamment la question de la psychologie sociale ou de la psychologie des foules ; celui des causes, accidentelles ou permanentes, particulières ou générales. En revanche, l'histoire, qui a pour matière d'études les hommes et leurs actions, gagne nécessairement à un contact qui approfondit sa connaissance de l'homme, qui lui fournit une méthode d'analyse du comportement humain. Au reste, il ne peut exister une science indépendante et fermée ; les frontières entre les sciences sont artificielles et didactiques ; surtout lorsqu'elle est parvenue à sa maturité, chaque science éprouve le besoin d'élargir ses horizons, comme de confronter ses résultats avec ceux des sciences voisines. La collaboration que l'histoire peut offrir à la psychologie sera donc utile pour l'une comme pour l'autre.

Pour M. Naves, Professeur à la Faculté des Lettres, les *Études littéraires* touchent à plusieurs domaines : à l'histoire quand elles débrouillent les alentours de l'auteur et de l'œuvre ; à l'exégèse, quand elles essaient d'expliquer le fait littéraire ; à l'esthétique et à la critique ; à la philologie lorsque le verbe en soi est leur objet ; à la poétique même. Dans toutes ces directions, elle rencontre la psychologie.

L'histoire littéraire s'intéresse soit à la biographie individuelle, soit aux atmosphères (milieu, époque) reconstituées par le document, l'évolution des goûts et des doctrines. Zone privilégiée de l'histoire proprement dite, très riche en humanité. – L'exégèse littéraire engage à la fois la question des rapports de l'homme et de son acte artistique (genèse d'une œuvre) et celle des rapports de la vie et de l'imagination (personnages, drame) : c'est d'ailleurs ici que nous autres, profanes, nous avons l'habitude de parler de « psychologie ». – L'esthétique littéraire et la critique suivent l'évolution de l'œuvre dans son rayonnement sur l'auteur lui-même, sur les contemporains, sur les divers âges de la postérité, sur nous-mêmes qui vivons et réagissons encore. L'œuvre écrite est sans doute un des meilleurs exemples de la diffusion et de la déformation d'un acte humain à travers la société humaine. – La philologie (dans son sens original d'« amour du verbe ») étudie le mot et la phrase comme l'expression d'une âme ; elle les étudie aussi comme point de départ suggestif pour d'autres âmes ; enfin elle essaie d'isoler le verbe à l'état « pur », et alors se pose le problème du sens et de la forme, de la persuasion et du symbole. – La poétique enfin remonte aux sources mêmes du « faire » littéraire. À côté de prétentions scientifiques au moins prématurées, elle apporte quelque lumière sur l'un des mystères les plus impénétrables de l'esprit : le passage de la velléité à la création, de l'idée mouvante et multiple à la parole fixée, et soudain objet d'autres méditations, source inépuisable d'autres idées.

M. Maury, Professeur à la Faculté de Droit, remarque d'abord que, pour préciser l'apport possible des *Sciences juridiques* « lato sensu » à la psychologie, il est indispensable de distinguer les sciences juridiques proprement dites et les sciences économiques. – L'étude technique des règles du droit positif, qui est l'objet essentiel des premières, la tâche professionnelle des juristes, est sans intérêt, du moins en général, pour le psychologue. Mais, par l'analyse même de ces règles et la recherche de leur raison d'être, surtout par le droit comparé et l'histoire du droit, il est possible de découvrir, sous les institutions, les tendances psychologiques qui, en partie, les expliquent et les fondent, de préciser des « cercles de culture », des types de civilisation, de faire apparaître des tendances découvertes, la relativité ou la nécessité. Les concepts, certains concepts utilisés par la science juridique, tel celui de personne, de sujet de droit, correspondent d'ailleurs aux concepts psychologiques, s'y superposent : le rapprochement, l'échange d'informations peut être fructueux. Les problèmes de sociologie juridique et de philosophie du droit, enfin, s'ils débordent, semble-t-il, le domaine de la psychologie, touchent par beaucoup de points à celle-ci. – Quant aux sciences économiques, leur but, un de leurs buts en tout cas, semble bien être de formuler les lois de la vie économique. Dans la mesure même où leur existence est démontrée, ces lois feront apparaître les tendances principales ou même essentielles des hommes.

Mgr de Solages, Recteur de l'Institut Catholique, dans son examen des rapports entre les *Études religieuses* et la psychologie, s'attachera plus spécialement au christianisme. Après avoir montré l'ampleur dans l'espace et dans le temps du fait religieux, il souligne qu'il est avant tout un fait psychologique, et secondairement un fait sociologique. Capable de bouleverser la conscience individuelle, comme par exemple dans l'acquisition ou dans la perte de la foi, il s'étend à tous les domaines de la vie psychique : il touche à l'intelligence par la partie doctrinale des religions, à l'affectivité par le sentiment religieux, à la volonté par ce que toute religion exige de ses fidèles et par les motifs d'action qu'elle leur offre. Toutes ces incidences ont une ampleur considérable et débordent largement le domaine du religieux proprement dit : d'où des problèmes comme ceux de l'influence de la religion sur la philosophie, sur le droit, etc. – L'analyse du fait religieux en lui-même conduit à rechercher dans les religions des éléments communs et des éléments singuliers. – Pour aborder le fait religieux, le psychologue devra abandonner tout parti pris. Les théologiens, les canonistes, les historiens des dogmes peuvent lui éviter certains contre-sens. La meilleure forme de travail consisterait dans une collaboration à deux entre le psychologue et un spécialiste des questions religieuses qui éviterait au premier les faux pas.

Après cette série d'exposés, la Société vote les Statuts et le Règlement intérieur.

Elle élit enfin un bureau et un conseil composés comme suit : Président : M. H. Vallois ; vice-présidents : MM. D. Faucher et A. Aymard ; administrateur : M. I. Meyerson ; trésorier : M. V. Magnien ; secrétaire : M. J.-P. Vernant ; membres du Conseil : Melle F. Arduin, Mme J. Calbairac, MM. P. Dottin, V. Jankélévitch, J. Maury, R. Naves, J.-S. Pons, B. de Solages.

SÉANCE DU 22 MARS 1946
DE LA SOCIÉTÉ D'ÉTUDES PSYCHOLOGIQUES

EXTRAIT DU *BULLETIN DE L'UNIVERSITÉ ET DE L'ACADÉMIE DE TOULOUSE* DE MAI-JUILLET 1946 (P. 289-292)

Société d'Études Psychologiques
Réunion du 22 mars 1946
(Faculté des Lettres. Salle de Géographie)

La Société d'Études Psychologiques a repris ses travaux par une journée consacrée à la psychologie des « Ruptures de vie » : captivité et déportation. Devant un auditoire nombreux et attentif, le président, M. MAGNIEN, qu'assiste le secrétaire général de la Société, M. MEYERSON, avant la série des communications, donne la parole à M. le Doyen FAUCHER pour rendre hommage aux membres de la Société morts dans la Résistance ou en déportation : Jean POLLNOW, attaché au Centre National de la Recherche Scientifique, jeune psycho-sociologue ; Me René MILHAUD, savant juriste ; Benjamin CRÉMIEUX, critique et romancier, auteur de pénétrantes études sur Pirandello ; Dr Maurice DIDE, directeur de l'Asile de Braqueville ; Raymond NAVES, professeur à la Faculté des Lettres, à qui ses étudiants écrivaient, dans sa prison, tout ce qu'ils devaient à son enseignement, à ses travaux littéraires, à son exemple ; Albert LAUTMAN, fusillé à 36 ans, lui qui représentait, seul avec Cavaillès, la philosophie mathématique en France, et si anxieux de terminer son œuvre ; Marc BLOCH, dont les travaux historiques sont connus de tous, qui sans cesse tenait à renouveler sa pensée et son information, et qui, dans une lettre qui est son testament, écrivait : Je souhaiterais comme épitaphe : *Dilexit veritatem.*

Les communications sont faites par des prisonniers de guerre : MM. CHASTAING, LUCOT, SCHUHL, et par des déportés politiques : Melle DAMBUYANT et Mgr DE SOLAGES.

M. CHASTAING, agrégé de philosophie, attaché de recherches au Centre National de la Recherche Scientifique, apporte le premier son témoignage. Il pense qu'il n'y a pas *le* prisonnier, mais tel homme dans la situation de captif. Et dans son expérience personnelle même, il choisit pour l'analyser un thème particulier : comment apparaît au prisonnier sa vie passée, la vie au-delà des barbelés. Si j'apprends que la maison où j'ai passé mon enfance est détruite, je sens que l'enfant que j'étais, lié à ce milieu, à ce passé, est détruit avec lui ; mais je sens qu'aussi je suis lié à cet enfant et à cet adolescent ; cette continuité, ce lien avec les choses, cette mise « en situation » me recrée. Et on recherche, on introduit dans le camp autant qu'on le peut, un colis, un ballon, tout ce qui, venant du dehors, possédant par conséquent la vie, doué d'un caractère « vrai » et sacré et d'une sorte d'efficience magique, est capable aussi de recréer le moi. Ce qui surtout possède cette capacité magique de me relier à moi, ce médiateur, c'est autrui, et la pensée de ces autres qui pensent à moi, qui m'aiment, pour qui et par qui j'existe, pour qui je décide de me considérer comme précieux et de me sauver.

Mgr de Solages, arrêté par la Gestapo et déporté en Allemagne, définit bien l'ambivalence d'impressions que donne la rupture : prévue et brutale à la fois, attente pleine d'illusions et aussi d'incertitude. Il a constaté cette simplification : la rupture met en valeur ce à quoi on tient le plus. Mentalement, on n'accepte pas la rupture. Non seulement on essaie de se relier au monde matériellement, non seulement on s'efforce de meubler son temps par des activités valables, autant qu'on le peut (Mgr de Solages a pu étudier les mathématiques et l'a fait avec assez de persévérance pour passer un certificat de licence). Mais il s'est agi aussi d'apporter aux camarades de captivité l'aide de la pensée chrétienne ; et surtout, naturellement, par-delà ces continuités de sentiment ou de volonté, par-delà aussi les adaptations au présent, un effort de transcendance et de vie intérieure : c'était le moment d'appliquer les principes chrétiens.

M. Lucot, professeur de latin à la Faculté des Lettres, a commencé sa captivité dans le drame d'un combat sanglant et dans la honte de paroles antifrançaises proférées par quelques prisonniers admirateurs de la force. Puis le camp s'installe. Dans sa nouvelle vie, on essaie de reconstituer quelque chose du cadre ancien, de la vie matérielle et des occupations d'autrefois. Caractéristiques de trop de prisonniers : crédulité et ressassement ; par exemple, quelques officiers d'active refont mentalement la guerre indéfiniment. Au bout d'une année, l'atmosphère change, on ne réussit plus à renouer le fil, on perd la gaîté sinon la crédulité, et pour tuer le temps on se cristallise sur n'importe quoi. À noter l'importance des petits cercles qui se constituent autour d'hommes capables de diriger spirituellement les autres, et auxquels leurs camarades se confient ou même se confessent avec beaucoup d'ouverture. Cette vie de captivité, achevée dans l'attente confiante, s'est maintenant assez reculée dans le passé et mise en marge de la vie, pour que jamais on n'en reparle.

Après une interruption de la séance, et après que l'assistance eût élu les nouveaux membres de la Société, M. Schuhl, professeur de philosophie à la Faculté des Lettres, apporte à son tour un témoignage de prisonnier. La première rupture est certes la plus pénible, mais chaque changement de camp apporte un désarroi. Désemparé et stupéfait de la rapidité de l'attaque et de la défaite, anxieux pour le pays, abattu et dépossédé : tel se sent le captif au début. On essaie de reconquérir en soi quelque chose, on exploite à fond sa mémoire, on reconstitue des vers, une véritable bibliothèque, on vit d'images. Tout cela sur un fond de souffrance physique et dominé par la préoccupation de l'évasion. D'autre part, les cadres sociaux venant à manquer, on ne sait plus au juste qui on est, ce qu'on vaut, et on s'ennuie. Cette révélation du moi est, pour presque tous, douloureuse. On cherche un dérivatif, et on voit apparaître une fringale d'activité intellectuelle ou de pseudo-activités qui donnent l'illusion et l'image d'une vie très occupée. Les groupes sociaux qui se constituent dans le camp mériteraient aussi d'être étudiés, notamment la chambrée et son esprit de corps. Aussi le mouvement qui porte les moins riches spirituellement, ou les plus avides, vers ceux dont ils peuvent attendre une direction, un message. Il y a donc de belles choses jusque dans cette vie, si pauvre pourtant qu'elle laisse finalement peu de souvenirs.

Le dernier exposé est fait par Melle Dambuyant, agrégée de philosophie, attachée de recherches au Centre National de la Recherche Scientifique. De son internement à Fresnes et de la déportation qui l'a suivi, elle retient surtout ceci, en ce qui concerne le problème du moi. Les plus profondes impressions de rupture ont été senties, l'une à l'arrivée en prison, sous la forme : retranchement du monde, dépouillement « libérateur », abandon du corps à une loi commune, et intériorité étanche. L'autre, à l'arrivée à Ravensbrück, très différente : détresse et destruction intérieure presque totale, impression de rencontrer un monde absurde, impénétrable à la pensée et à tout ce qui est humain, solitude. On sent aussi assez fort la solitude, par exemple chaque fois qu'on est à nouveau dépouillé de tout : il y a rupture de la solidarité des efforts humains, chacun ne pouvant plus affronter la vie ou la mort qu'avec ses seules forces, comme un animal. La douleur ne fait pas éprouver cette rupture de soi ni cet appauvrissement intérieur – non plus que le risque de mort imminente. Parfois aussi on consacre ou on provoque cette coupure avec la vie, avec les êtres, et on se replie sur soi, dans sa solitude : parfois c'est pour protéger sa personne contre les empiétements d'une vie trop publique, parfois par insuffisance de force pour participer à la peine, à l'effort, à la rivalité des autres, ou même, dans les cas extrêmes, pour vivre.

Naturellement on se reconstitue ; on préserve de soi un peu, jetant du lest, ou beaucoup. On appelle à son aide son « personnage » : celui qu'on veut être devant les autres et devant soi nous accompagne et nous soutient jusque dans le besoin physique le plus fort. Ce moi social peut aussi gêner : il faut lutter contre l'entraînement des paroles spectaculaires, à l'interrogatoire par exemple. Souvent, dans les circonstances impossibles et ambigües où nous étions, on ne sait plus comment se comporter, on ne sait plus s'il est plus honorable d'obéir ou de refuser, d'aider ses camarades de travail ou de saboter, etc. : difficulté de l'ajustement.

Il est difficile de dire dans quelle mesure on est transformé par cette épreuve. Au cours même de la captivité, certaines femmes ont changé, ou paru changer, radicalement de caractère, par exemple si elles devenaient ou cessaient d'être chef de groupe ou d'avoir telle ou telle fonction. Au total il semble que pour l'essentiel on se reconstitue en grande partie le même qu'on était (la part faite, naturellement, à tout ce qui est lié à un état de fatigue). Les mêmes opinions, semble-t-il, les mêmes élans ou timidités, les mêmes besoins – mais tout cela avec une sorte d'étonnement et d'incertitude : comment se fait-il que je sois resté, ou que je sois redevenu, le même ?

ANNEXE III

Comptes rendus des actes de la Journée de Psychologie et d'Histoire du Travail et des Techniques

L'ANNÉE SOCIOLOGIQUE (1948)

Georges Canguilhem, « Recension du numéro spécial du *Journal de Psychologie* "Le Travail et les Techniques" (janvier-mars 1948) », *L'Année sociologique*, 3e sér., 1940-1948, vol. 2 (publié en 1949), p. 773-775. Repris dans G. Canguilhem, *Œuvres complètes tome IV*, *op. cit.*, p. 343-347.

LES *ANNALES. HISTOIRE, SCIENCES SOCIALES* (1951)

Recensions de Lucien Febvre et Fernand Braudel parues dans les *Annales. Histoire, sciences sociales*, 6e année, n° 2, avril-juin 1951, « Notes et comptes rendus », rubrique « Travail, travailleurs », p. 241-242

TRAVAIL, TRAVAILLEURS

Sur l'idée de travail. – Avons-nous jamais signalé ici le très intéressant fascicule du *Journal de Psychologie normale et pathologique* consacré au *travail et aux techniques* ? Il constitue le n° 1 de la 41e année de la revue (janvier-mars 1948) – et il est plein de choses. Un avant-propos d'I. Meyerson : le travail, une technique ? Oui, mais, bien plus, une conduite : une activité forcée, une action organisée et continue, un effort producteur, une activité créatrice d'objets et de valeurs ayant une utilité dans un groupe – une conduite dont le motif peut-être personnel (gain, ambition, goût, plaisir, devoir) – mais dont l'effet concerne les autres hommes. Il n'y a pas *un* travail et *une* morale ni *une* psychologie du travail ; il y a une histoire du travail où chaque moment a eu sa propre complexité psychologique.

Deux parties : I. *Histoire de l'idée de travail.* En tête un bref article dans lequel j'ai essayé de montrer ce que fut, en gros, l'évolution du mot et de l'idée. Une note intéressante d'A. Aymard sur l'idée du travail dans la Grèce archaïque. D'É. Delaruelle, une étude sur le travail dans les règles monastiques d'Occident (IVe au IXe siècle). De P. Vignaux enfin, une brève note intitulée : « Travail et théologie, notes en marge de Proudhon ».

La seconde partie s'intitule : *Techniques et Esprit.* Elle s'ouvre par des remarques de Marcel Mauss : « Les techniques et la technologie ; plaidoyer pour cette dernière et essais de définitions ». (Techniques = un groupe de mouvements, d'actes généralement et en majorité manuels – organisés et traditionnels, concourant à obtenir un but connu comme physique, chimique ou organique : définitions que nous transcrivons et qu'on discutera). Puis, notes de Lalande (technique et science) ; de D. Faucher (routine et innovations dans la vie paysanne) ; de Marc Bloch (les transformations des techniques comme problème de psychologie collective) ; de Ch. Camichel (caractères des techniques modernes) et finalement de notre ami G. Friedmann (Esquisse d'une psycho-sociologie du travail à la chaîne).

On voit tout l'intérêt de ce numéro, très réussi. Ce rassemblement fait honneur à ceux qui l'ont tenté, et le numéro restera longtemps utile et vivant. – LUCIEN FEBVRE.

Travail : évolution d'un mot et d'une idée. – Sous ce titre on lira, de Lucien Febvre, dans le *Journal de psychologie* (1948) une note sur l'étrange aventure du mot qui, partant du sens de torture (*tripaliare*, torturer avec le *tripalium*, la machine à trois pieux), s'est substitué au cours du XVIe siècle aux deux vieux mots précédemment utilisés pour exprimer ce que nous nommons travail : l'un, *labourer*, qu'accaparent de plus en plus les seuls « laboureurs » ; l'autre, *ouvrer*, « qui ne servirait plus qu'aux dames patronesses dans leurs "ouvroirs" si nos "ouvriers" ne procédaient toujours de lui ». – Notations curieuses sur l'état d'esprit des Solitaires de Port-Royal vis-à-vis du travail manuel qu'ils s'imposaient aux fins d'humiliation, sur celui de Montesquieu, mais aussi sur celui des hommes de la Renaissance. – FERNAND BRAUDEL.

ANNEXE IV

Extraits de correspondances

CORRESPONDANCE AVEC IGNACE MEYERSON

ANDRÉ AYMARD À IGNACE MEYERSON (1943, 1954)[1]

[Sur carte postale]

30.I.43

Mon cher ami,

J'étais bien en retard avec vous, avec Vernant qui m'avait également relancé. Mais j'attendais une occasion pour vous faire passer ce papier ; un moment, j'avais cru avoir à expédier un livre à Melle Viard ; et puis, tout a craqué. Heureusement, Magnien est venu. Vernant me demandait aussi un résumé court pour le *Bulletin* : comme j'en ai déjà fourni au moins un, peut-être deux, il me pardonnera de ne pas m'être exécuté ; *bis et ter repetita displacent.* J'avais appris par un mot de Dottin, et Magnien m'a confirmé le succès de votre journée de novembre dernier[2]. Vous êtes, comme toujours, l'animateur parfait, abonné de la réussite. Faites comme le nègre… afin que, quand vous rentrerez à Paris, votre enfant vive sur votre poussée, sans souffrir de l'orphelinat. La vie à Paris n'apparaît pas à ma femme plus difficile qu'à Toulouse ; le principal grief est qu'au moins à la mauvaise saison le soleil n'éclaire pas plus de 30 minutes nos fenêtres ; mais, avec le Luxembourg et l'allée de l'Observatoire, les enfants ont de quoi compenser. À la Sorbonne, certaines initiatives font du bruit ; cette semaine encore, ordre de pourvoir au remplacement de

1 Fonds I. Meyerson/AN, 521AP/45.

2 Ignace Meyerson avait organisé le 25 novembre 1942 une journée d'étude sur le langage.

G. Cohen[3] ; toutefois, l'acte d'autorité n'a pas été commis, comme il l'a été pour Ancel[4]. Mais l'esprit général est excellent. Comment ne le serait-il point ? Je le trouve même trop optimiste, car je réponds toujours 44 quand chacun me dit 43. C'est 43 pourtant que concernent mes vœux, ceux que je vous envoie et que je forme du même coup pour moi-même.

Bien amicalement à vous
André Aymard

[Sur papier à en-tête de l'Université de Paris, Faculté des Lettres, Section d'Histoire]

Paris, 17, rue de la Sorbonne
Le 1-IV-54

Cher ami,

Merci de votre lettre. Merci, également, du suffrage que vous m'avez donné[5].

Je ne sais pas encore si j'ai intensément désiré cette désignation. Une fois acquise, elle me cause vraiment beaucoup de joie. J'y vois le seul moyen dont je disposais de faire coïncider, avec des recherches que je voudrais mener à bien, mon enseignement extérieur à la Faculté. Je vais renoncer aux cours que je donne ici ou là et manier plus souvent des dossiers qui me sont chers. Il en est un sur l'idée de travail, dont vous n'avez certes pas oublié que vous êtes l'initiateur ; je m'en souviens aussi. Est-ce psychologie ? Est-ce histoire ? Disons que c'est science humaine, ou que ce voudrait en être.

Bien amicalement
André Aymard

3 Historien, spécialiste du théâtre du Moyen-Âge, Gustave Cohen (1879-1958) fut maître de conférences (1925) puis professeur (1929) à la Faculté des lettres de l'Université de Paris. Suspendu de ses fonctions par application des lois raciales en décembre 1940, il s'exile, en 1941, aux États-Unis.

4 Géographe, spécialiste de géopolitique, Jacques Ancel (1882-1943) avait été élu, en 1938, maître de conférences à l'Université de Paris. Il fut révoqué de son poste en application des lois raciales en 1940. Arrêté en décembre 1941, il est interné au camp de Compiègne (1941-1942) et meurt prématurément en février 1943.

5 André Aymard a été élu directeur d'études à l'EPHE, VIe section en 1954.

MARC BLOCH À IGNACE MEYERSON (1941)[6]

Clermont-Ferrand, 103 boulevard Gergovie
13 mai 41

Cher Monsieur,

J'ai naturellement toutes les raisons du monde de m'intéresser vivement – malgré mon ignorance – à la psychologie, telle que vous l'entendez ; et particulièrement à l'étude du travail et des techniques. Votre lettre m'arrive, malheureusement, à un moment où je n'ai guère de liberté ni de fraîcheur d'esprit. Je viens de perdre ma mère ; ma femme, tombée malade à peu près en même temps, entre seulement en convalescence et j'ai dû la laisser provisoirement à la campagne, où sa maladie avait commencé. Tout cela vous aidera, je l'espère, à excuser ce que ma lettre va avoir d'un peu incertain…

Il me serait, en particulier, bien difficile de vous promettre, en ce moment, quelque désir que j'en aie, de me rendre à Toulouse au début de « juin » (si je vous lis bien). Pour toute espèce de raisons – de santé, d'enseignement, d'autres déplacements peut-être indispensables – qu'il serait sans intérêt de vous expliquer tout au long. Je serais heureux de venir. Je viendrai si je puis. Je crains un peu de ne pouvoir le faire.

Les suggestions d'études vous seront certainement venues à l'esprit tout autant ou mieux qu'à moi. Certainement, tout le problème, en particulier, des inventions techniques et des propagations de techniques est à serrer de beaucoup plus près qu'on ne l'a fait jusqu'ici. On parle beaucoup, par exemple, de la routine des anciennes sociétés rurales. Cela est vrai, souvent. Pourtant certains procédés se sont propagés avec une remarquable rapidité. Voyez, dans le domaine de la culture et de l'alimentation, au début du Moyen Âge, pour le beurre et le seigle. Pourquoi ? Réciproquement, il y a les époques stériles. Au XVIIe siècle, on a pris une foule de brevets d'invention, en France (ou l'analogue sous forme de privilèges, de nos brevets d'invention). Rien de pratique, semble-t-il, n'en est sorti. Insuffisances scientifiques ? conditions économiques défavorables ? état de la mentalité collective ? Je n'en sais rien ; ni personne, je crois. Et l'histoire de la notion même de l'influence exercée par la technique ? Arago, qui, après tout, n'était pas un imbécile, disait à la Chambre, à propos du chemin de fer projeté dans les Landes, à peu près ceci (je cite de mémoire) : « qui croira

6 Fonds I. Meyerson/AN, 521AP/47.

jamais que deux tiges de fer unies à côté l'une de l'autre puissent changer la vie d'une province ? ». Le propos nous paraît insensé. Il a, pourtant, été tenu ; il révèle un biais de la psychologie propre alors à un certain milieu, dans une société donnée. Tout cela est bien vague, vous le voyez. Ce sont des réflexions un peu inconsistantes que je vous écris sans avoir eu vraiment le temps de réfléchir. Mais il me semble qu'elles aboutissent à poser un problème qui, avec des formules plus précises et des points d'application mieux étudiés, pourrait être inscrit à votre programme. Quelque chose comme : attitude des mentalités collectives vis-à-vis des nouvelles techniques et de l'importance des techniques.

Si j'ai d'autres idées, je vous récrirai. En attendant, je n'ai qu'à vous prier de me pardonner l'incohérence de tout ceci et son flou. Bien entendu, je suis en principe des vôtres, si mon nom peut vous être de la moindre utilité.

Veuillez, cher Monsieur, croire à mes sentiments les plus cordialement dévoués.

Marc Bloch

Clermont-Ferrand, 103 boulevard Gergovie
Le 22 mai 41

Cher Monsieur,

Je suis bien embarrassé pour répondre à votre lettre. J'aimerais beaucoup pouvoir être des vôtres. En ce moment plus que jamais on voudrait maintenir intacts les liens intellectuels et humains. Mais je viens de compulser l'indicateur. Le voyage direct de Clermont à Toulouse est affreusement long. Il est toujours odieux de parler de soi-même, plus encore de sa guenille. Je suis bien obligé d'avouer, pourtant, que, s'ajoutant aux dures semaines de la campagne des Flandres, les anxiétés et les chagrins de cet hiver ou de ce printemps m'ont assez éprouvé pour que je sente tout le poids du mot de « fatigue ». D'autre part, je figure, vous le savez sans doute, parmi les rares rescapés de la grande iniquité. J'enseigne donc et le temps dont je puis disposer, chaque semaine, est étroitement limité par un horaire assez mal conçu.

Il y a pourtant une possibilité. Je serai probablement amené, pour des raisons personnelles, à me rendre à Montpellier dans le courant de juin. Montpellier ferait, pour Toulouse, une étape commode. Mais ici il faut parler « jours de la semaine ». Si je vais à Montpellier, ce sera en raison de mes cours, forcément du jeudi ou vendredi au mardi. Comme il faut que je dispose, là-bas, tout d'abord de 48 heures au moins, je ne vois pas le moyen de m'échapper vers Toulouse un autre jour que le lundi (je pourrais, par exemple, arriver à Toulouse le dimanche à 18h20 pour en repartir le lundi à 19h25). Ce pourrait être le lundi 16 juin, soit (mais je préférerais de beaucoup la première date) le lundi 23. Je sais, croyez-le bien, tout ce qu'il y a d'indécent à vous proposer ainsi pour votre réunion une date, réglée sur mes seules convenances et que je ne puis être même absolument sûr de tenir. Je ne le fais qu'avec beaucoup de scrupules et parce que c'est pour moi la seule manière de répondre à votre appel, sinon comme je l'aurais voulu, du moins autrement que d'une façon qui m'aurait été très pénible.

Je crains qu'il ne soit pas possible de décider Arbos[7] à venir.

Puis-je vous demander de communiquer le contenu de cette lettre à Friedmann, auquel je répondrai directement dès que je pourrai ?

Veuillez, cher Monsieur, accepter l'expression de mon tout cordial dévouement.

Marc Bloch

Si je puis venir, je serais, naturellement et malgré tout mon désir de ne pas vous déranger – obligé de vous prier de me retenir à l'avance une chambre d'hôtel.

[Sur papier à en-tête des *Annales d'Histoire sociale*]

Clermont-Ferrand, 103 boulevard Gergovie
Le 29 mai 41

Cher Monsieur,

Je suis touché de l'obligeance que nos collègues toulousains et vous-même mettez à faciliter notre rencontre. Que la date du 23 m'arrange assez mal, je ne saurais vous le dissimuler. Mais je ne voudrais pas m'exposer au reproche de ne pas reconnaître comme il convient votre bonne grâce. Surtout je renoncerais avec regret à être des vôtres. Je ferai

7 Géographe, spécialiste du monde rural, Philippe Arbos enseignait alors à l'Université de Clermont-Ferrand.

donc tout mon possible pour me rendre à Toulouse à la date indiquée. Il faudrait, pour m'en empêcher, un contretemps de dernière heure, que je ne prévois pas, pour l'instant, mais dont à l'heure actuelle la possibilité ne saurait jamais être tout à fait écartée. Quand je pourrai fixer définitivement le jour et l'heure de mon arrivée – probablement le 22 au soir – je vous préviendrai, au besoin par télégramme.

Ce que je crains fort, c'est de ne vous apporter qu'une communication bien insuffisamment préparée. Dans le sens des quelques idées que je vous ai déjà soumises, je l'intitulerais volontiers : « Les transformations des techniques comme problème de psychologie collective ». Et l'on pourrait provisoirement donner comme sommaire :

« 1. Le problème – 2. L'attitude devant les techniques nouvelles : routine ou facilité d'adaptation ? Le cas des sociétés rurales – 3. L'invention : périodes ou sociétés inventives ? – 4. La prise de conscience envers l'importance de la technique ».

Mais ce ne serait là, j'en ai peur, guère plus qu'une suite de points d'interrogation.

Arbos aurait beaucoup aimé se joindre à moi. Mais il sera, probablement, pris par le baccalauréat ; en outre, le voyage l'effraye un peu. Vous savez qu'il est en effet terriblement incommode. Il y aura, d'ici quelques années, un beau sujet à traiter, dans la ligne de votre réunion : « De l'influence de la carence des communications sur la psychologie collective d'un pays » !

Veuillez, cher Monsieur, croire à mes sentiments les plus cordialement dévoués.

Marc Bloch

Clermont-Ferrand, 103 boulevard Gergovie
18 juin 41

Mon cher collègue,

Si rien n'est changé dans vos projets, je compte arriver à Toulouse (venant de Montpellier) le dimanche 22 à 18h20. Comme je dois retrouver ma fille à Montpellier, il me faudra repartir le lundi dès 19h25. Cela fera un temps un peu court. Mais je serai heureux de pouvoir tout de même causer avec vous tous.

S'il y avait un changement, une dépêche adressée à Montpellier, à la poste restante, me parviendrait à temps. Mais ne vous donnez pas, je vous prie, la peine de me télégraphier si tout reste en l'état : à moins que vous ne fassiez choix de ce moyen pour m'indiquer l'hôtel où je dois descendre. Les difficultés de logement sont telles que je suis vraiment obligé de mettre à profit votre aimable promesse de vous occuper de mon gîte : en m'en excusant vivement et surtout en vous remerciant beaucoup.

Veuillez, mon cher collègue, croire à mes sentiments les plus cordialement dévoués.

Marc Bloch

Clermont-Ferrand, 103 boulevard Gergovie
le 7 juillet 41

Mon cher collègue,

Mea culpa ! En relisant ma communication, j'ai été horrifié par l'apparence déplorablement lâchée que lui donnaient à la fois les incertitudes naturelles de la parole et les inévitables à peu près de la sténographie. Je n'ai pas pu me résigner à la laisser telle quelle : tout en lui maintenant, de mon mieux, le mouvement et la simplicité de l'exposé oral. Le résultat est qu'ayant reçu de vous une dactylographie parfaitement lisible, je vous renvoie un affreux gribouillis. Il aurait fallu, sans doute, la faire dactylographier à son tour. Mais ici je n'en ai guère l'occasion. Ma femme, qui veut bien, à l'ordinaire, me servir de dactylo, doit encore éviter toute fatigue, même de cet ordre. Il ne me reste donc qu'à vous demander votre indulgence et, éventuellement, celle de votre imprimeur.

Veuillez, mon cher collègue, croire à mon tout cordial dévouement.

Marc Bloch

À partir du 25 juillet environ et jusqu'à la fin de septembre mon adresse sera : Fougères, commune Bourg d'Hem par Bonnat, Creuse. Ensuite : 5 rue Ste Croix, Montpellier.

CHARLES CAMICHEL À IGNACE MEYERSON (1947-1948)[8]

[Sur papier à en-tête de l'Université de Toulouse, Institut électrotechnique et de mécanique appliquée]

Toulouse, le 17.12.1947

Mon cher Collègue,

En relisant ma communication sur les Caractères des Techniques modernes et leurs effets, je trouve qu'il faut y apporter des modifications si profondes qu'il me paraît absolument impossible de les réaliser en corrigeant les épreuves actuelles.

Je ne vois qu'une solution, c'est de supprimer la composition actuelle et de renoncer à publier cet article.

En tout cas, je ne puis le faire avec la rédaction actuelle.

Veuillez m'excuser et agréer, mon cher Collègue, mes sentiments bien cordialement dévoués.

C. Camichel

N.B. : Les épreuves étaient très bien imprimées.

[Sur papier à en-tête de l'Université de Toulouse, Institut électrotechnique et de mécanique appliquée]

Cap Dorat par Lavaur, le 31 décembre 1947

Mon cher Collègue,

Toutes mes excuses pour la peine que ma communication vous donne.

Pour me conformer à ce que vous dites dans votre lettre du 27 que j'ai trouvée hier à Toulouse, je vous adresse les épreuves corrigées de mon article. Vous pouvez le donner à l'imprimeur. Pour faciliter le travail de correction, j'ai ajouté un nouveau texte que le prote pourra consulter si les épreuves lui paraissent peu claires, ce que je crains. Ma rédaction est conforme à ma communication de 1941, je l'ai seulement écourtée. Inutile d'annoncer un nouvel article. Les conclusions en seraient les mêmes ; seule, la rédaction serait différente.

8 Fonds I. Meyerson/AN, 521AP/47.

Au cas où de nouvelles épreuves seraient nécessaires (cela me paraît bien désirable*), je les corrigerais immédiatement.

Agréez, mon cher Collègue, mes sentiments bien cordialement dévoués.

C. Camichel

* Je crains que le correcteur n'oublie certaines phrases intercalées entre des ratures.

Je ne désire pas de tirages à part ; 1 seul exemplaire me suffira. Adressez vos lettres à Cap Dorat par Lavaur de préférence.

[Sur papier à en-tête de l'Université de Toulouse, Institut électrotechnique et de mécanique appliquée]

Toulouse, le 15.I.1948

Mon cher Collègue,

J'ai corrigé les épreuves de mon article conformément à ce que vous m'avez indiqué, en supprimant le moins possible dans le texte primitif. Je vous les apporte plus tôt qu'il n'avait été convenu afin que vous ayez le temps de les examiner avant mardi.

Si les modifications que j'ai faites vous paraissent convenir et être assez claires pour l'imprimeur, prévenez-moi à l'Institut 4 Bd Riquet, où je trouverai votre lettre en arrivant la semaine prochaine. Cela m'évitera de revenir mardi.

Agréez, mon cher Collègue, mes sentiments cordialement dévoués.

C. Camichel

DANIEL FAUCHER À IGNACE MEYERSON (1941, 1947)[9]

Le 31.XII.41

Mon cher Collègue et Ami,

Une bonne nouvelle ! Le Centre de la recherche scientifique nous accorde 4 000 francs pour notre publication. Avec les 1500 frs de Deltheil

9 Fonds I. Meyerson/AN, 521AP/51.

et ce que nous pouvons prendre sur les fonds de la Société, peut-être n'est-ce pas loin de suffire.

Je ne sais si vous avez pu vous absenter. Je souhaite que vous ayez pu aller vous reposer et surtout que vous ayez de bonnes nouvelles de Madame Meyerson. Nous sommes tous trois de cœur avec vous en ces jours où nous faisons le triste bilan de l'année et nous nous unissons pour vous présenter nos meilleurs vœux pour vous et les vôtres.

Très amicalement

Daniel Faucher

Triste bilan, avec cependant pour finir 1941 et commencer 1942 une lueur d'espoir.

[Sur papier à en-tête de l'Université de Toulouse, Faculté des Lettres]

Le 16.VII.1947

Mon cher ami,

J'ai revu le texte de ma communication à la Société de psychologie et j'ai profité de votre permission pour en faire la toilette en me tenant aussi près que possible de la sténographie.

Je vous remettrai ce texte dès que Mme [R. ?] l'aura tapé. Je vous envoie ci-joint les notes prises au cours de la discussion. J'en ai résumé plusieurs ; j'ai supprimé ce qui me paraissait oiseux ; je ne pense avoir trahi personne et je vous épargnerai l'impression de quelques lignes sans intérêt.

Je souhaite que vous puissiez bientôt vous reposer. Je profite du calme de la campagne plus que je ne saurais dire. J'en avais grand besoin. Débarrassé des multiples occupations toulousaines, je peux reprendre des travaux laissés en panne et cela aussi est un repos.

Ma femme jouit des fleurs, de la verdure, de l'air plus léger et même du soleil plus ardent. Elle se joint à moi pour vous faire toutes nos amitiés.

Daniel Faucher

IGNACE MEYERSON À LUCIEN FEBVRE (1941)[10]

Toulouse, 26 juin 1941

Cher Monsieur,

Votre précieux envoi m'est parvenu ce matin. Il est plein de choses bonnes, utiles, intéressantes pour nous tous, parfaitement adapté à nos besoins et à nos désirs. Vous seriez ici qu'il ne pourrait pas l'être plus. C'est vous dire ma bien vive et profonde reconnaissance, qui sera partagée par nous tous.

Notre « journée » du 23 s'est très bien passée. Les contributions étaient très nourries, très suggestives aussi, et tout le monde a fait un grand effort, aussi bien absolument que pour s'adapter aux voisins. Il s'agit maintenant de publier tout cela en volume. Nous cherchons des subventions. Cela pourra faire facilement un volume de 150 pages, d'autant que les auteurs pourront faire toutes les aditions qu'ils voudront pour l'impression.

Encore une fois merci.

Croyez, cher Monsieur, à tout mon cordial dévouement.

Ignace Meyerson

GEORGES FRIEDMANN À IGNACE MEYERSON (1942)[11]

22, rue Georges Picot
Toulouse, le 25.V.42

Mon cher ami,

À la suite de notre dernier entretien, j'attendais une occasion de faire passer une lettre à L. Febvre, lorsque j'ai appris que sa revue (les *Annales d'histoire sociale*) venait, en même temps que d'autres revues scientifiques, d'être suspendue. Par ailleurs et surtout, le « climat » autour de certains universitaires – principalement ceux qui, comme L.F. ont déjà été recherchés – est de nouveau lourd.

Vous savez combien j'apprécie votre entreprise et vos projets, à la Société de psychologie : ce qui est tout naturel étant donné l'orientation

10 Fonds L. Febvre/AN.

11 Fonds I. Meyerson/AN, 521AP/52.

de votre effort et l'esprit dans lequel, si courageusement, vous le poursuivez en cette sombre période. Je ne m'en sens que plus enclin à vous dire, en toute franchise, que désormais je crois inutile d'entreprendre une nouvelle demande auprès de L.F. Au reste, avant même cette aggravation de la situation, voici ce qu'il m'écrivait en zone libre, le 5 mai (sur fiche ci-jointe) au sujet de sa contribution aux Journées d'études.

Vous êtes trop soucieux d'objectivité, dans vos jugements, pour ne pas tenir compte de la différence d'« optique » et d'attitude mentale entre les deux zones et pour attacher trop d'importance à certains retards ou négligences, dans les conditions morales où l'on vit actuellement à Paris.

Par ailleurs, l'absence d'un mémoire de L.F. ne saurait, me semble-t-il, compromettre votre projet de publication, que de nouvelles correspondances et attentes retarderont encore.

Croyez, cher ami, à mon vif regret de n'avoir pu, malgré mes efforts, vous donner davantage satisfaction à ce propos.

Avec mes hommages à Madame Meyerson et l'expression de mes sentiments amicalement dévoués.

Georges Friedmann

[Fiche jointe]

Vous m'avez demandé naguère quelques pages d'introduction, ou d'ouverture, pour une séance des Journées de psychologie. Je les ai fait tenir à Meyerson mais je crois qu'elles sont arrivées trop tard. Depuis, M. m'a fait demander à diverses reprises de reprendre ces quelques pages (sur l'histoire du travail) pour en faire un vrai mémoire. Mais expliquez-lui que c'est impossible. Si j'avais voulu faire un mémoire, je l'aurais bâti sur un autre plan. Grossir, farcir du dedans les quelques pages que j'ai écrites, ce serait leur enlever leur petit intérêt sans le remplacer par un autre. Ce serait gâter ce qui est, et sans profit. Car il me faudrait alors 200 pages pour dire quelque chose de didactique. Ce n'est pas paresse de mon fait. C'est sentiment de ce qui s'impose. Je n'ai jamais voulu bâtir un mémoire en 8 jours. Et je ne saurais en bâtir un, même si j'avais le temps, en 15. C'est une ouverture, une introduction. Il n'y a qu'à la donner comme telle.

L.F.

5 mai 1942

CORRESPONDANCE DE MARCEL MAUSS ET IGNACE MEYERSON. EXTRAITS (1941)

IGNACE MEYERSON À MARCEL MAUSS, 16 JUIN 1941[12]

[Sur carte postale]

Toulouse, 26 juin 41

Mon cher ami,

Votre précieux envoi m'est parvenu ce matin. Merci infiniment de cette nouvelle preuve d'amitié. Vous pouvez vous représenter, je pense, à quel point elle a été précieuse. Cela a été : votre pensée, votre présence, votre richesse de cœur et d'esprit.

Notre « journée » du 23 a été intéressante et utile. Toutes les contributions étaient très nourries, très suggestives, très adaptées les unes aux autres. Tout le monde a fait un grand effort. Nous allons envisager de publier cet ensemble de communications. Cela fera un volume de 150 pages ou même plus : les auteurs pourront faire toutes les additions qu'ils jugeront utiles, de texte, de bibliographie, etc. Nous cherchons dès maintenant des subventions pour mettre le travail d'impression en route avant longtemps.

Merci encore. Donnez de vos nouvelles, et croyez à toute mon affection.

I. M.

IGNACE MEYERSON À MARCEL MAUSS, 12 JUILLET 1941[13]

[Sur carte postale]

Toulouse 12 juillet 1941

Mon cher ami, j'ai aujourd'hui reçu votre carte du 6. Heureux d'avoir de vos nouvelles, de vous savoir en bonne forme et en bonne santé. Bonnerot[14], qui a passé quelques jours ici et m'a fait la grande

12 Fonds M. Mauss / Collège de France, 57CDF 83-11.

13 *Ibidem.*

14 Jean Bonnerot, conservateur en chef à la Bibliothèque de la Sorbonne, historien de la littérature.

joie de me donner beaucoup d'heures de son temps, vous donnera de mes nouvelles. Nous avons beaucoup parlé de choses, de gens, – de vous. Il vous dira qu'il faut beaucoup développer votre papier sur les techniques : il faut que ce soit le grand article du volume. Vous êtes l'homme, en France et sans doute dans le monde, qui connaît le mieux cette question. Il faut que votre leçon sur le problème puisse avoir son plein effet. Nous voudrions donner le manuscrit de notre séance, rapports et discussions, à l'imprimeur, d'ici 15 jours, de façon qu'il puisse paraître en novembre. Les échos de cette séance sont favorables. Nouvelles moins favorables de ma femme : elle ne sait quand elle pourra venir, et il me tarde. J'espère cependant que les choses pourront s'arranger plus facilement qu'il ne lui semble. Bonnerot sera de retour à Paris sans doute en même temps que cette carte. Toute mon affection, très fidèle et reconnaissante.

I. Meyerson

MARCEL MAUSS À IGNACE MEYERSON, 22 JUILLET 1941[15]

[Sur carte postale. Avec mention « Retour à l'envoyeur (inconnu à l'appel des facteurs à Toulouse) »]

22/7/41

Mon cher ami,

Votre carte du 16 me parvient aujourd'hui. Me voici donc en face d'un nouveau pensum = pensée. Je le ferai quoique je n'y sois nullement disposé. Ce ne sera que peu allongé, deux à trois pages, mais un peu plus châtié dans le développement. Votre femme est pleine d'entrain, mais il ne faut pas croire qu'elle n'est pas la plus ennuyée des pirouettes qu'on lui fait faire – comme à tous.

Notre santé est suffisante, mes neveux vont bien, malgré les choses. Votre [?] ami. Mauss

15 Fonds M. Mauss / Collège de France, 57CDF 83-11.

MARCEL MAUSS À IGNACE MEYERSON, 31 JUILLET 1941[16]

[Lettre dactylographiée]

Paris, 31 juillet 1941

Mon Cher Ami. Je suis un peu en retard pour votre pensum. Je croyais que Bonnerot avait la frappe définitive, mais non, c'est vous qui l'avez. Et, d'autre part, Pierre a mis dix jours à me remettre la frappe qu'en avait faite Marie, qui n'était pas de première qualité.

J'ai l'occasion de vous consacrer deux ou trois jours pour augmenter d'environ trois ou quatre pages ce que j'ai dit. Cela fera mieux ainsi, puisque vous voulez le publier. Sans quoi, le topo n'était pas mauvais, mais il manque de clarté.

J'ai été grippé. Marthe n'est pas sortie de son rhume. Tout cela est à peu près fini. Pierre et Marie vont bien. Les situations ne sont pas brillantes, celle de Pierre est plus solide. Le moral de tout le monde autour de nous est bon.

Je crois que Fessard pourra passer dans votre zone. Il a besoin de se refaire. Il est très affecté.

Votre bien dévoué

Mauss

MARCEL MAUSS À IGNACE MEYERSON, 7 AOÛT 1941[17]

[Sur carte postale]

7/8/41

Mon cher ami

Cette carte répète une carte (réponse à la vôtre du 16/7) et qui m'est retournée parce que manquait votre rue. Je vous promettais mon pensum, mais sans date. J'attendais l'imagination, et notre petite Marinette [Dambuyant] a dû vous dire qu'elle n'était pas venue. Elle commence seulement à s'organiser, car mon n° I est bien freinant. Enfin, vous l'aurez par la voie normale. Je n'y attribue d'ailleurs qu'une maigre importance.

16 Fonds I. Meyerson/AN, 521AP/56.

17 *Ibidem.*

Marthe, mes neveux, moi nous allons bien – sans incorrection – sans trop de difficultés. Votre femme est pleine d'entrain à son habitude. Chose extraordinaire, j'ai une carte de Madeleine Francès, directe d'Amérique. Elle y est comme un poisson dans l'eau. Affectueusement, Mauss.

IGNACE MEYERSON À MARCEL MAUSS, 14 AOÛT 1941[18]

[Sur carte postale]

Arrens (H^{tes} Pyr.), 14 août 41

Mon cher ami, Merci de vos deux cartes, de votre amitié, de votre nouvel effort pour moi. Votre article sera accueilli avec joie et émotion, comme est accueilli tout ce qui vient de vous, avec l'attention et le respect qui accueillent toujours votre pensée. Je voudrais vous savoir un peu au repos, et je songe avec tristesse que vous ne pourrez pas cette année avoir la détente que vous donnaient les quelques semaines passées dans les Vosges.

Je suis venu avant-hier dans ce petit village des Hautes-Pyrénées. Arrens est à 900m, au pied du col de l'Aubisque, dans une vallée très arrosée et très verte. Un ruisseau coule sous ma fenêtre et son bruit est un repos. Beau temps, ciel bleu très pâle, le vert des montagnes est blanchi par le soleil et le relief comme aplati. Je ne sais combien de temps je resterai ici. Écrivez-moi de préférence à Saint-Genis-des-Fontaines (Pyr. Or.), où on a toujours mon adresse et où l'on fera suivre. – Inquiétude pour ma femme qui continue à se fatiguer à Paris. Les journaux du 7 août ont annoncé que l'officiel du 6 août a publié une nouvelle réglementation des retraites des fonctionnaires femmes : la date de mise à la retraite serait reculée au 31 septembre. La loi tout entière subirait prochainement une « refonte ». Dispositions inquiétantes pour nous : le retour de ma femme risque d'être retardé de 3 mois encore. – Que faites-vous ? Que font Pierre et Marie ? Qui voyez-vous parmi nos amis communs ? Une carte de Legendre parlait de vous avec amitié. Il est à Concarneau, assez solitaire semble-t-il. Claire ne devait le rejoindre que dans le courant d'août. Comment va Mme Granet ? – Ma femme vous aura raconté ce que Guillaume a fait au Journal de Psychologie. C'est,

18 Fonds M. Mauss / Collège de France, 57CDF 83-11.

parmi d'autres tristesses, un ennui et une peine. Aussi une déception. Mais il y a tant d'autres tristesses, plus graves. – Je voudrais être sûr que vous allez à peu près bien, que l'état de Mme Mauss ne s'est pas aggravé. Et je souhaiterais vous voir.

Très affectueusement. I. Meyerson.

IGNACE MEYERSON À MARCEL MAUSS, 3 SEPTEMBRE 1941[19]

[Sur carte postale]

Arrens (H^tes^ Pyr.), 3 sept. 41. Mon cher ami. J'ai eu ce matin, ici, votre carte du 28. Merci. J'aurais voulu vous avoir ici pendant ces semaines : c'est un pays qui vous aurait reposé, qui vous aurait donné des forces pour l'hiver. C'est un remords continu pour moi d'être ici, pendant que vous, ma femme, d'autres se fatiguent là-bas. Je suis content que vous ne soyez gêné ni par la névrite ni par le diabète, mais s'il y avait une possibilité de vacances, de changement de lieu, je voudrais que vous ne la négligiez pas. Je n'ai pas travaillé ici, sauf corriger les épreuves d'une traduction de Cassirer par Melle Francès et Schrecker. – De bonnes nouvelles de Melle Francès : très contente de l'accueil, du milieu, du travail, en pleine activité. Soucieuse seulement de vous. – Rencontré ici une autre de vos anciennes élèves, Melle Fumaroli, 18 ans, petite ethnologue très passionnée par son travail et qui se désespère de ne plus être votre élève, qui relit vos cours. J'ai été très touchée de cette fidélité, heureux de la trouver chez les jeunes aussi forte que chez les hommes de ma génération. – Merci de ne pas abandonner le projet d'allonger votre article sur les techniques : je voudrais que vous réalisiez cette promesse dès que ce sera matériellement possible. – Ne laissez pas ma femme sans nouvelles de vous : elle pourra ainsi m'en donner dans l'intervalle de vos cartes. – Vous savez qu'elle est maintenant à la retraite. J'attends impatiemment que les démarches relatives à cette retraite et autres soient terminées pour qu'une vie plus normale puisse reprendre. Je ne sais ce que sera cette vie, j'ai un peu d'appréhension devant l'année qui vient, mais le fond reste optimiste, l'espoir reste entier. – Que savez-vous de nos amis communs ? Qui voyez-vous ?

19 *Ibidem.*

De qui avez-vous des nouvelles ? Donnez des miennes à tous ceux qui pensent encore à moi. Écrivez-moi toujours à Saint-Genis-des-Fontaines (Pyr. Or.) : c'est l'adresse permanente. – Mais je voudrais vous voir… Affectueusement à vous. I.M.

IGNACE MEYERSON À MARCEL MAUSS, 19 SEPTEMBRE 1941[20]

[Sur carte postale]

Toulouse, 19 septembre 1941
Mon cher ami,

Je n'ai plus de vos nouvelles depuis assez longtemps. Je voudrais savoir comment vous avez passé les mois d'août et de septembre, comment vous allez ; comment vont Madame Mauss, Marie et Pierre ; ce que vous faites tous. Je suis ennuyé et attristé à la pensée que, sans doute, vous n'avez pas quitté Paris, que vous n'avez pas eu de détente ni de vrai repos. – Pour moi, revenu à Toulouse, j'y attends ma femme avec l'impatience que vous pouvez deviner. Avec inquiétude aussi : les dernières nouvelles que nous en avons eu, sa mère et moi, datent du 2 septembre, et elle paraissait fatiguée. Si vous la voyez, dites-moi comment vous l'avez trouvée. – Donnez-moi également des nouvelles de Mme Granet et des amis communs que vous avez vus. – Où en est votre travail sur la théorie générale des techniques ? Vous savez combien il est attendu, combien il sera apprécié, comment il sera lu. Ne tardez plus à le terminer. Que j'aimerais maintenant parler avec vous de cette question et de tant d'autres. Mes idées ont si souvent rencontré les vôtres, ou bénéficié des vôtres, que normalement j'ai tendance à vous dire tout ce qui surgit de nouveau dans ma pensée, et l'éprouver en discussion avec vous. J'ai pensé ces temps à une étude sur les relations interindividuelles, faite objectivement par les institutions qui peuvent les refléter. C'est difficile, surtout ici où il y a peu de matériaux. En temps ordinaire, j'aurais essayé de mettre sur pied un cours sur cette question ; à Paris, j'aurais fini par trouver des documents. Ici actuellement sans doute ne pourrai-je pas pousser assez loin ce travail. – Lors de la communication d'Aymard sur l'idée de travail dans l'Antiquité,

---

20 *Ibidem.*

Magnien est intervenu pour parler des cadeaux en Grèce : je lui ai fait lire votre Don (son intervention allait dans votre sens), et je vous ai relu à cette occasion. – J'ai pensé combien vous avez par toute votre vie réalisé la morale du don, de la générosité.

Ne me laissez pas sans nouvelles. Mais si je pouvais vous voir, ce serait mieux encore.

Bien affectueusement à vous,

I. Meyerson

IGNACE MEYERSON À MARCEL MAUSS, 14 OCTOBRE 1941[21]

[Sur carte postale]

Toulouse, 14 octobre 1941

Mon cher ami, Merci de votre carte du 3. Je suis ennuyé que vous ayez eu une nouvelle poussée de névrite : je n'aime pas vous savoir malade, ni même fatigué. Merci de travailler au papier sur les techniques. Vous savez quel service vous rendez en donnant cet article, comment on vous lira, quels enseignements on en tirera, quelles recherches il pourra inspirer. – Merci auprès de l'accueil que vous faites toujours à ma femme et à notre Marinette [Dambuyant] : l'union des miens et de mes amis est ce qui peut me donner le plus de quiétude et de joie. – Ici, rien de nouveau. J'ai été fatigué et un peu souffrant la semaine dernière – c'est à peu près fini. J'ai lu du Diderot pendant ces jours où je ne pouvais faire grand chose : on le relit avec plaisir à cause de la belle langue, mais la pensée n'inspire pas : elle est sommaire, synthétique, quelquefois confuse. L'homme devait être brave : serviable, actif, vivant, mais sans doute, aussi, encombrant, indiscret. – Peu de nouvelles : [Jean] Bonnerot me parle de la correspondance adressée à la marquise Arconati : elle doit être en effet intéressante et instructive. [Georges-Henri] Luquet me dit qu'il a donné un article au Journal de Psychologie, de Guillaume. Ma femme vous aura dit comment ledit Guillaume s'est conduit. Je ne sais rien des Legendre. Bonnes nouvelles de Seignobos qui travaille. – J'espère que ma femme aura fini pour la Toussaint les démarches qu'elle a à faire maintenant et qu'elle pourra

21 *Ibidem.*

venir alors, c'est-à-dire que, dans trois semaines, notre séparation prendra fin. À ce moment, vous resterez mon principal souci. J'aimerais bien vous savoir ailleurs qu'à Paris cet hiver. Dans un lieu où vous n'auriez pas froid et où vous pourriez vous ravitailler plus facilement. Je voudrais que vous y pensiez à temps, de manière pratique. Si je puis y aider d'une manière quelconque, dites-moi comment et je m'y emploierai. – En dehors du géographe Faucher, rencontré au restaurant pendant un certain temps, je n'ai guère vu de collègues, et n'ai pas cherché à en voir. Je ne vois guère de gens en général. – Le temps est mieux, il y a du soleil. Des dahlias, des volubilis, de grandes marguerites poussées dans le jardin de ma propriétaire. Qu'y a-t-il dans celui d'Ablon ? En fidèle affection. I. Meyerson.

CORRESPONDANCE DE MARC BLOCH ET LUCIEN FEBVRE Extraits (1941)[22]

MARC BLOCH À LUCIEN FEBVRE

Clermont[-Ferrand], le 26 juin 41

Mon cher ami,

Je reviens de Montpellier. J'y ai vu Henri. Et je ne veux pas tarder à vous dire que je l'ai trouvé en excellente forme, physique et morale. Je parle en toute sincérité. Sans doute n'y a-t-il pas excès de tissus adipeux. Mais c'est le cas commun et ses contemporains l'ont rejoint, sur ce point. Quelques bonnes tartines de beurre jurassien ne feront pas de mal, voilà tout. Vous le savez d'ailleurs : il y a un ressort, une élasticité du corps et de l'esprit qui ne trompent pas sur l'état général d'un jeune, – et l'on ne s'y trompe pas en causant avec Henri.

Vous le savez, je crois, par lui. Nous émigrons l'an prochain à Montpellier. C'est chose faite : l'arrêté ministériel est signé. Il le fallait,

22 M. Bloch et L. Febvre, *Correspondance III*, *op. cit.*, p. 150-151, p. 153 et suiv. Cette correspondance est reproduite ici avec l'aimable autorisation de Suzette Bloch.

pour la santé de ma femme. Au reste, la ville est infiniment plus attrayante que Clermont, et si l'accueil du doyen Fliche[23] a été ce que vous devinez (ou plutôt ce que vous n'auriez, je crois, pas plus que moi, osé imaginer), il y a là quelques plus jeunes – en particulier le géographe Gourou – avec lesquels les contacts de collaboration intellectuelle s'établiront, je crois, assez vite. Ma femme devra se souvenir que le Midi est traître ; que ses couchers de soleil, que ses brusques coups de vent doivent trouver les promeneurs toujours sur le qui-vive. Mais entre cela et les longues duretés de l'hiver clermontois, il y a proprement un abîme.

J'ai profité de mon séjour à Montpellier pour faire un saut jusqu'à Toulouse, où Meyerson m'avait convoqué à une réunion de la Société de Psychologie qu'il a fondée là-bas. Thème : psychologie du travail et des techniques. Les communications ont été, comme toujours, d'intérêt variable (celle de Faucher, un peu longue, était intelligente : « Sur la routine rurale »). Mais le milieu était sympathique, et, il faut le dire – car ces choses doivent en ce moment être dites – nous avons eu toute la matinée durant, comme auditeur, le Mgr Archevêque du lieu[24]. Vu Friedmann, qui a l'air assez fatigué et le vieil Hadamard qui (tenez-vous bien !) non seulement a parlé, mais a, pour une fois, fort pertinemment parlé : et quand cet homme arrive à être pertinent, il l'est, de toute évidence, comme peu savent l'être.

Tout cela m'a laissé un peu las et abruti. Et, à ce propos, qu'il est donc difficile, mon ami, quand on est loin, de se comprendre l'un l'autre ! Vous me parlez d'Hauser qui, me dîtes-vous, a eu à souffrir bien d'autres « vexations personnelles » que moi. Sans doute en ai-je été à peu près indemne, de ces vexations. Je ne nierai pas qu'il me soit toujours agréable d'éviter ces désagréments. Et pourtant, est-ce que cela compte, cela ? Est-ce que cela compterait pour vous ? est-ce que cela compte pour moi ? Et ne sais-je pas que les injustices dont je souffre ou dont je pourrais souffrir, vous en souffririez encore beaucoup plus que moi ? Non. Il n'y a entre votre sort et le mien, entre vos angoisses et les miennes, qu'une différence (je ne sais rien, à cet égard, d'Hauser). Il est vrai qu'elle est de taille. Elle ne tient pas à nos personnes, ni à nos sentiments. Elle réside en ceci que l'avenir de mes enfants me torture et que l'avenir des

23 Le doyen de la Faculté des lettres de Montpellier, Augustin Fliche, catholique conservateur et maréchaliste, tenta de s'opposer à la nomination de Marc Bloch.

24 Il s'agit de Mgr Jules Saliège, archevêque de Toulouse.

vôtres n'est pas plus en balance que celui de tous les autres Français. Cela mis à part, je ne pense pas qu'il puisse y avoir, dans l'inquiétude et l'humiliation communes, autre chose que d'imperceptibles nuances...

J'ai constaté par quelques indications, données en passant, que dans les milieux comme celui de Toulouse, les réactions vis-à-vis du problème qui nous a divisés auraient été, presque universellement, les miennes. Je ne vous dis pas cela pour démontrer que j'avais raison. Que signifierait, en l'espèce, raison ou tort ? Au contraire, c'est vous qui, comme observateur, voyiez juste en apercevant, dans notre dissentiment, celui des deux zones. Et maintenant que la résolution est prise, je n'ai plus qu'un souhait : votre succès, le succès des *Annales*.

Je ne discourrai pas sur les événements. Il y aurait pourtant matière. Mais... Avez-vous lu les derniers numéros de *Gringoire* ? J'aimerais, pour votre tranquillité d'esprit, que vous ayez pu les ignorer. Heureusement, la rue du Four, pour moi, c'est *vous*. Je ne veux y voir que *vous*, n'y penser que *vous* seul...

Affectueusement,
M.B.

LUCIEN FEBVRE À MARC BLOCH (EXTRAIT)

[Sur papier à en-tête du Comité de l'*Encyclopédie française*]

[début août 1941]

Mon cher ami,

Vous devez vous demander ce que je deviens, et ce que veut dire ce silence prolongé ? Des choses simples. Voilà des jours et des jours que je suis « en partance » et que je me dis : « dès que j'arriverai, j'écrirai à Bloch ». Et puis, je ne pars pas. Non par ma faute – ou plutôt si : j'ai voulu, pour une fois, faire les choses en règle, demander une autorisation, etc. – bref m'embourgeoiser. *On* m'a rappelé que tel n'était pas mon genre de beauté et que j'étais fait pour la bohème. [...]

Vous m'avez bien étonné encore, dans cette étonnante dernière lettre, à propos des Journées de Psychol[ogie] de Toulouse (j'avais été alerté, et j'avais fourni le papier demandé à la fois par Fried[mann] et par le fils

Meyer[son] ; mais ce papier est arrivé deux jours après la séance). Vous m'avez donc bien étonné en manifestant votre étonnement d'avoir vu à ces journées Monsieur de Toulouse. Mais voyons ? Ignorez-vous donc tant les habitudes dans notre pays à nous, de tous les catho-sociaux ? Qu'il s'agisse de Le Bras, admirable d'entrain et de combativité, ou de l'autre trop méprisé par vous de la sayetterie à Hond[schoote][25] qui se conduit magnifiquement ; vous m'entendez (et quand j'en parle, c'est que j'y suis), ou de notre collègue Robert, ou... je ne continue pas. Même le fils de Gil[son], au Collège. Il est triste de le dire pour nous (je veux dire, il est triste pour nous !) : il n'y a de concerts bien organisés, en ce moment, que de ce côté – et si on veut être utile, il faut s'intégrer à eux. En particulier, en ce qui concerne les questions prétendues raciales, pas de meilleures sorties, pas de plus fermes appuis que de ce côté-là. Le rang du personnage, à Toul[ouse], peut étonner : même pas. Il n'y a pas dans la hiérarchie chère à Gams[26] que des normaliens, heureusement.

[...]

25 Il s'agit d'Émile Coornaert, titulaire de la chaire d'histoire du travail au Collège de France depuis 1936, proche des milieux démocrates-chrétiens. En 1941, il avait rejoint le réseau de résistance d'inspiration chrétienne créé par Annie et Henri de Montfort.

26 Selon B. Müller, il pourrait s'agir de Boniface Gams, moine bénédictin allemand.

BIBLIOGRAPHIE INDICATIVE

PRINCIPALES ÉDITIONS

ÉDITION ORIGINALE

« Le Travail et les Techniques », *Journal de psychologie normale et pathologique*, 1, janvier-mars 1948.

MEYERSON, Ignace, FEBVRE, Lucien, AYMARD, André, DELARUELLE, Étienne, VIGNAUX, Paul, MAUSS, Marcel, LALANDE, André, FAUCHER, Daniel, BLOCH, Marc, CAMICHEL, Charles, FRIEDMANN, Georges, *Le travail et les techniques*, Numéro spécial du *Journal de psychologie normale et pathologique*, Paris, PUF, 1948.

AUTRES ÉDITIONS

BLOCH, Marc, « Les transformations des techniques comme problème de psychologie collective », in BARTHÉLÉMY, Thiphaine, WEBER, Florence (dir.), *Les campagnes à livre ouvert*, Paris, Presses de l'ENS/Éditions EHESS, 1989.

BLOCH, Marc, « Les transformations des techniques comme problème de psychologie collective », in BLOCH, Marc, *La Terre et le paysan. Textes réunis et présentés par Étienne Bloch. Préface d'Emmanuel Leroy-Ladurie*, Paris, A. Colin, 1999.

FAUCHER, Daniel, « Routine et innovation dans la vie paysanne », in BARTHÉLÉMY, Thiphaine, WEBER, Florence (dir.), *Les campagnes à livre ouvert*, *op. cit.*

FEBVRE, Lucien, « Travail. Évolution d'un mot et d'une idée », in FEBVRE, Lucien, *Pour une histoire à part entière*, Paris, Sevpen, 1962 [Volume réédité dans FEBVRE, Lucien, *Vivre l'histoire. Édition établie par Brigitte Mazon et préfacée par Bertrand Müller*, Paris, Robert Laffont / Armand Colin, 2009].

MAUSS, Marcel, « Les techniques et la technologie », *Revue du MAUSS*, 23, 2004/1 [texte introduit et annoté par François Vatin].

MAUSS, Marcel, « Les techniques et la technologie », in MAUSS, Marcel,

Techniques, technologie et civilisation. Édition et présentation de Nathan Schlanger, Paris, PUF, 2012.

MEYERSON, Ignace, « Le travail : une conduite », in MEYERSON, Ignace, *Écrits 1920-1983. Pour une psychologie historique*, Paris, PUF, 1987.

HISTOIRE DE LA SECONDE GUERRE MONDIALE ET DE LA RÉSISTANCE (GÉNÉRALITÉS)

COINTET, Michèle, *L'Église sous Vichy*, Paris, Perrin, 1998.

CUBERO, José, *La Résistance à Toulouse et dans la région 4*, Bordeaux, Éditions Sud Ouest, 2005.

ESTÈBE, Jean, *Les Juifs à Toulouse et en Midi toulousain au temps de Vichy*, Toulouse, PUM, 1996.

ESTÈBE, Jean, *Toulouse 1940-1944*, Paris, Perrin, 1996.

JOLY, Laurent, *Vichy dans la « Solution finale ». Histoire du Commissariat général aux questions juives, 1941-1944*, Paris, Grasset, 2006.

CABANEL, Patrick, LABORIE, Pierre (éd.), *Penser la défaite*, Toulouse, Éditions Privat, 2002.

LABORIE, Pierre, Le *chagrin et le venin. La France sous l'Occupation, mémoire et idées reçues*, Paris, Bayard, 2011.

LABORIE, Pierre, *Les Français des années troubles*, Paris, Desclée de Brouwer, 2001.

MARCOT, François (éd.), *Dictionnaire de la Résistance*, Paris, R. Laffont, 2006.

MARCOT, François, « Pour une sociologie de la Résistance : intentionnalité et fonctionnalité », *Mouvement social*, 180, juillet-septembre 1997, p. 21-41.

NOIRIEL, Gérard, *Les origines républicaines de Vichy*, Paris, Hachette, 1999.

PAXTON, Robert O., *La France de Vichy*, Paris, Seuil, 1997 [1972].

PENNETIER, Claude, BOULLAND, Paul (éd.), *Le Maitron. Dictionnaire biographique Mouvement ouvrier / Mouvement social*, en ligne, Paris, Éditions de l'Atelier.

PUDAL, Bernard, « Esquisse d'une lecture sociologique du récit autobiographique de Robert Loffroy », *Les Cahiers d'Adiamos 89*, 13, mai 2015, p. 27-47.

STERNHELL, Zeev, *Ni droite ni gauche. L'idéologie fasciste en France*, Paris, Fayard, 2000 [3e éd.].

HISTOIRE INTELLECTUELLE, HISTOIRE DES SCIENCES HUMAINES SOUS VICHY

BETZ, Albrecht, MARTENS, Stefan (éd.), *Les Intellectuels et l'Occupation (1940-1944) : collaborer, partir, résister*, Paris, Autrement, 2004.

BLANC, Julien, *Au commencement de la Résistance. Du côté du musée de l'Homme, 1940-1941*, Paris, Seuil, 2010.

BLOCH, Marc, *L'Étrange défaite. Témoignage écrit en 1940*, Paris, Gallimard, 1990.

CABANEL, Patrick, « Pétainisme et résistance intellectuelle : l'Institut catholique de Toulouse dans les années 1940 », in *Les Facs sous Vichy. Étudiants, Universitaires et Universités de France pendant la Seconde Guerre Mondiale*, éd. A. Gueslin, Clermont-Ferrand, Institut d'études du Massif Central / Université Blaise Pascal, 1994, p. 263-284.

CHANDIVERT, Arnauld, « Sciences sociales, Résistance et "mystique provinciale" à Toulouse sous le gouvernement de Vichy. Complexité et ambivalence des engagements (1930-1950) », *Revue d'histoire des sciences humaines*, 28, 2016, p. 191-223.

CHANDIVERT, Arnauld, « André Varagnac et les contraintes de l'histoire. La trajectoire tourmentée d'un folkloriste après-guerre », *Ethnologie française*, 45/1, 2015, p. 167-174.

CHANET, Jean-François, « Les géographes et la question de l'avenir des campagnes françaises (années 1930-1940) », in *Les Facs sous Vichy*, éd. A. Gueslin, *op. cit.*, p. 9-23.

CHEVASSUS-AU-LOUIS, Nicolas, *Savants sous l'Occupation. Enquête sur la vie scientifique française entre 1940-1944*, Paris, Seuil, 2004.

DESAN, Mathieu Hikaru, HEILBRON, Johan, « Young Durkheimians and the temptation of fascism : The case of Marcel Déat », *History of the Human Sciences*, 28(3), 2015, p. 22-50.

DROUARD, Alain, *Une inconnue des sciences sociales. La Fondation Alexis Carrel (1941-1945)*, Paris, Éditions MSH, 1992.

DUCLERT, Vincent, « Revues scientifiques : une histoire de la science et des savants sous l'Occupation », *La Revue des revues*, 24, 1997, p. 161-195.

FABRE, Daniel, « L'ethnologie française à la croisée des engagements (1940-1945) », in *Résistants et Résistance*, éd. J.-Y. Boursier, Paris, L'Harmattan, 1997, p. 319-400.

FAURE, Christian, *Le projet culturel de Vichy. Folklore et révolution nationale, 1940-1944*, Paris/Lyon, Éditions du CNRS / Presses universitaires de Lyon, 1989.

FOUCHÉ, Pascal, *L'Édition française sous l'Occupation, 1940-1944*, Paris, Bibliothèque de littérature française contemporaine de l'Université Paris 7, 1987.

GUESLIN, André (éd.), *Les Facs sous Vichy. Étudiants, Universitaires et Universités de France pendant la Seconde Guerre Mondiale*, Clermont-Ferrand, Institut d'études du Massif Central / Université Blaise Pascal, 1994.

La Revue des revues, 24, 1997, « Des revues sous l'Occupation ».

LAURIÈRE, Christine, « 1938-1949 : un musée sous tensions », in *Le Musée de l'homme. Histoire d'un musée-laboratoire*, éd. C. Blanckaert, Paris, Éditions du Muséum / Artlys, 2015, p. 46-77.

MATHIEU, Georges, *La Sorbonne en guerre, 1940-1944*, Paris, L'Harmattan, 2012 [1946].

MAZLIAK, Laurent, SHAFER, Glenn, « The Arrest and Release of Émile Borel and His Colleagues in 1941 in Occupied France », *Science in Context*, 24/4, décembre 2011, p. 587-623.

MEYRAN, Régis, « Écrits, pratiques et faits. L'ethnologie sous le régime de Vichy », *L'Homme*, 39/150, 1999, p. 203-212.

MUEL-DREYFUS, Francine, « La rééducation de la sociologie sous le régime de Vichy », in *Pour une histoire des sciences sociales*, éd. J. Heilbron *et alii*, Paris, Fayard, 2004, p. 107-124.

MUEL-DREYFUS, Francine, *Vichy et l'éternel féminin*, Paris, Seuil, 1996.

POULAIN, Martine, *Livres pillés, lectures surveillées. Les bibliothèques françaises sous l'Occupation*, Paris, Gallimard, 2008.

ROUQUET, François, *« Mon cher Collègue et Ami ». L'épuration des universitaires (1940-1953)*, Rennes, PUR, 2010.

SAPIRO, Gisèle, *La guerre des écrivains, 1940-1953*, Paris, Fayard, 1999.

SCHÖTTLER, Peter, « La continuation des *Annales* sous l'Occupation : "une solution élégante" », in *Les Intellectuels et l'Occupation (1940-1944)*, éd. A. Betz, S. Martens, *op. cit.*, p. 243-261.

SINGER, Claude, *Vichy, l'Université et les juifs. Les silences et la mémoire*, Paris, Les Belles Lettres, 1992.

HISTOIRE INTELLECTUELLE, HISTOIRE DES SCIENCES HUMAINES, XXe SIÈCLE

ARRIGHI, Paul, *Silvio Trentin. Un Européen en résistance (1919-1943)*, Portet-sur-Garonne, Nouvelles Éditions Loubatières, 2007.

AZOUVI, François, *La gloire de Bergson. Essai sur le magistère philosophique*, Paris, Gallimard, 2007.

BIANCO, Giuseppe, *Après Bergson. Portrait de groupe avec philosophe*, Paris, PUF, 2015.

BIARD, Agnès, BOUREL, Dominique, BRIAN, Éric (éd.), *Henri Berr et la culture du XXe siècle*, Paris, A. Michel / CIS, 1997.

BLETON-RUGET, Annie, POIRRIER, Philippe (éd.), *Le temps des sciences humaines. Gaston Roupnel et les années trente*, Paris, Éditions Le Manuscrit, 2006.

BOËLL, Denis-Michel, CHRISTOPHE, Jacqueline, MEYRAN, Régis (éd.), *Du folklore à l'ethnologie*, Paris, Éditions MSH, 2009.

BOURDIEU, Pierre, *Anthropologie économique. Cours au Collège de France, 1992-1993*, Paris, Raisons d'agir / Seuil, 2017.

BOURDIEU, Pierre, *Sociologie générale, volume 2. Cours au collège de France, 1983-1986*, Paris, Raisons d'agir / Seuil, 2016.

BOURDIEU, Pierre, *Méditations pascaliennes*, Paris, Seuil, 1997.

BOURDIEU, Pierre, *Homo academicus*, Paris, Éditions de Minuit, 1984.

BOUVERESSE, Jacques « Le mythe du progrès selon Wittgenstein et von Wright », *Mouvements*, 19, janvier-février 2002, p. 126-141.

BURGUIÈRE, André, *L'École des Annales. Une histoire intellectuelle*, Paris, O. Jacob, 2006.

BURKE, Peter, *The French Historical Revolution. The* Annales *School, 1929-1989*, Cambridge/Stanford, Polity Press / Stanford University Press, 1990.

Cahiers Jaurès, 163-164, 2002/1, « Lucien Febvre et *L'Encyclopédie française* ».

CARROY, Jacqueline, OHAYON, Annick, PLAS, Régine, *Histoire de la psychologie en France, XIXe et XXe siècles*, Paris, La Découverte, 2006.

CASTELLI GATTINARA, Enrico, *Les inquiétudes de la raison. Épistémologie et histoire en France dans l'entre-deux-guerres*, Paris, Vrin/EHESS, 1998.

CHARLE, Christophe, *Discordance des temps. Une brève histoire de la modernité*, Paris, A. Colin, 2011.

CHARLE, Christophe, *La République des universitaires, 1870-1940*, Paris, Seuil, 1994.

CHARLE, Christophe, *Naissance des « intellectuels » 1880-1900*, Paris, Éditions de Minuit, 1990.

CHARLE, Christophe (éd.), *Les professeurs de la faculté des lettres de Paris, dictionnaire biographique, volume 2 (1909-1939)*, Paris, Éditions du CNRS-INRP, 1986.

CHARTIER, Roger, *Au bord de la falaise*, Paris, A. Michel, 2009.

CLARK, Stuart (ed.), *The Annales School : Critical Assessments*, 4 vol., Londres / New York, Routledge, 1999.

CLOT, Yves (éd.), *Les histoires de la psychologie du travail. Approche pluridisciplinaire*, Toulouse, Octarès, 1999.

CONKLIN, Alice L., *Exposer l'humanité : race, ethnologie et empire en France (1850-1950)*, Paris, MNHN, 2015 [trad. de *In the Museum of Man. Race, Anthropology, and Empire in France, 1850-1950*, Ithaca, Cornell University Press, 2013].

CURTIS, David, « True and false modernity : Catholicism and Communist Marxism in 1930s France », in *Catholicism, Politics and Society in Twentieth*

Century France, éd. K. Chadwick, Liverpool, Liverpool University Press, 2000, p. 73-96.

De Montmollin, Maurice, Pastré, Olivier (éd.), *Le taylorisme*, Paris, La Découverte, 1984.

Delitz, Heike, « L'impact de Bergson sur la sociologie et l'ethnologie françaises », *L'Année sociologique*, 62, 1, 2012, p. 41-65.

Duclert, Vincent, « L'engagement scientifique et intellectuel démocratique. Le sens de l'affaire Dreyfus », *Politix*, vol. 12, 48, 1999, p. 71-94.

Fabiani, Jean-Louis, « Quel modèle de scientificité pour l'histoire ? Fragilités institutionnelles et incertitudes conceptuelles de l'école sociologique durkheimienne entre les deux guerres », in *Marc Bloch et les crises du savoir*, éd. P. Schöttler, H.-J. Rheinberger, Berlin, Max Planck Institut, 2011, p. 51-63.

Fabiani, Jean-Louis, *Qu'est-ce qu'un philosophe français ?*, Paris, Éditions EHESS, 2010.

Feuerhahn, Wolf (éd.), *La politique des chaires au Collège de France*, Paris, Les Belles Lettres, 2017.

Fontanon, Claudine, « L'introduction des sciences sociales au CNAM : un champ d'essai pour le millerandisme (1885-1920) », *Cahiers de l'IHTP*, 26, mars 1994, p. 103-125.

Fontanon, Claudine, Grelon, André (éd.), *Les professeurs du CNAM. Dictionnaire biographique, 1794-1955*, Paris, INRP/CNAM, 1994, 2 vol.

Foucault, Michel, « La vie : l'expérience et la science », *Revue de métaphysique et de morale*, janvier-mars 1985, p. 3-14.

Fridenson, Patrick, « Un tournant taylorien de la société française (1904-1918) », *Annales ESC*, 5, 1987, p. 1031-1060.

Geiger, Roger, « La sociologie dans les écoles normales primaires : histoire d'une controverse », *Revue française de sociologie*, xx-1, 1979, p. 257-267.

Gingras, Yves, *L'impossible dialogue. Sciences et religions*, Paris, PUF, 2016.

Gouarné, Isabelle, *L'introduction du marxisme en France. Philosoviétisme et sciences humaines, 1920-1939*, Rennes, PUR, 2013.

Grossetti, Michel (éd.), *Université et territoire. Un système local d'enseignement supérieur*, Toulouse, PUM, 1994.

Hartog, François, *Régimes d'historicité. Présentéisme et expériences du temps*, Paris, Seuil, 2003.

Hazareesingh, Sudhir, *Ce pays qui aime les idées : histoire d'une passion française*, Paris, Flammarion, 2015.

Heilbron, Johan, *French Sociology*, Ithaca et Londres, Cornell University Press, 2015.

Heilbron, Johan, Lenoir, Rémi, Sapiro, Gisèle (éd.), *Pour une histoire des sciences sociales*, Paris, Fayard, 2004.

HENRY, Odile, *Les Guérisseurs de l'économie. Ingénieurs-conseils en quête de pouvoir*, Paris, CNRS Éditions, 2012.

HIRSCH, Thomas, *Le temps des sociétés. D'Émile Durkheim à Marc Bloch*, Paris, Éditions EHESS, 2016.

HUTEAU, Michel, *Psychologie, psychiatrie et société sous la troisième République. La biocratie d'Édouard Toulouse (1865-1947)*, Paris, L'Harmattan, 2002.

JARRIGE, François, *Techno-critiques. Du refus des machines à la contestation des technosciences*, Paris, La Découverte, 2014.

LACROIX, Bernard, *Durkheim et la politique*, Montréal, Presses universitaires de Montréal, 1981.

LAFERTÉ, Gilles, « L'appropriation différenciée des études folkloriques par les sociétés savantes : la science républicaine rétive au folklore », *Revue d'histoire des sciences humaines*, 20, 2009, p. 129-162.

LAURENS, Sylvain, *Militer au nom de la science. Une socio-histoire des mouvements rationalistes en France, 1931-2005*, Paris, Éditions EHESS, 2019.

LE BIANIC, Thomas, « Le Conservatoire des arts et métiers et la "machine humaine". Naissance et développement des sciences de l'homme au travail au CNAM (1910-1990) », *Revue d'histoire des sciences humaines*, 11, 2004, p. 185-214.

LECOURT, Dominique, « L'idée française de science », *Revue des sciences morales et politiques*, 3, 2001, p. 1-18.

MACHEREY, Pierre, *De Canguilhem à Foucault, la force des normes*, Paris, La Fabrique éditions, 2009.

MARCEL, Jean-Christophe, « Mauss et Halbwachs : vers la fondation d'une psychologie collective (1920-1945) ? », *Sociologie et sociétés*, 2, vol. XXXVI, 2004, p. 73-90.

MARCEL, Jean-Christophe, *Le durkheimisme dans l'entre-deux-guerres*, Paris, PUF, 2001.

MATONTI, Frédérique, « Les intellectuels et le Parti : le cas français », in *Le Siècle des communismes*, éd. M. Dreyfus *et alii* (dir.), Paris, Seuil, 2004 [2000], p. 603-632.

MERLIO, Gilbert, *Oswald Spengler. Témoin de son temps*, Stuttgart, Akademischer Verlag Hans-Dieter Heinz, 1982.

MEYRAN, Régis, « *Races et racisme.* Les ambiguïtés de l'antiracisme chez les anthropologues de l'entre-deux-guerres », *Gradhiva*, 27, 2000, p. 63-76.

MUCCHIELLI, Laurent, *La découverte du social. Naissance de la sociologie en France*, Paris, La Découverte, 1998.

MUCCHIELLI, Laurent, « Sociologie et psychologie en France, l'appel à un territoire commun : vers une psychologie collective (1890-1940) », *Revue de synthèse*, 3-4, juillet-décembre 1994, p. 445-476.

MÜLLER, Bertrand, « L'université de Strasbourg dans l'immédiat après-guerre (1919-1925). Lieu ou moment de reconfiguration des sciences sociales ? », *Revue d'histoire des sciences humaines*, 33, 2018, p. 211-240.

MÜLLER, Bertrand, WEBER, Florence, « Réseaux de correspondants et missions folkloriques. Le travail d'enquête, en France, vers 1930 », *Gradhiva*, 33, 2003, p. 43-55.

NICOLET, Claude, *L'idée républicaine en France. Essai d'histoire critique*, Paris, Gallimard, 1982.

OHAYON, Annick, *Psychologie et psychanalyse en France. L'impossible rencontre (1919-1969)*, Paris, La Découverte, 2006 [1999].

OUVRIER-BONNAZ, Régis, « L'histoire des chaires du CNAM concernant l'Homme au travail (1900-1945) entre production des savoirs et engagement politique », *Cahiers d'histoire. Revue d'histoire critique*, 111, 2010, p. 99-122.

PAUL, Harry W., « The Debate over the Bankruptcy of Science in 1895 », *French Historical Studies*, vol. 5, 3, 1968, p. 299-327.

PELLETIER, Denis, « Les catholiques français et le marxisme, des années 1930 au "moment 68" », in *Marx, une passion française*, éd. A. Burlaud, J.-N. Ducange, Paris, La Découverte, 2018, p. 306-319.

PINAULT, Michel, *Émile Borel. Une carrière intellectuelle sous la IIIe République*, Paris, L'Harmattan, 2017.

PROCHASSON, Christophe, RASMUSSEN, Anne, *Au nom de la patrie. Les intellectuels et la première guerre mondiale (1910-1919)*, Paris, La Découverte, 1996.

PUDAL, Bernard, « Pour une histoire de "l'intellectuel collectif" communiste avec et contre les enseignants (1920-2000) », in *Les enseignants dans la société française au XXe siècle*, éd. J. Girault, Paris, Publications de la Sorbonne, 2004, p. 181-212.

PUDAL, Romain, *Les réceptions du pragmatisme en France au XXe siècle*, Paris, Thèse EHESS, 2007.

RACINE, Nicole, « La revue *Europe* (1923-1939) : du pacifisme rollandien à l'antifascisme compagnon de route », *Matériaux pour l'histoire de notre temps*, 30, 1993, p. 21-26.

RACINE, Nicole, « Une cause. L'antifascisme des intellectuels dans les années trente », *Politix*, vol. 5, 17, 1992, p. 79-85.

RAIMOND, Michel, *Éloge et critique de la modernité*, Paris, PUF, 2000.

RASMUSSEN, Anne, « Critique du progrès, "crise de la science" : débats et représentations du tournant du siècle », *Mil neuf cent. Revue d'histoire intellectuelle*, 14, 1996, p. 89-114.

REVEL, Jacques, « Histoire et sciences sociales : les paradigmes des *Annales* », *Annales ESC*, 1979, p. 1360-1376.

ROSENTAL, Paul-André, *Destins de l'eugénisme*, Paris, Seuil, 2016.

ROSENTAL, Paul-André, *L'intelligence démographique. Sciences et politiques des populations en France (1930-1960)*, Paris, O. Jacob, 2003.

SAPIRO, Gisèle, « Le savant et le littéraire. Les hommes de lettres contre la sociologie durkheimienne », in *Pour une histoire des sciences sociales*, éd. J. Heilbron *et alii*, *op. cit.*, p. 83-106.

SAPIRO, Gisèle, « Pierre Naville et Jean-Paul Sartre : une controverse sur le rôle social de l'intellectuel », in *Les vies de Pierre Naville*, éd. F. Blum, Lille, Presses universitaires du Septentrion, 2007, p. 127-141.

SCHLANGER, Nathan, « Une technologie engagée. Marcel Mauss et l'étude des techniques dans les sciences sociales », in M. Mauss, *Techniques, technologie et civilisation*, Paris, PUF, 2012, p. 17-134.

SERRY, Hervé, *Aux origines des Éditions du Seuil*, Paris, Seuil, 2015.

SERRY, Hervé, « Saint Thomas sociologue ? Les enjeux cléricaux d'une sociologie catholique dans les années 1880-1920 », in *Pour une histoire des sciences sociales*, éd. J. Heilbron *et alii*, *op. cit.*, p. 59-81.

SOULEZ, Philippe, WORMS, Frédéric, *Bergson. Biographie*, Paris, Flammarion, 1997.

TESNIÈRE, Valérie, *Le Quadrige. Un siècle d'édition universitaire, 1860-1968*, Paris, PUF, 2001.

THIESSE, Anne-Marie, *Écrire la France. Le mouvement régionaliste de langue française entre la Belle Époque et la Libération*, Paris, PUF, 1991.

VATIN, François, « Les "sciences du travail" : une tentative de résolution positiviste de la question sociale (1890-1914) », *Bulletin de psychologie*, t. 61 (4), 496, juillet-août 2008, p. 331-340.

VATIN, François, « Mauss et la technologie », *Revue du MAUSS*, 23, 2004, p. 418-433.

WEBER, Florence, « Politiques du folklore en France (1930-1960) », in *Pour une histoire des politiques du patrimoine*, éd. P. Poirrier, L. Vadelorge, Paris, Comité d'histoire du Ministère de la culture / Fondation MSH, 2003, p. 268-300.

WEBER, Florence, « Le folklore, l'histoire et l'État en France (1937-1945) », *Revue de synthèse*, 3-4, juillet-décembre 2000, p. 453-467.

WEISZ, George, *The Emergence of Modern Universities in France, 1863-1914*, Princeton, Princeton University Press, 1983.

WEISZ, George, « L'idéologie républicaine et les sciences sociales. Les durkheimiens et la chaire d'histoire d'économie sociale à la Sorbonne », *Revue française de sociologie*, XX-1, 1979, p. 83-112.

LISTE DES ARCHIVES CONSULTÉES

Fonds Georges Canguilhem (Centre d'archives en philosophie, histoire, édition des sciences, ENS)
Fonds Lucien Febvre (en cours de classement, 591AP/Archives nationales)
Fonds Georges Friedmann (en cours de classement, Archives nationales)
Fonds Marcel Mauss (57 CDF 1-161/Archives du Collège de France)
Fonds Ignace Meyerson (521AP/Archives nationales)
Fonds Jean-Pierre Vernant (Institut Mémoire de l'édition contemporaine)
Archives de la Préfecture de Haute Garonne
Archives EHESS (dossiers de carrière)
Archives Rectorat (dossiers de carrière)
Archives de l'Académie des sciences (dossiers personnels)

INDEX DES NOMS

Les renvois sont en italique lorsqu'ils correspondent au texte original des actes du colloque de juin 1941.

TABLE DES MATIÈRES

LE TRAVAIL ET LES TECHNIQUES

I. HISTOIRE DE L'IDÉE DE TRAVAIL

II. TECHNIQUES ET ESPRIT

IMPRIM'VERT®

Achevé d'imprimer par Corlet Numéric,
Z.A. Charles Tellier, Condé-en-Normandie (Calvados), en mai 2020
N° d'impression : 166124 - dépôt légal : mai 2020
Imprimé en France